国家社会科学基金（16BJL055）
国民经济增长与可持续发展研究团队（950617001）
教育部人文社会科学重点研究基地重庆工商大学长江上游经济研究中心
"三峡库区百万移民安稳致富国家战略"服务国家特殊需求博士人才培养项目

RESEARCH ON SUPPLY-SIDE STRUCTURAL REFORM TO
IMPROVE GREEN TOTAL FACTOR PRODUCTIVITY

提升绿色全要素生产率的供给侧结构性改革研究

杨文举 ◎ 著

中国财经出版传媒集团
经济科学出版社
Economic Science Press

图书在版编目（CIP）数据

提升绿色全要素生产率的供给侧结构性改革研究／
杨文举著 . —北京：经济科学出版社，2022.1
ISBN 978 - 7 - 5218 - 3032 - 3

Ⅰ. ①提⋯ Ⅱ. ①杨⋯ Ⅲ. ①全要素生产率 - 研究 -
中国②中国经济 - 经济改革 - 研究 Ⅳ. ①F249.22
②F12

中国版本图书馆 CIP 数据核字（2022）第 022692 号

责任编辑：李　军　谭志军
责任校对：王苗苗
责任印制：范　艳

提升绿色全要素生产率的供给侧结构性改革研究

杨文举　著

经济科学出版社出版、发行　新华书店经销

社址：北京市海淀区阜成路甲 28 号　邮编：100142

总编部电话：010 - 88191217　发行部电话：010 - 88191522

网址：www. esp. com. cn

电子邮箱：esp@ esp. com. cn

天猫网店：经济科学出版社旗舰店

网址：http://jjkxcbs. tmall. com

北京季蜂印刷有限公司印装

710 × 1000　16 开　16.5 印张　270000 字

2022 年 2 月第 1 版　2022 年 2 月第 1 次印刷

ISBN 978 - 7 - 5218 - 3032 - 3　定价：76.00 元

（图书出现印装问题，本社负责调换。电话：010 - 88191510）

（版权所有　侵权必究　打击盗版　举报热线：010 - 88191661

QQ：2242791300　营销中心电话：010 - 88191537

电子邮箱：dbts@ esp. com. cn）

前　言

　　中共十八大以来，以习近平同志为核心的党中央，面对严峻复杂的国内外发展环境，审时度势地做出了中国经济发展进入新常态的重大判断，明确了新常态下中国经济发展在速度变化、结构优化和动能转换三大方面的特征，并提出坚持以"创新、协调、绿色、开放、共享"的新发展理念来认识把握引领经济发展新常态。习近平总书记还多次强调，当前中国经济的结构性问题最为突出，矛盾的主要方面在供给侧，要用改革的办法来提高供给体系的质量和效率，提高供给结构对需求变化的适应性，实现供求关系的动态均衡。中共十九大报告进一步指出，中国经济已由高速增长阶段转向高质量发展阶段，正处在转变发展方式、优化经济结构、转换增长动力的攻关期，要推动经济发展质量变革、效率变革、动力变革，提高全要素生产率（total factor productivity，TFP）。这些重大决策部署，为新时代中国经济发展指明了方向。当前必须在新发展理念下深化供给侧结构性改革，着力提升全要素生产率，推动经济高质量发展。

　　与此同时，党中央还高度重视生态文明建设和可持续发展。在中共十八大报告中，就明确提出了大力推进生态文明建设的战略决策。中共十九大报告还从推进绿色发展、着力解决突出环境问题、加大生态系统保护力度、改革生态环境监管体制四个方面，对生态文明建设提出了具体要求。《中共中央关于制定国民经济和社会发展第十四个五年规划和二〇三五年远景目标的建议》（下文简称《建议》）中进一步强调，要从加快推动绿色低碳发展、持续改善环境质量、提升生态系统质量和稳定性、全面提高资源利用效率等方面，推动绿色发展，促进人与自然和谐共生。

　　由此，在经济高质量发展阶段，我们不仅要提高全要素生产率，还要大力推进生态文明建设，实现经济效益和生态环境效益的共同提升。另外，当前及今后一段时期内，中国经济发展的速度变化、结构优化和动能转换三大特征将继续存在，其中的供给侧结构性问题尤为突出，必须以新发展理念引领经济新常态，以供给侧结构性改革为主线，助推经济高质量发展。20 世纪 90 年代以来，学术界在可持续发展战略框架下，将全要素生产率研究进行了拓展和深化，提出了绿色全要素生产率（green total factor productivity）这一概念，是指考虑资源环境约束的全要素生产率。因此，提升绿色全要素生产率可以实现经济效益和生态环境效益的共同提升，而这正是党中央上述决策部署的题中应有之义。那么，中国绿色全要素生产率的现状和增长潜力如何？它的影响因素有哪些？演变趋势是怎样的？供给侧结构性改革有助于提升绿色全要素生产率吗？为促进绿色全要素生产率增长，深化供给侧结构性改革应从哪些方面入手？……对这些问题的科学解答，对于中国经济高质量发展都具有重要的决策参考价值。然而，据笔者所知，国内外该领域的相关研究几乎没有。为此，本书试图以上述问题为切入点，就提升绿色全要素生产率的供给侧结构性改革研究进行尝试性的理论和经验分析，以期为该研究领域起到抛砖引玉的作用。

本书共包括六章内容，研究内容和主要结论如下：

第一章为"中国经济发展的现实基础和转型路径"。此部分对中国经济发展的现实基础、国内外宏观环境，以及高质量发展的内涵和转型路径等进行系统的回顾、梳理和分析。研究结论表明：推动绿色全要素生产率增长是实现经济高质量发展的持久动力源，它能够同时提升经济活动的经济效益和生态环境效益；而深化供给侧结构性改革是针对当前中国经济发展问题尤其是供给侧结构性问题而采取的深层次改革举措，它是中国在当前及今后一段时期内必须遵循的主线。因此，深入探究供给侧结构性改革与绿色全要素生产率增长之间的内在关联具有重要的理论意义和实践价值。由此，提出本书的主要论题，即提升绿色全要素生产率的供给侧结构性改革研究。

第二章为"中国绿色全要素生产率的现状和提升潜力"。此部分在回顾绿色全要素生产率相关研究成果的基础上，对中国（不包括港澳台）30 个省份（省、自治区和直辖市）在 2003～2017 年的绿色全要素生产率进行了测度和源泉分解，并据此探讨了中国绿色全要素生产率对经济增长的相对贡献及其提升潜力。研究结论表明：中国经济增长总体来说仍然是粗放型增长，而且省际差异较大，绿色技术效率普遍低下甚至抑制了经济增长，这意味着中国通过提升绿色全要素生产率来实现高质量发展还具有很大的潜在空间。那么，如何充分发掘绿色全要素生产率增长的潜在空间呢？这需要我们厘清绿色全要素生产率的影响因素究竟有哪些，同时明晰其省际差距是否存在缩小趋势。为此，接下来的第三章对这些问题进行了专门探讨。

第三章为"中国绿色全要素生产率的影响因素和演变路径"。此部分在梳理（绿色）全要素生产率影响因素相关研究成果的基础上，结合贝叶斯模型平均法、空间计量分析法和经济增长趋同（或趋异）测试方法，经验分析了中国省份绿色全要素生产率增长的影响因素、空间溢出效应和演变趋势。研究结论表明：绿色全要素生产率的影响因素几乎都与供给侧相关，它们涉及要素禀赋、技术扩散、产业结构、经济发展、经济调控、环境规制和制度质量等多个方面，而且中国省份绿色全要素生产率增长存在显著的空间溢出效应和趋同现象。由此推论，推动供给侧结构性改革会影响绿色全要素生产率的变化，并有助于缩小省际绿色全要素生产率差距，进而促进区域经济协调发展。那么，从理论上来说，供给侧结构性改革通过什么样的途径或方式来影响绿色全要素生产率呢？这就是第四章所探讨的主要问题。

第四章为"供给侧结构性改革影响绿色全要素生产率的理论分析"。此部分在系统梳理供给侧结构性改革的理论基础和基本框架的基础上，从理论分析视角探讨了供给侧结构性改革影响绿色全要素生产率的作用机制。研究结论表明：供给侧结构性改革与供给经济学的理论源泉都可以上溯至古典经济学，而且马克思主义经济学、增长与发展经济学、新制度经济学等学科理论都为供给侧结构性改革提供了相关的理论依据；供给侧结构性改革涵盖了要素供给、产品（或产业）供给和制度供给三个层面的改革，它们分别通过要素升级、结构优化和制度创新，来影响绿色技术进步或（和）绿色技术效率，进而影响绿色全要素生产率，而且这三大机制之间也是相互影响的，其中制度创新是要素升级和结构优化的前置条件，也是供给侧结构性改革的根本手段。那么，中国推行的供给侧结构性改革是否提升了绿色全要素生产率呢？第五章从实证分析角度对此进行了专门探讨。

第五章为"供给侧结构性改革与绿色全要素生产率增长：典型政策分析"。此部分在经验分析数据可得的前提下，结合双重差分法和事件研究法，以近年来中国实施的去产能政策、设立自贸区和环境规制（提高排污收费标准和开展碳排放权交易）等典型改革举措为切入点，实证分析了供给侧结构性改革对绿色全要素生产率的影响，以验证和补充第四章的理论分析结论。研究结论表明：去产能、设立自贸区、环境规制等供给侧结构性改革，对绿色全要素生产率都有不同程度的影响，但是影响方式有较大差异，它们要么是影响绿色技术进步，要么是影响绿色技术效率，要么是对两者都有影响，而且部分政策的实施效果还具有预期效应、时滞效应、区域异质性，以及两面性和短期负面冲击。因此，在高质量发展阶段，我们应该深化供给侧结构性改革，通过要素升级、结构优化和制度创新来不断提升绿色全要素生产率水平，推动经济发展的质量变革、效率变革和动力变革，实现经济高质量发展和可持续发展。

第六章为"提升绿色全要素生产率的供给侧结构性改革建议"。此部分在梳理美国、英国、德国和日本的供给侧（结构性）改革经验及其对中国深化供给侧结构性改革的启示的基础上，结合前述理论和经验分析结论，从六大方面提出了提升绿色全要素生产率供给侧结构性改革的建议：一是完善要素升级机制，促进资源优化配置；二是扩大对外改革开放，增进技术扩散获益；三是深化市场体制改革，提升制度变迁质量；四是健全环境规制体系，引导绿色转型发展；五是转变经济发展方式，推动产业结构升级；六是优化合作体制机制，实现发展互惠共赢。

本书结合规范分析和实证研究，在剖析中国绿色全要素生产率的现状和提升潜力的基础上，探讨了供给侧结构性改革与绿色全要素生产率增长之间的内在关系，并提出了相应的对策建议，主要有下述六个方面的边际贡献：

第一，在梳理（绿色）全要素生产率潜在影响因素的基础上，尝试性地运用贝叶斯模型平均法，在一个统一的框架内较系统地分析了绿色全要素生产率的影响因素，而相关研究中引入的影响因素则要少得多。相比之下，本书结论更有助于全面掌握绿色全要素生产率的影响因素和提升路径。

第二，结合绿色全要素生产率的影响因素分析结论，分析了中国省际绿色全要素生产率增长的空间溢出效应。这与相关研究相比，尽可能全面地引入了绿色全要素生产率的影响因素，从而降低了遗漏变量偏误对分析结论的不利影响。

第三，从有效供给视角对总量生产函数进行了拓展，据此论证了供给侧结构性改革涉及要素、产品（或产业）和制度三个层面，并尝试性地从要素升级、结构优化和制度创新三大机制入手，从理论上剖析了供给侧结构性改革影响绿色技术进步和绿色技术效率，进而影响绿色全要素生产率的作用机制，对该领域研究进行了补充和完善。

第四，以去产能、设立自贸区和环境规制（提高排污收费标准和开展碳排放权交易）为切入点，实证分析了供给侧结构性改革对绿色全要素生产率的影响。其中，去产能、设立自贸区的政策绩效分析属于该领域的尝试性研究，为后续研究开启了新的方向；环境规制的政策绩效分析也与相关研究有所不同，主要差异在于本研究在倍分法模型中更全面地引入了绿色全要素生产率的影响因素，从而降低了遗漏变量偏误。

第五，在对中国省份绿色经济增长核算中，将经济活动的主要污染物二氧化碳（CO_2）、二氧化硫碳排放量（SO_2）和废水中的化学需氧量（COD），以及人力资本、能源投入与传统的投入产出变量（劳动力、物质资本和 GDP）一起纳入分析模型，这比相关研究更全面地考虑了"物质平衡原理"下的投入产出组合，有助于更真实地刻画绿色全要素生产率的现状和演变趋势。

第六，尝试性地从供给侧结构性改革视角出发，对提升绿色全要素生产率提出了一系列对策建议，这对于该领域的相关研究也具有抛砖引玉的作用。

作为一项尝试性研究成果，尤其是经验分析数据的获取限制，导致本书还存在一些不足之处，它们都值得后续研究的补充、完善。这主要体现在下述三个方面：第一，经验分析仅停留在中观层面（省份和行业），后续研究宜采用微观层面（如企业）的数据进行分析。第二，经验分析中没有从要素升级、结构优化和制度创新出发，深入探讨供给侧结构性改革对绿色全要素生产率的影响机制，也没有全面探讨"三去一降一补"对绿色全要素生产率的影响，而它们对于深入剖析供给侧结构性改革的成效和未来方向都具有重要的决策参考价值。第三，没有从经验分析角度，探讨相关影响因素对绿色全要素生产率的影响机制，这对于进一步廓清提升绿色全要素生产率的供给侧结构性改革举措也具有重要的决策参考价值。

本书的出版获得了国家社会科学基金（16BJL055）、重庆工商大学国民经济增长与可持续发展研究团队（950617001）的全额资助，也得到了经济科学出版社李军老师的悉心指导和大力帮助，在此深表感谢！在本书的撰写过程中，重庆工商大学的龙睿赟博士、刘晗博士、文欢博士生、于其硕士生、李定洁硕士生、刘璐璐硕士生和河南大学李文华博士生，曾参与了部分内容的前期研究工作，在此一并表示感谢！

"路漫漫其修远兮，吾将上下而求索。"本书只是一项不够成熟的学术研究成果，错误之处在所难免。欢迎大家批评指正，笔者不胜感激！

2021 年 10 月于重庆

目　录

第一章
中国经济发展的现实基础和转型路径

　　改革开放四十多年来，中国经济总量年均增长接近 10%，占全球经济的比重由不足 3% 提高到 17% 左右，2010 年起中国成为全球第二大经济体，并一直保持较高速度的增长态势，创造了世界经济发展史上的"中国经济奇迹"，有力助推了全球经济增长。然而，多年来采用的粗放型经济增长模式，不仅引致了产业结构不合理、区域（城乡）发展不平衡、收入差距扩大、创新动力不足等经济社会问题，而且诸如生态环境恶化、资源浪费严重等生态环境问题也较为突出。不仅如此，国际形势也复杂多变，尤其是全球经济低迷，对中国经济发展带来了较大的负面冲击。面对这些新形势新问题，党和政府针对中国经济发展过程中的突出矛盾和问题，在不断深化对经济发展规律的认识基础之上，指出中国经济发展已进入新常态，应摒弃过去的经济增长模式而转向高质量发展，这为新时代中国经济发展指明了方向。为此，本章内容对中国经济发展的现实基础、宏观环境及高质量发展阶段的相关内容进行简要回顾。

第一节　中国经济发展的现实基础

一、宏观经济稳中向好

（一）宏观经济运行总体平稳

　　2008～2020 年，中国国内生产总值（GDP）从 31.92 万亿元增长到 101.60 万亿元，稳居世界第二大经济体的地位，GDP 平均增速（名义值）达到

10.13%，远高于世界其他国家。① 近些年，GDP 增速总体呈持续下降趋势，逐渐步入经济增速放缓的下行周期。2014 年，党中央审时度势，做出了经济进入新常态的重大判断，主要特征之一为经济增速从高速转向中高速。在新阶段，经济增速不再作为唯一和主要目标，而是重点关注提质增效，着力培育和打造经济发展的新动能。尽管中国经济高速增长阶段已经结束，但经济总体运行良好，增速平稳，仍是全球经济增速最快的经济体之一，保持了大国经济的实力和韧性，继续成为推动全球经济增长的主要动力。不过，从各省份来看，经济规模和增速存在较大的省际差异。一是各省份 GDP 总量具有较大差异。各省份经济发展水平不均衡，其中，广东、江苏、山东、浙江等东部省份总量较大，2019 年均达到 6 万多亿元；西藏、海南、甘肃、青海、宁夏等西部省区总量较小，均不及广东总量的 1/10。二是各省份 GDP 增速不协调。部分省份 GDP 增速居于全国水平之上，2019 年安徽、福建、江西、河南、湖北、湖南、四川、贵州、云南、西藏等省区仍实现 7% 以上的较高增速，而天津、吉林、黑龙江的增速不足 3%。三是各省份 GDP 增速均呈现不同幅度的下降趋势。2008 ~ 2019 年，受到近几年中国经济调结构、转方式的影响，中国经济处于减速换挡之际，降低了经济发展速度，进入内涵式发展与平稳运行阶段。②

（二）三次产业结构不断优化

近年来，随着经济不断发展，中国的产业结构呈现不断优化的趋势。2008 ~ 2019 年，第一产业占比不断下降，由 2008 年占国家 GDP 的 10.2% 下降到 2019 年的 7.1%，第二产业和第三产业占比较高，尤其是第三产业比重不断上升，由 2008 年的 42.9% 增加至 2019 年的 53.9%，年均提高 1 个百分点，并且在 2012 年首次超过第二产业比值后，两者差距不断拉大，由原先的"二三一"转变为"三二一"，产业结构趋于合理。与此同时，第三产业对 GDP 的贡献率逐步增强，由 2008 年的 46.2% 提升到 2019 年的 59.4%，远高于第一产业对经济增长的贡献率（2019 年为 3.8%），并且高于第二产业 22.6 个百分点（2019 年为 36.8%）。③

---

① 本研究的分析对象不包含中国香港特区、澳门特区和台湾地区。另外，由于 2008 年美国次债危机引发了全球经济衰退，中国也受到较大负面影响，因此本部分的分析基本上都以 2008 年为起点。数据来源：历年《中国统计年鉴》。

② 资料来源：历年《中国统计年鉴》。

③ 资料来源：2020 年《中国统计年鉴》。

不过，中国产业结构与发达国家相比仍然具有较大差距。2019 年，美国（2017 年）、英国、法国等发达国家的第三产业比重都达到 70% 以上，尤其是美国更是达到 80.6% 的较高水平，2018 年日本第三产业比重也接近 70%；俄罗斯、德国作为老牌工业国家，第三产业比重低于其他发达国家，但均高出中国第三产业比重。除此之外还发现，这些发达国家第一产业比重都在 5% 以下的较低水平，其中美国、英国、德国还不足 1 个百分点（见表 1-1）。[①] 因此，发达国家产业结构的特征是一次产业比重越来越低，二次产业趋于稳定，但内部生产效率不断提升，并普遍成为服务主导型经济或"服务经济"。因此，虽然近几年中国第三产业稳步发展，对经济增长的贡献率和拉动力不断增强，但总体来看，中国第三产业在一定程度上所占份额仍然偏低，且区域经济差异较大、地区产业结构趋同、资源配置效率偏低等问题也不容忽视，在产业结构持续向好的发展过程中，同时蕴藏着巨大的发展潜力和市场空间，需要进一步调整三次产业结构，不断释放第三产业对经济发展的推动作用。

表 1-1　　　　　　　　　世界主要发达国家三次产业构成　　　　　　　　单位:%

产业结构	美国	日本	英国	法国	德国	俄罗斯
第一产业	0.9	1.2	0.6	1.6	0.8	3.4
第二产业	18.2	29.1	17.4	17.1	26.8	32.2
第三产业	77.4	69.1	71.3	70.2	62.4	54.0

注：数据来自《中国统计年鉴》（2020），其中日本的数据年份为 2018 年，美国为 2017 年，其余为 2019 年。

（三）三大需求结构趋向合理

国际经验表明，拉动经济增长的"三驾马车"——消费、投资、净出口之间要形成一个合理的比例关系，才能有助于经济的长远与稳定发展。2008 ~ 2019 年，投资对 GDP 的贡献由 53.3% 下降为 31.2%，年均下降 2 个百分点，消费对 GDP 的贡献由 44.0% 上升至 57.8%，年均增加 1.3 个百分点，而净出口的贡献率呈现波动变化状态，并且多数年份对 GDP 的贡献是负的，这可能与复杂多变的国际形势密切相关。其中，2011 年，中国最终消费支出对经济增长的年均贡献率为 65.7%，首次高于投资贡献率（41.1%），之后除 2013 年外消费

---

① 资料来源：2020 年《中国统计年鉴》。

对经济增长的贡献一直占据主导地位，有利于增强中国经济运行的稳定性。不过，与美国、英国、德国等发达国家相比，消费需求在国民经济增长中的作用仍然较低。因此，中国还需进一步释放消费潜力，进一步提高消费对经济增长的拉动作用①。

二、创新驱动态势显现

（一）研究与发展投入不断加大

研发投入规模与研发投入强度是衡量一国科技创新水平重要指标。近年来，在经济增速放缓和经济结构发生变化的同时，中国越来越重视发挥自主创新对经济增长的驱动作用，研发经费投入总量、研发强度总体持续提高，有力推动了中国创新驱动发展战略的实施。2008～2019 年，中国研发经费投入总量由 0.46 万亿元增长至 2.21 万亿元，年均增长 15.34%，增速保持世界领先地位。研发经费投入强度同样呈持续提高态势，由 1.46% 提升至 2.23% 的新高度，已达到中等发达国家平均水平。从各省份来看，北京、天津、上海等东部沿海省份研发投入强度超过 3%，已率先进入创新驱动发展阶段，中西部多数省份研发投入强度较低，仍然处于依靠资源要素驱动发展的阶段。可见，必须把创新摆在国家发展全局的重要位置，大力引导和鼓励各地区，尤其是中西部相对落后地区加大研发投入，推动科技水平不断提升。②

（二）高技术产业投资持续增长

高新技术产业是吸引高科技人才、技术等创新要素的高地。随着全球科技创新的更新速度日益加快，国际竞争已转化为科技创新的竞争，特别是在高新技术产业方面，谁掌握了话语权，谁就掌握了市场的主动权。高新技术产业投资是实现创新驱动的重要途径，对一个国家或地区产业结构转型升级、全要素生产率提高均具有重要作用。从全国来看，2009～2017 年，高技术产业投资逐年增长，由 4882.2 亿元增加至 26186.5 亿元，年均增速 23.36%，表明在中国经济减速换挡时期，稳定有效的高技术产业投资，依然是进一步培育新动能、发展新经济的主要手段。从省份来看，2009～2017 年，除小部分省份个别年份存在轻微下降，其他省份高技术产业投资总体呈持续增长或波动增长趋势，投

---

① 数据来源：2020 年《中国统计年鉴》。
② 数据来源：历年《中国科技统计年鉴》。

资规模进一步扩大，尤以江苏省表现突出，且接近 2/3 的省份高新技术产业投资平均增速超过 20%，表明各省份对产业创新的重视程度都越来越高。①

三、发展质量不断提升

（一）产业高技术化明显

高技术产业新产品的开发与销售情况，反映了产业发展的高技术化趋势，是衡量产业发展质量的重要指标。近年来，中国高技术产业新产品销售收入快速上涨，发展态势十分强劲，推动了中国经济发展质量不断提升。其中，2008 ~ 2019 年间（除 2009 年外），全国高新技术产业新产品销售收入逐年增长，由 13826.9 亿元增长至 59164.2 亿元，年均增速为 14.13%；从省份来看，除北京、上海等部分省市的高技术产业新产品销售收入存在轻微波动外，绝大部分省份总体均呈增长趋势，且 1/3 以上的省份增速超过 20%。另外，结合高技术产业投资数据，2009 ~ 2017 年全国高技术产业新产品销售收入与高技术产业投资之比都在 2 左右浮动，投资效益较为平稳。②

（二）节能降耗成效显著

中国作为一个能源消耗大国，2018 年中国能源消费总量为 48.70 亿吨标准煤，能源消费总量排在世界第二位，但如果考虑人口因素，2019 年中国人口为 14 亿人，人均能源消费量为 3.48 吨标准煤，接近于世界平均水平。具体来看，2008 ~ 2019 年，中国能源消费总量在不断增加，2010 ~ 2011 年，因受金融危机影响，中国实行了 4 万亿元的投资刺激计划，新增产能快速增加，导致能源消费总量增加较快，两年的增速均超过 7.0%。但从长期来看，中国能源消费总量增速总体呈现下降趋势，2015 年增速最低，为 1.35%，随后回弹至 2019 年的 3.19%。考虑到中国为世界上最大的发展中国家，在实现经济快速增长的过程中，能源消费总量年均增速仅为 3.87%，远低于 GDP 增速，这也折射出近年来中国节能降耗成效显著。据《2018 世界能源统计年鉴》数据显示，2018 年度中国能源消费增速仍明显低于过去十年的平均水平，能源强度下降速度是世界平均水平的两倍。可见，近几年中国能源消费总量和单位 GDP 能耗"双控"工作取得较好成效，从侧面反映了中国经济结构在不断优化，特别是服务业等第三产业得到较大发展，而且随着技术进步，中国能源利用效率有所提升，正推

---

①②　数据来源：历年《中国科技统计年鉴》。

动中国经济由粗放型发展向集约型发展转变。[①]

（三）环境压力日趋改善

近年来，为改善生态环境、节约资源，中国大力推进生态文明建设，加了大节能减排、淘汰落后产能和环境污染治理力度，对于经济社会可持续发展起到了重要作用。从全国来看，2008～2017年，除2011年废气中主要污染物二氧化硫的排放量有所回升外，其他年份均大幅下降，由2008年的2321.2万吨降到2017年的875.4万吨，年均下降速度达到10.27%。其中，2008～2012年二氧化硫排放量呈现增长趋势，2012～2016年缓慢下降，2017年出现短暂反弹，但总体来看，二氧化硫的排放量在大幅下降，环境压力改善明显。从各省份来看，大部分年份二氧化硫排放量也都出现了不同程度的下降。不过，工业大省及相对落后省份仍然面临较为严峻的环境问题，需要进一步统筹各类资源，推进经济持续向好发展。[②]

第二节　中国经济发展的宏观环境

一、国际经济大变局

（一）世界经济陷入深度衰退

自2008年全球金融危机以来，国际经济形势就一直低迷不振。而2019年肆虐全球的新冠疫情，更是将衰退中的国际经济推向了深渊。在疫情的巨大负面冲击下，世界经济社会活动几近停滞，经济系统的需求端和供给端都受到了巨大冲击，产业链、供应链一度中断，社会总需求锐减，经济增速急剧下降，全球经济已陷入深度衰退之中。据联合国经济和社会事务部在《2021年世界经济形势与展望》中的分析结论，当前全球正面临20世纪30年代经济大萧条以来最严重的经济危机，2020年全球经济产出下降4.3%，而处于全球金融危机期间的2009年，全球经济产出的下降幅度也只有1.7%；其中，发达经济体的产出萎缩幅度高达5.6%，发展中国家产出萎缩幅度为2.5%，最不发达国家的

---

①②　数据来源：历年《中国统计年鉴》。

经济萎缩幅度也有 1.3%。① 然而，全球疫情还在继续，欧美等多个国家/地区的疫情甚至还在反复，这将进一步加剧失业和投资率下降，全球经济下行压力仍将持续存在。不仅如此，发达国家在低出生率、低死亡率、低自然增长率的"三低"人口增长模式下，适龄劳动力不足和人口老龄化加剧并存，这也将进一步加剧国际经济复苏的压力。

（二）国际贸易格局变化巨大

近年来，在发达国家实施再工业化战略、国际贸易保护主义抬头、国际大宗商品价格下跌等多重因素影响下，全球贸易规模持续下降。新冠肺炎疫情暴发以来，国际贸易通道受阻，投资活动萎缩，加之部分国家还实施了国际贸易限制性措施，全球贸易规模大幅下降。根据世界贸易组织（World Trade Organization，WTO）的统计数据，1983～2008 年国际贸易增速年均为 6%，之后一直保持在 3% 左右的水平；而 2020 年前三季度全球货物贸易规模同比下降 8.2%，全年贸易量将萎缩 9.2%（陆燕，2021）。② 世界银行、国际货币基金组织等机构预测全球贸易量下降幅度更大，达 11%～13.4%（刘再起和肖悦，2021）。③ 与此同时，发达市场主导的贸易流向也发生了巨大变化，全球贸易增长点正向亚太地区转移。根据 WTO 发布的《2020 年上半年全球医疗贸易报告》，包含口罩在内的药品、纺织品、医疗器械等医疗产品贸易量同比增长 16%，其中，中国、德国和美国主导了防疫关键产品贸易。2020 年，中国是全球国际贸易唯一正增长的主要经济体，进出口总额同比增长 1.9%。④ 随着欧美疫情蔓延，产业链、供应链和产业集群东移，欧洲贸易规模将继续衰减，加之区域全面经济伙伴关系（Regional Comprehensive Economic Partnership，RCEP）签署，全球贸易增长点将向亚太地区加快转移。另外，在疫情影响下，国际贸易壁垒将进一步加剧，国际贸易的数字化趋势也将逐步强化。

（三）国际金融市场饱受冲击

为应对疫情下低迷的实体经济，部分国家实施了宽松的货币政策，但这同

---

① 联合国发布《2021 年世界经济形势与展望》［EB/OL］. 凤凰网，https：//news. ifeng. com/c/83LM4LDe2rr，2021 - 01 - 26.

② 数据来源：陆燕. 精准把握世界经济发展形势［J］. 国际经济合作，2021（1），第 57 页.

③ 数据来源：刘再起，肖悦. 新冠肺炎疫情下的国际经济格局与中国畅通"双循环"的发展路径［J］. 学习与实践，2021（2），第 23 页.

④ 数据来源：中国国际贸易促进委员会东莞市委员会. 《权威分析报告：2020 全球贸易大变局》［EB/OL］. www. dg. gov. cn/dgsmch/gkmlpt/content/3/3451/post_3451490. htm#1540，2021 - 01 - 22.

时引发了国际大宗商品价格剧烈震荡，进而加剧了国际金融市场风险。在此期间，美国、加拿大等多国股市熔断或停牌交易，外汇、原油市场大幅波动。据国际货币基金组织（International Monetary Fund，IMF）统计，2020 年前 11 个月全球主要国家通过的财政刺激达 12 万亿美元，占全球 GDP 的 12%，各经济体央行降息达 200 多次，美欧等发达经济体大幅下调利率至零利率甚至负利率。这导致部分新兴经济体和发展中国家大规模资本外流、货币贬值，进而加剧了全球债务风险、外汇风险、资产泡沫和贫富分化。与此同时，世界投资也受到极大的负面影响。据联合国贸易与发展会议组织发布的《全球投资趋势检测》，2020 年全球 FDI 同比下降 42%，处于近 20 年来最低水平。其中，发达经济体降幅最大，为 69%，发展中经济体降幅也有 12%，而中国却逆势增长了 4%，成为全球最大外资流入国，全球资本市场面临重新布局。①

（四）国际产业分工调整加剧

随着全球经济格局变化和新冠疫情持续存在，全球产业链的多元化、内向化和多中心化等特点被强化，这导致全球产业链的区域化和缩短成为新趋势，进而加剧了全球经济分工调整（刘再起和肖悦，2021）。受制于全球贸易受阻、人员禁止跨境流动，这使得原来在比较优势原则下建立起来的全球产业链、供应链断裂，严重抑制了全球分工和合作。与此同时，为降低产业链断链对国内经济的负面冲击，各国开始对关键技术、关键产业加强重视，这推动了产业链的区域化和多中心化。比如，美欧等国都已在中国之外布局防疫物资供应链，日本则将过度依赖中国供应链的产业回迁等。另外，以信息技术和数字技术为代表的新一轮技术革命，将引发产业发展转向生产方式智能化、产业组织平台化、技术创新开放化，这进而会对全球分工产生深刻影响。

二、国内经济新常态

（一）增长速度由高速向中低速转换

近年来，中国经济增速明显放缓，而始于 2019 年的新冠肺炎疫情，进一步推动经济增速下滑，导致这一转变的重要原因是经济发展的周期性和不确定性共同所致。2008 年，受全球金融危机的影响，中国经济增长速度有所放缓，在

---

① 数据来源：联合国报告：2020 年全球投资下降 42% ［EB/OL］. 北京日报客户端，https：//baijiahao. baidu. com/s? id = 1690005278911851531&wfr = spider&for = pc，2021 - 01 - 27.

2012 年经济增速回落到 7.7% 后，又一路回落到 2018 年的 6.6%，至此告别了高速经济增长的时代，而受新冠肺炎疫情影响，2020 年增速仅为 2.3%。[①] 从国际经验看，当一个国家步入中等发展阶段，普遍出现适度经济回落的现状；从国内来看，改革开放以来，伴随着高强度的开发建设，中国保持了高速的经济发展趋势，与此同时，能源、资源、环境带来的约束越来越明显，以牺牲资源环境、完全依靠要素驱动和投资驱动的经济增长难以为继，经济发展遇到了一些问题，迫切需要转变经济发展方式。党和国家看到了经济发展过程中存在的问题，及时调整经济发展思路，转变经济发展方式，由于中国经济具有巨大韧性、潜力和回旋余地，加之疫情控制成效显著，中国经济成功触底反弹，平稳步入疫情重创之后的复苏阶段。

（二）增长方式由粗放型向集约型转换

中国在过去经济高速增长的过程中，高度重视经济发展规模，忽视经济效益，同时出现了发展不平衡、不协调和不可持续等有关问题。经济大规模发展主要靠数量扩张和价格的无序竞争，社会环境和自然环境都达到了可以承载的上限。消费和投资不匹配、区域发展不协调、城乡差距拉大、就业结构性矛盾突出等问题也随之而来。在国际联系不断密切、发展方式不断调整、消费观念不断更新的时代，居民消费由模仿式向个性化需求转变，出口由单纯的产品扩张向高水平引进高质量走出转变，生产要素由人口资源红利向技术创新进步转变，这就要求快速打造升级版中国经济，实现经济高质量发展。

（三）产业结构由中低端向中高端转变

长期以来，中国产业质量较低，主要以高投入、高能耗、低产出为主要经济特征，产业结构位于全球价值链的中低端，附加值较低，比较利益不高，存在科技创新水平不足、科技与产业融合不够、市场竞争力不强、核心技术受制等问题。多年以来，拖鞋、玩具、家具等产业发展疲软，钢铁、水泥等产业达到峰值，这些传统产业的发展面临着较大的困境，并且供给能力远大于需求，迫切需要调整产业结构，必须从增量扩张为主转向调整存量、做优增量转变。同时，新兴产业、服务业和小微企业对经济的贡献越来越大，生产不断智能化、专业化、小型化，消费需求也更加多样化、个性化，这些转变正不断推进产业

---

① 数据来源：各年《中华人民共和国国民经济和社会发展统计公报》。

结构转变。在新的发展阶段，需要不断打造战略性新兴产业、先进制造业等现代产业体系，加快现代服务业、金融业，逐步化解过剩产能，注重资源节约和环境保护，重点提升在全球价值链中的地位，向"微笑曲线"的两端转移，提高产品附加价值，突出中国产品经济效益。

（四）增长动力由要素驱动向创新驱动转变

中国人口老龄化问题不断加重，农村剩余劳动力向城镇转移放缓，人口红利时代已成为历史。与此同时，石油、天然气对外依存度有增无减，单纯靠投资推动经济增长也不适合当今经济发展。因此，必须改变过度依赖要素投入积累对经济增长的推动，转而依靠人才资源推动技术进步，让创新成为驱动发展新引擎。面对新一轮产业技术革命的到来，中国必须紧紧把握时代发展潮流，掌握关键核心科技制高点。随着新一轮科技革命的到来，中国经济创造了一个又一个的奇迹，华为、阿里巴巴均是杰出代表，更多的新产品、新业态、新模式将不断涌现，成为推动经济发展的新的增长点。

（五）经济福祉由不平衡性向共享型转换

"人民对美好生活的向往，就是我们的奋斗目标。"① 改革开放以来，城乡人民收入增加，人民生活有了很大的改善。但是，由于市场体制不完善、政府宏观调控不力，导致城乡居民收入和区域差距拉大，经济利益分配仍然存在诸多问题。在这种情况下，如何释放经济发展红利，推动城乡居民、不同区域共享经济发展成果尤为必要。随着新型城镇化、工业化、信息化和农业现代化的协调发展，乡村振兴得到了快速推进，城乡关系也出现新气象，城乡二元结构正向一元结构转型，城乡要素平等交换和公共资源均衡配置呈现出良性循环的态势，以工促农、以城带乡、城乡一体的新型城乡关系正在加速形成。在未来经济发展中，应更加注重满足人民群众需要，更加关注低收入群众生活，更加注重协同发展，更加重视社会大局稳定，使经济福祉逐步走向包容共享型将是长期趋势。

---

① 中共中央宣传部. 习近平总书记系列重要讲话读本［M］. 北京：学习出版社，人民出版社，2016.

三、发展战略大转变

（一）深化供给侧结构性改革

2015 年 11 月，习近平总书记在中央财经领导小组第十一次会议上首次提出加强供给侧结构性改革内容。2015 年 12 月，中央经济工作会议明确指出，2016 年经济社会主要任务包括"去产能、去库存、去杠杆、降成本、补短板"五大方面，即"三去一降一补"。2016 年 1 月，中央财经领导小组第十二次会议研究了供给侧结构性改革方案。推进供给侧结构性改革，是以习近平同志为核心的党中央，在深刻洞察国际国内复杂多变形势的基础上，科学把握经济发展规律和中国当前经济运行面临的主要矛盾，做出的开创性、全局性、长远性的重大决策部署。"十三五"以来，各级政府以供给侧结构性改革为主线，着力破解经济发展中的结构性矛盾和问题，供给体系的质量和效率显著提升，这在新冠疫情冲击下也发挥了重要作用，经济运行总体平稳，经济结构持续优化，人民生活水平显著提升。然而，中国经济发展中深层次的结构性、体制性约束仍然没有得到根本解决，供给侧结构性改革任重道远。《建议》中强调，"十四五"时期经济社会发展要以深化供给侧结构性改革为主线，围绕"巩固、增强、提升、畅通"八字方针，增强经济持续增长动力，推动经济高质量发展。

（二）全面推进生态文明建设

"绿水青山就是金山银山""要正确处理好经济发展同生态环境保护的关系，牢固树立保护生态环境就是保护生产力、改善生态环境就是发展生产力的理念"。[①] 在面对资源约束趋紧、环境污染严重、生态系统退化的严峻形势下，2012 年 11 月中共十八大做出了大力推进生态文明建设的战略决策，从优化国土空间开发格局、全面促进资源节约、加大自然生态系统和环境保护力度以及加强生态文明制度建设提出了具体要求。中共十九大报告中进一步指出，"我们要建设的现代化是人与自然和谐共生的现代化，既要创造更多物质财富和精神财富以满足人民日益增长的美好生活需要，也要提供更多优质生态产品以满足

---

① 中共中央宣传部. 习近平总书记系列重要讲话读本［M］. 北京：学习出版社，人民出版社，2016.

人民日益增长的优美生态环境需要",① 并从推进绿色发展、着力解决突出环境问题、加大生态系统保护力度、改革生态环境监管体制 4 大方面提出了具体要求。2020 年《建议》中提出,要从加快推动绿色低碳发展、持续改善环境质量、提升生态系统质量和稳定性、全面提高资源利用效率出发,推动绿色发展,促进人与自然和谐共生。

(三) 加快推进"双循环"战略

当前,中国正处于中华民族伟大复兴的战略全局和世界百年未有之大变局的历史性交汇点,内部发展和外部变化叠加,中国发展面临前所未有的机遇和挑战。中共中央政治局常务委员会 2020 年 5 月 14 日的会议指出,"要深化供给侧结构性改革,充分发挥我国超大规模市场优势和内需潜力,构建国内国际双循环相互促进的新发展格局"。② 中共十九届五中全会进一步提出,"要加快构建以国内大循环为主体、国内国际双循环相互促进的新发展格局"。③ "双循环"发展战略是党中央在国内外复杂形势新变化和全球产业链、供应链重构新趋势的背景下提出的重大战略部署,它为中国开放型经济向更高层次发展、宏观经济行稳致远和高质量发展提供了根本性遵循。为此,要以畅通国内大循环为主体,构建以国内市场为主的新发展格局。这要求我们充分挖掘大国市场优势,通过改革来着力扩大内需,同时不断深化供给侧结构性改革,推进科技创新,提高供给体系的质量和效率。与此同时,以国内大循环为主体需要打开更大的国际市场,保持更加开放自信的对外政策,形成"以内促外、以外带内"的经济格局,促进形成国内国际双循环。这既要充分发挥国内大市场优势,吸引聚集国际优质资源,也要深入推进"一带一路"倡议、《区域全面经济伙伴关系协定》等国际合作,不断提升对外开放的层次和水平,形成全方位、多层次、多元化的开放合作格局,充分利用国际市场化解资源短缺与产能过剩,推动中国在全球价值链、供应链上的位置攀升,以高水平对外开放推动高质量发展。

---

① 本报评论员. 坚持人与自然和谐共生——九论深入学习贯彻党的十九大精神 [N]. 光明日报 2017 - 11 - 05,04 版.

② 中共中央政治局常务委员会召开会议 中共中央总书记习近平主持会议 [EB/OL]. 人民网, http://cpc. people. com. cn/n1/2020/0515/c64094 - 31709627. html,2020 - 05 - 15.

③ 刘鹤. 加快构建以国内大循环为主体、国内国际双循环相互促进的新发展格局 [EB/OL]. 新华网, http://www. xinhuanet. com/2020 - 11/25/c_1126785254. htm,2020 - 11 - 25.

第三节　中国经济迈向高质量发展

一、经济高质量发展的理论内涵

中共十九大报告提出，我国经济已由高速增长阶段转向高质量发展阶段，正处在转变发展方式、优化经济结构、转换增长动力的攻关期。为推动经济高质量发展，深入理解高质量发展的理论内涵至关重要。迄今为止，社会各界对经济高质量发展进行了多视角解读，如效率、公平和可持续发展视角（高培勇，2019）、宏观、中观和微观视角（周久贺，2020）、新发展理念视角（金碚，2018）、马克思主义政治经济学视角（张俊山，2019）。虽然现有研究的视角不同，但是都认为经济高质量发展是不同于以往高速增长阶段的经济发展。本书认为，经济高质量发展至少具有下列几个方面的含义：

（一）以满足人民日益增长的美好生活需要为根本目的

发展经济学认为，经济发展是随着经济增长而发生的社会经济多方面的变化，这主要包括投入结构、产出结构、一般生活水平和分配状况、卫生健康状况、文化教育状况、自然环境和生态等方面的变化（谭崇台，2001）。由此可以看出，经济发展只是经济增长的一种形式或结果，两者并不等同，它除了体现为量的增长（即经济增长）之外，还体现为质的提高（即一系列结构优化）。顾名思义，经济高质量发展就是高质量的经济发展，它是经济发展的高级形式。要深入理解经济高质量发展的内涵，就必须要弄清楚什么是高质量。从经济学基础理论（商品的二重性）来看，质量不仅指产品能够满足实际需要的使用价值特性，还指产品具有更高性价比，从而能够更有效地满足需要的质量合意性和竞争力特性；由于"需要"会随着经济发展和社会进步而不断变化，因此高质量发展具有很强的动态性，它的经济意义是能够更好满足人民不断增长的真实需要的经济发展方式、结构和动力状态（金碚，2018）。据此可以看出，经济高质量发展并非是一成不变的固定模式，而是与特定经济发展需求相适应的经济发展。中共十九大报告中习近平总书记指出，"中国特色社会主义进入新时代，我国社会主要矛盾已经转化为人民日益增长的美好生活需要和不平衡不充分的发展之间的矛盾。"① 因此，现阶段中国经济高质量发展就是要解决发展中的不平衡不充分问题，以满足人民日益增长的美好生活需要。

（二）以新发展理念为引领

2015 年中共十八届五中全会提出了"创新、协调、绿色、开放、共享"的新发展理念，着力破解中国当前阶段遇到的发展难题，实现经济发展方式转变、经济结构优化、发展动力转换和发展成果共享，进而解决人民日益增长的美好生活需要与发展不平衡不充分之间的矛盾。因此，经济高质量发展必须贯彻落实新发展理念，以创新为第一动力、协调为内生特点、绿色为普遍形态、开放为必由之路、共享成为根本目的（王靖华，2018）。《建议》明确指出，"把新发展理念贯穿发展全过程和各领域，构建新发展格局，切实转变发展方式，推动质量变革、效率变革、动力变革，实现更高质量、更有效率、更加公平、更可持续、更为安全的发展。"② 其中，"创新"是驱动经济稳步发展的第一动力。从历史的、发展的眼光来看，经济增长动力源泉来自资产转换、资产积累、人力资本、技术进步，前面三个动力源泉存在天花板效应，不具有可持续性，唯有技术进步，是经济增长的第一动力也是可持续的动力，能够带来真正意义上的突破、转型、创新（杨文举和文欢，2019）。"协调"发展理念的核心在于妥善处理各方关系，是促进中国发展行稳致远的内在要求。中国作为最大的发展中国家，且经济社会发展处于"三期叠加"的复杂时期，不可避免地出现区域、城乡、产业，以及经济与社会等发展关系上的不协调，而协调发展正是着眼于处理好以上多方互动的重大关系，推动平衡发展。"绿色"着眼于正确认识和处理好经济发展与生态环境保护、资源利用之间的关系，是中国经济社会实现可持续发展的必要条件。中共十八大以来，习近平总书记多次强调"保护生态环境就是保护生产力，改善生态环境就是发展生产力"，表明生态环境资源在一定条件下可以转化为经济价值。只要依靠科技创新发展绿色经济，走生态经济发展道路，坚持人与自然和谐共生，美丽生态就会变成财富。"开放"作为中国的基本国策，是繁荣发展的必由之路。近几年，中国积极倡导和推动共建"一带一路"，设立自由贸易实验区、跨境电商综合试验区，推动外商投资

---

① 习近平新时代中国特色社会主义思想学习纲要 [EB/OL]. 人民网，http：//theory. people. com. cn/n1/2019/0723/c40531-31250161. html，2019-07-23.

② 把新发展理念贯穿发展全过程和各领域 [EB/OL]. 人民网，https：//baijiahao. baidu. com/s？id = 1686374285829388&wfr = spider&for = pc，2020-12-18.

由审批制转向负面清单管理，加大国外引智力度，推进国际产能合作等一系列扩大对外开放、实现合作共赢的重大举措，有效提高了对外开放的质量和发展的内外联动性。"共享"是发展的根本目的，是实现共同富裕的应有之义。进入新时代，人民大众对美好生活的向往越来越强烈，不仅对物质生活，而且对民主、公平、正义、环境等提出了更高要求。因此，只有坚持全民共建共享，才能不断增进人民福祉，促进社会进步。

（三）以深化供给侧结构性改革为主线

2016 年 5 月 6 日，习近平总书记在中央财经领导小组第十三次会议上指出，"当前中国经济发展中有周期性、总量性问题，但结构性问题最突出，矛盾的主要方面在供给侧。要准确把握基本要求，供给侧结构性改革的根本目的是提高供给质量满足需要，使供给能力更好满足人民日益增长的物质文化需要。"[①] 2017 年 10 月，中共十九大报告指出，"建设现代化经济体系，必须把发展经济的着力点放在实体经济上，把提高供给体系质量作为主攻方向，显著增强中国经济质量优势"。[②] 可见，以推动高质量发展为核心的现代化经济体系建设，就是要努力建设实体经济、科技创新、现代金融、人力资源等协同发展的产业体系，推动质量变革、效率变革、动力变革，这些都应以供给侧结构性改革为主线。供给侧结构性改革主要着眼于实体性、长期性与结构性的问题，其所要达到的主要目标包括实现经济可持续增长和转型升级，两者均是高质量发展的内容。其中，促进经济可持续增长不再是通过采取刺激性的政策来扩张生产规模，而是要从实体经济深处激活新的经济增长动能，提高经济系统的稳定性，增强经济发展的可持续性；而实现经济转型升级，则意味着发展模式要从资源要素驱动、投资驱动转向创新驱动，加快发展新兴产业与现代服务业，实现社会资源在生产各部门、各行业之间的重新配置，使产业结构逐渐朝着合理化、高级化方向发展。

（四）以绿色全要素生产率增长为持久动力源

发展是人类社会永恒的主题。人民日益增长的美好生活需要是不断升级的，

---

① 周潇枭. 习近平：当前经济结构性问题最突出 要扩大中等收入群体［N］. 21 世纪经济报道，2016 – 05 – 17.

② 把发展经济的着力点放在实体经济上［EB/OL］. 人民网，http：//opinion. people. com. cn/n1/ 2017/1206/c1003 – 29687985. html，2017 – 12 – 06.

经济高质量发展也应该是动态演进的，具有持久性、稳定性。经济增长与发展理论表明，经济增长是经济发展的必要条件，它是投入要素的数量积累和效率提升共同作用的结果。在实践中，劳动力、资本、土地、能源等投入要素都是稀缺的，它们的使用数量不可能无限扩张，长期经济增长的源泉只可能借助它们的生产效率提升，即全要素生产率增长。贺晓宇和沈坤荣（2018）亦指出，全要素生产率作为衡量效率的指标，在经济核算体系中被视为经济长期增长的重要源泉，很大程度上是对经济长期增长绩效的解释。中国过去的经济高速增长，主要是靠不断增加土地、资本、劳动力、能源等要素投入的数量得以实现，这种粗放型的经济增长模式虽然短期内创造了增长奇迹，但在生态环境压力趋紧、资源日益稀缺的背景下，这种模式终究是不可持续的，必须寻找一条既能实现经济增长，又能保护生态环境的绿色发展之路。绿色全要素生产率增长是兼顾经济效益和生态环境效益的全要素生产率增长，它可以在投入要素数量不变的情况下增加期望产出，而且还可以降低非期望产出，这与新发展理念的内在要求是一致的（第二章会对绿色全要素生产率进行专门分析）。因此，要实现中国经济高质量发展，就必须不断提高绿色全要素生产率，这是中国经济高质量发展的持久动力源泉。

二、经济高质量发展的实现路径

中共十九大报告中指出，现阶段中国"发展不平衡不充分的一些突出问题尚未解决，发展质量和效益还不高，创新能力不够强，实体经济水平有待提高，生态环境保护任重道远"。[①] 要实现高质量发展，就必须解决发展不平衡不充分问题。其中，中国经济发展不平衡主要是结构方面的问题，包括实体经济与虚拟经济不平衡、产品供需结构不匹配、产业结构不合理、区域（含城乡之间）发展不平衡、不同群体收入差距大、生产要素结构不优、国民经济子系统（包括人口、资源、环境、经济、社会子系统）发展不协调等方面；经济发展不充分则主要体现为经济的总量和质量还不够高，这主要是由于经济发展中还存在许多短板，如科技水平不够高、对外开放水平不足、经济制度不健全等，导致经济发展中对现有各类资源的利用不充分，从而没有将经济发展的潜力充分释

---

① 习近平. 决胜全面建成小康社会 夺取新时代中国特色社会主义伟大胜利——在中国共产党第十九次全国代表大会上的报告［EB/OL］. 新华网，http：//www.xinhuanet.com/2017 – 10/27/c_1121867529. htm，2017 – 10 – 27.

放出来。为此，须针对经济发展中的不平衡不充分问题，着力解决经济发展中的结构性问题和发展瓶颈，推动经济发展质量不断提升，满足人民日益增长的美好生活需要。

（一）转变经济发展方式

中国过去经历的是粗放型经济增长，不仅引发了一系列不可忽视的生态破坏和环境污染问题，而且这种经济增长道路最终会受资源禀赋和环境容量的限制而不可持续。在高质量发展阶段，应该转变经济发展方式，纠正经济失衡产生的资源利用不合理和生态环境破坏等问题，真正实现粗放型经济增长向集约型、绿色化经济增长转变。一方面，应不断提高投入要素的质量，如进行人力资本投资、实施卡脖子技术研发等，增强投入要素的生产能力，减少污染性物质排放。另一方面，应大力推进资源的合理配置，促进资源配置效率的不断提升。另外，还要将经济增长的数量和质量一并纳入考核体系，尤其是要将绿色发展理念贯彻落实到位，推动发展意识的根本性转变。

（二）优化升级产业结构

目前，中国产业结构不合理问题突出，不仅供需结构失衡，而且存在能耗偏高、污染较重问题。为此，应多渠道调整优化产业结构，真正实现产品供给与市场需求相适应，从根本上解决供需结构失衡问题。一方面要深入推进去产能、去库存行动，着力化解经济中的过剩产能、无效产能和"僵尸企业"，减少经济发展中的无效供给、低效供给，促进资源配置优化调整。另一方面，要不断打造良好的营商环境，大力承接先进产业转移，积极培育战略性新兴产业和高新技术产业，并不断改造升级传统产业，增加经济发展中的有效供给，满足日益升级的市场需求。另外，要大力推动促进产业发展的科技、人才、基础设施等支撑能力建设，深化专业化分工协作，不断提升产业链供应链水平。

（三）增强创新驱动能力

中国处于社会主义初级阶段，是全球最大的发展中国家，正由中高收入水平向高收入水平迈进。为摆脱可能面临的"中等收入陷阱"，必须加快推动经济增长从要素驱动向创新驱动转变，其中的关键在于不断提升科技创新能力。理论和经验表明，科技创新不仅可以作为投入要素来推动经济增长，还可以通过促进产业结构优化升级、降低能源消耗和环境成本、突破资本边际报酬递减的约束，间接地推动经济增长。为此，应以科技创新为重要手段，不断增强创新驱动经济增长的能力。一方面，要充分发挥市场的导向作用和政府的引导作用，健全专利保护制度和人才使用制度，加大科技创新和人力资本投资的投入力度，提高资金利用效率，不断提升科技水平。另一方面，采取行之有效的创新成果评价、转化、应用机制，推动"政产学研用"深度合作，提高成果转化率，同时健全人才评价体制机制，让更多的高级人才引得来、留得住、用得好，充分发挥先进科技和高级人才在经济发展中的重要推动作用。

（四）深化经济体制改革

改革开放40多年以来，中国市场体系建设取得重大突破，但是要素市场建设较为缓慢。一个经济体系的要素价格体系在实际经济增长中发挥着重要的作用，中国要想转变经济发展方式，需要纠正扭曲的要素价格，使得实际要素价格体系符合中国的要素禀赋结构，进而推动企业生产最优化符合市场最优化。在一定程度上，健全的市场机制确定了要素价格的合理配置，在健全的市场机制下，政府对经济的干预较少，市场中寡头和垄断厂商较少，资源配置和市场价格也是合理的，因此减少政府干预是推动要素市场合理化的关键。科斯定理表明，明晰的产权是降低交易成本、优化资源配置的有效途径，因此，应进一步完善产权制度，完善各类国有资产管理体制，同时深化国有企业改革，大力发展混合所有制经济。另外，还要更好地发挥政府功能，不断完善宏观调控手段、深化收入分配制度、投融资即金融监管制度、财税制度、环境规制体系等，避免政府的"缺位""错位""越位"，实现对市场机制的有效补充。

（五）推进区域协调发展

中国区域之间（含城乡之间）的经济发展差距十分明显，这较大程度地制约了中国综合国力提升，也助推了居民收入差距扩大。在新发展理念下，必须推进区域（城乡）协调发展，逐步缩小区域之间、城乡之间的发展差距，推动经济高质量发展。一方面，要深入推进西部大开发战略、东北老工业基地振兴战略和中部崛起战略，切实推进落后地区的产业升级和技术进步，提高经济发展水平。另一方面，要建立健全更加有效的区域（城乡）协调发展和交流合作机制，形成经济相对发达地区（城市）带动落后地区（农村）的经济发展格局。另外，要统筹全国生产力布局和城镇体系发展，同时强化经济发展与环境保护、生态建设的融合发展，推动形成协调发展的城镇格局和生产、生活、生态协调发展的国土空间格局。

（六）扩大对外开放合作

近年来，"逆全球化"思潮和保护主义倾向抬头，加之新冠肺炎疫情对全球经济发展的巨大负面冲击，国际上遏制中国发展的呼声不断涌现。然而，全球化终将是经济发展的必然趋势，是任何力量都不可阻挡的时代主旋律。当前，中国经济发展中的科技短板还比较突出，中高端产品的供给能力也还不高，部分产品也急需国际市场消化。因此，应坚定不移扩大对外开放合作，坚持"引进来"和"走出去"共同发力，形成陆海内外联动、东西双向互济的开放格局，促进资源整合、产品互通、要素升级，推动产业链、供应链和价值链在全球地位的不断攀升，促进经济高质量发展。一方面，进一步放宽外资准入，强化公平竞争环境，健全知识产权保护体系，持续优化外商投资营商环境，创造性地开展吸收外资工作。另一方面，深入推进"一带一路"倡议、RCEP 等国际合作，不断创新对外投资方式，提高国际市场占有度，推动国际产能深度合作，健全面向全球的投融资、贸易、生产和服务网络，提升中国参与全球价值链的分工地位，抢占全球产业发展制高点。

第四节　本章小结

本章对中国经济发展的现实基础、宏观环境和高质量发展的内涵及路径等进行了系统的回顾、梳理和分析。经过 40 余年的快速增长，中国经济发展取得了巨大成就，已成为全球第二大经济体。近年来，中国遭遇了 2008 年美国次贷危机引发的全球金融危机影响，并受到 2019 年新冠肺炎疫情的巨大负面冲击，经济发展受到较大影响，不过宏观经济发展总体稳中向好，而且创新驱动发展态势逐步显现，经济发展质量也不断提升。与此同时，全球经济格局正经历深刻变化，尤其是在新冠疫情影响下国际经济正经历深度衰退，国际贸易、国际金融和国际分工也都在急剧变化，较大程度地制约了中国经济快速发展，反过来也增强了中国经济发展转型升级的决心和方向。

中共十八大以来，党和政府在综合评估国际国内复杂形势的基础上，科学地做出了中国经济发展进入新常态的论断，并相继提出和实施了一系列重大发展战略，以积极应对国际国内形势变化。中共十九大报告进一步提出，中国特色社会主义进入了新时代，中国社会的主要矛盾已经从人民日益增长的物质文化需要同落后的社会生产之间的矛盾，转化为人民日益增长的美好生活需要和不平衡不充分的发展之间的矛盾，经济发展也已迈向高质量发展阶段。为此，应着力解决经济发展中的结构失衡、总量不大、质量不高等发展不平衡不充分问题，推动经济发展的质量变革、效率变革、动力变革，使经济发展更加均衡、更加包容、更加普惠。其中，推动绿色全要素生产率增长是实现经济高质量发展的持久动力源，它能够同时提升经济活动的经济效益和生态环境效益；而深化供给侧结构性改革是针对当前中国经济发展问题尤其是结构性问题而采取的深层次系列改革举措，它是中国在当前及今后一段时期内必须遵循的主线。那么，深化供给侧结构性改革是否有助于提升绿色全要素生产率呢？本书正是以此为主要切入点的一项尝试性理论和经验研究，以期为该领域研究进行补充、完善。

第二章
中国绿色全要素生产率的现状和提升潜力

全要素生产率是长期经济增长的根本源泉所在。与之相关的绿色全要素生产率，是在考虑资源和环境双重约束下的全要素生产率，它比全要素生产率更加契合可持续发展理念，而且与当前中国迈入高质量发展阶段所遵循的新发展理念是一致的。推动绿色全要素生产率增长，是中国经济高质量发展的持久动力源，将成为当前及今后实现高质量发展的重要手段。那么，中国经济发展中绿色全要素生产率的现状怎样？它在经济增长中的相对贡献如何？它又具有多大的潜在提升空间？为厘清这些问题的答案，此章内容将借助于绿色经济增长核算模型，对中国省份绿色全要素生产率进行测度和分解，并据此剖析它们在中国省份经济发展中的相对贡献和潜在的提升空间。

第一节　基于 DEA 的绿色经济增长核算模型

一、文献综述

（一）绿色全要素生产率的内涵

全要素生产率有别于劳动生产率、资本生产率等单要素生产率，它指的是包含了劳动、资本、资源等所有投入的生产率。作为经济增长的重要源泉，一般都认为经济增长中扣除投入要素积累引起的增长之外，剩余的增长源泉就是全要素生产率引起的增长，如索洛（Solow，1957）等。20 世纪 80 年代以来，随着人类对环境问题的日趋重视，一些学者指出，在全要素生产率分析中忽略环境等要素是有悖于经济可持续发展要求的，而且还会对经济增长源泉的探讨出现偏差（杨文举，2011）。因此，日益众多的学者将环境等非期望产出引入效率和生产率分析中。这方面的研究发端于皮特曼（Pittman，1983）利用指数法测度考虑环境因素的技术效率，随后国外涌现出了一批测度绿色全要素生产率的理论和应用研究文献，如指数法（Repetto et al.，1996），索洛余值法（Qi，2005），投入距离函数法（Hailu and Veeman，2000）和产出距离函数法（Färe and Primont，1995；Färe et al.，2006），非参数法（Chung et al.，1997；Kumar，2006；Cao，2007；Oh，2010）等。这些研究虽然在测度全要素生产率时采用了不同的研究方法，但是他们都无一例外地将环境因素纳入了全要素生产率分析框架，并将这种思路下的全要素生产率称为环境敏感性生产率（Environmental sensitive productivity）、环境生产率（Environmental productivity）、环境全要素生产率（Environmental total factor productivity）、绿色全要素生产率（Green total factor productivity）等多种表述方式。为与绿色 GDP 等概念一致，本书沿用杨文举（2011，2012，2015）等研究的做法，将这种在测度中考虑环境因素的全要素生产率称为绿色全要素生产率。

显然，绿色全要素生产率与传统的全要素生产率既有区别，也有联系。作为经济增长的重要源泉，它们测度的都是除投入要素积累之外的所有经济增长源泉的集合，也即它们测度的都是经济增长中投入要素的产出效率。然而，两者之间亦有根本的区别。这种区别首先是体现在它们的测度思路上：在传统的全要素生产率测度中，各种环境因素（甚至于所有的非期望产出）都被置之不理，而绿色全要素生产率的测度却尝试性地将这些非期望产出纳入了分析框架。随之而来的是，两种思路下的全要素生产率测度结果毫无疑问会出现较大的差异，一些实证研究结论亦证实了这一点，如杨文举（2011，2012）等。由此可以推论，两种思路下得出的政策性建议也会出现较大差异，这不仅在于它们对经济发展中环境因素的作用看法不一致，而且两种思路下经济增长源泉的相对贡献也存在一定差异（杨文举，2011）。从经济可持续发展角度而言，绿色全要素生产率这一概念显然要优于传统的全要素生产率，其深入研究也就更符合经济发展的现实需求。

（二）绿色全要素生产率的测度思路

忽视污染等副产品的传统生产率测度思路会导致有偏的生产率增长测度（Chung et al.，1997），为合理测度经济中的全要素生产率增长，应同时考虑期望产出和非期望产出并将它们进行非对称处理（Pittman，1983）。迄今为止，一些研究对考虑非期望产出的全要素生产率增长及其源泉测度进行了比较深入的探讨，它们主要包括下述四大研究思路。

一是以雷佩托等（Repetto et al.，1996）等为代表的指数法，其主要优点在于不需要估计各种参数，从而不受数据多少的限制；但是需要投入—产出变量的价格信息，而且还不能通过增长分解来识别全要素生产率增长的源泉。

二是以齐（Qi，2005）、埃尔萨迪格（Elsadig，2007）等为代表的索洛余值法，将环境变量作为投入要素来扩展新古典经济增长核算模型，其优点在于不需要相关变量的价格信息，而且还能从统计学角度验证模型测算结果的可信度；但是这种以投入要素形式来处理环境变量的做法与"物质平衡思路"相悖（Murty and Russell，2002），而且这种期望产出和非期望产出的非对称处理，扭曲了对经济绩效和社会福利水平的评价，从而会误导政策建议（Hailu and Veeman，2001）。

三是距离函数法，包括投入距离函数法（Hailu and Veeman，2000）和产出距离函数法（Färe and Primont，1995；Färe et al.，2006），它们不需要相关变量的价格信息和生产行为假设，而且能借助距离函数计算出非期望产出的影子价格（或污染的边际消除成本），还能对全要素生产率增长进行分解分析；其主要不足在于要先验地对生产函数的具体形式进行假定。

四是以钟等（Chung et al.，1997）、古玛（Kumar，2006）、曹（Cao，2007）、欧（Oh，2010）等为代表的非参数法，将非期望产出作为产出变量，结合方向性距离函数构建出 Malmquist – Luenberger（ML）生产率指数，并运用数据包络分析法（Data Envelopment Analysis，DEA）进行测度，这既不需要相关变量的价格信息，也不需要先验地给出函数的具体形式和生产行为假设，还能对绿色全要素生产率增长源泉进行分解分析。然而，除欧和赫什马蒂（Oh and Heshmati，2010）之外，其余研究都是运用当期数据集来确定当期的生产前沿，未能避免经验分析中技术倒退结论的出现，从而在分解分析中混淆了技术进步和技术效率变化对全要素生产率增长的相对贡献。

（三）绿色经济增长核算

近年来，以古玛和拉塞尔（Kumar and Russell，2002）、洛什和蒂默（Los and Timmer，2005）、亨德森和拉塞尔（Henderson and Russell，2005）、杨文举（2006，2008，2010）等为代表的一组研究，结合 Malmquist 生产率指数和数据包络分析，将经济增长的源泉分解为技术追赶（技术效率变化）、技术进步和要素积累（资本深化等）三大部分，其中亨德森和拉塞尔（2005）、杨文举（2008，2010）还将人力资本积累从要素积累中分离开来。这组研究虽然弥补了新古典经济增长核算框架对技术无效率视而不见的缺陷，但它们和后者一样都存在着一个共同缺陷，即没有将污染等经济活动的副产品纳入经济增长核算分析框架。经济增长是一个伴随着不断排放"三废"等非期望产出（亦称为坏产出）和增加期望产出（亦称为好产出，如GDP）的过程，若非期望产出不加限制地增加，势必会抑制经济可持续发展。显然，在经济增长核算分析中忽视非期望产出的做法不仅会导致结论失真，而且与人类追求经济可持续发展的目标相悖。迄今为止，考虑非期望产出的经济增长核算分析主要有下述两大思路。

一是基于新古典经济增长核算模型的拓展研究。其中，陈诗一（2009）将二氧化碳排放量作为环境投入变量引入一个超越对数生产函数中，对中国工业行业进行了经济增长核算分析。杨文举（2015）将二氧化硫排放量和化学需氧量排放量作为环境投入变量引入C-D生产函数，对中国省份工业进行了绿色经济增长核算。然而，把坏产出作为投入处理与"物质平衡思路"（Materials Balanced Approach）相悖（Murty and Russell，2002），而且这种好产出和坏产出的非对称处理，扭曲了对经济绩效和社会福利水平的评价，从而会误导政策建议（Hailu and Veeman，2001）。

二是基于生产前沿理论的绿色经济增长核算研究。杨文举（2011）、杨文举和龙睿赟（2012）借助跨期数据包络分析法（Inter-temporal Data Envelopment Analysis，IDEA）和方向性距离函数（Directional Distance Function，DDF），将环境因素纳入了基于DEA的经济增长核算模型，进而将资源环境约束下的劳动生产率变化分解为绿色技术效率变化、绿色技术进步和资本深化等三部分的乘积。这解决了传统新古典经济增长核算模型中无视技术效率差异和环境代价的两大缺陷，而且在IDEA思路下尽可能地避免了经验分析中可能出现技术倒退的缺陷，不过由于没有将能源投入和人力资本等变量纳入分析，这与"物质平衡思路"也并不一致。杨文举（2015）则针对这一缺陷，借鉴亨德森和拉塞尔（2005）的研究，引入人力资本的经济增长源泉分解思路，进一步将能源投入和非期望产出也引入分析模型，构建了一个引入人力资本的绿色经济增长核算模型，从而将劳动生产率变化分解为绿色技术效率变化、绿色技术进步、资本深化和人力资本积累四个部分。

（四）简评

前面回顾的这些研究具有重要的理论意义和实践价值，对本书也具有重要的应用价值。其中，与基于索洛扩展模型的绿色经济增长核算研究相比，杨文举（2015）提出并应用的基于生产前沿理论的绿色经济增长核算模型，不仅充分考虑了经济活动对生态环境造成的压力情况，而且还充分考虑了技术效率的个体差异和人力资本积累在经济增长中的相对贡献，进而将资源环境约束下经济增长的源泉分解为投入要素积累和绿色全要素生产率增长。其中，投入要素积累又可进一步细分为资本深化和人力资本积累，绿色全要素生产率增长则可进一步细分为绿色技术进步和绿色技术效率变化，这显然更有助于深入分析中国经济增长的源泉。为此，本书拟以该绿色经济增长核算模型为基础，对中国的绿色全要素生产率进行测度和分解，并探讨它们在经济增长中的相对贡献和提升潜力。

二、Malmquist – Luenberger 生产率指数

增加期望产出和减少非期望产出都是经济可持续发展必须考虑的重要方面，这也是绿色全要素生产率增长的题中应有之义。因此，全要素生产率指数的构建也应兼顾经济绩效和环境绩效两个方面。钟等（Chung et al. ，1997）在借鉴产出导向的 Malmquist 生产率指数基础上，根据生产技术应满足的三大假定，即期望产出可自由处置性、非期望产出弱可处置性，以及期望产出和非期望产出的零联合性，结合方向性距离函数提出了一个考虑非期望产出的 Malmquist – Luenberger（简写为 ML）生产率指数，该指数同时考虑了经济效益和环境效益的提升，本书主要沿用该指数来测度绿色全要素生产率增长，其构建的主要思路如下。

假定经济活动中投入为 $x \in R^N$，期望产出为 $y \in R^M$，非期望产出为 $b \in R^I$，则经济活动中对生产技术的使用情况可用方向性距离函数来表示，见式（2 – 1）和图 2 – 1。

$$\vec{D}_o(x,y,b;g) = sup\{\beta:(y,b) + \beta g \in P(x)\} \qquad (2 - 1)$$

式（2 – 1）中，$g = (y, - b)$ 为产出水平扩张的方向性向量，β 为方向性距离函数值，$P(x)$ 为生产可能性集，$C(y,b)$ 代表产出集为 (y,b) 的决策单元。根据技术效率的一般定义，它测度的是经济体对最佳实践技术的利用程度，常用

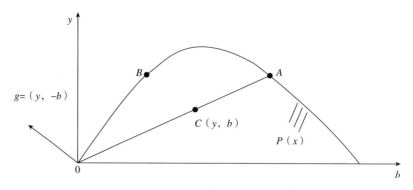

图 2 - 1   方向性性距离函数示意

实际产出值与潜在产出值的比值来测度；所有技术效率为 1 的决策单元构成生产前沿（或生产边界或技术前沿）。本书沿用相关研究的做法，根据期望产出来确定经济活动的技术效率，即技术效率等于实际的期望产出与该投入组合下位于生产前沿上潜在的期望产出的比值 $1/(1+\beta)$。根据方向性向量 g，点 C 所示的经济体一旦以最佳实践技术进行生产，则在不改变投入的情况下，其可以获得点 B 所示的理想产出集。而根据 Sheperd 距离函数，该经济体在不改变投入的情况下的理想产出集为 A。显然，B 点比 A 点更符合可持续发展理念，具有更强的实践指导意义。

根据上述方向性距离函数，借鉴 Malmquist 生产率指数及其两重分解，可得出 ML 生产率指数及其分解因子，分别见式（2 - 2）~式（2 - 4）。

$$ML_t^{t+1} = \left[\frac{1+\vec{D}_o^t(x^t,y^t,b^t;y^t,-b^t)}{1+\vec{D}_o^t(x^{t+1},y^{t+1},b^{t+1};y^{t+1},-b^{t+1})} \times \frac{1+\vec{D}_o^{t+1}(x^t,y^t,b^t;y^t,-b^t)}{1+\vec{D}_o^{t+1}(x^{t+1},y^{t+1},b^{t+1};y^{t+1},-b^{t+1})} \right]^{\frac{1}{2}}$$

$$(2-2)$$

$$MLEC_t^{t+1} = \frac{1+\vec{D}_o^t(x^t,y^t,b^t;y^t,-b^t)}{1+\vec{D}_o^{t+1}(x^{t+1},y^{t+1},b^{t+1};y^{t+1},-b^{t+1})} \qquad (2-3)$$

$$MLTC_t^{t+1} = \left[\frac{1+\vec{D}_o^{t+1}(x^t,y^t,b^t;y^t,-b^t)}{1+\vec{D}_o^t(x^t,y^t,b^t;y^t,-b^t)} \times \frac{1+\vec{D}_o^{t+1}(x^{t+1},y^{t+1},b^{t+1};y^{t+1},-b^{t+1})}{1+\vec{D}_o^t(x^{t+1},y^{t+1},b^{t+1};y^{t+1},-b^{t+1})} \right]^{\frac{1}{2}}$$

$$(2-4)$$

式（2 - 2）~式（2 - 4）中，ML、$MLEC$ 和 $MLTC$ 分别代表考虑非期望产出的全要素生产率变化指数、技术效率变化指数和技术进步指数，而且 ML 为

MLEC 和 *MLTC* 的乘积。若 *ML* 大于（小于）1 意味着分析对象经历了全要素生产率增长（倒退）；*MLEC* 大于（小于）1 意味着分析对象经历了技术效率改善（恶化）；*MLTC* 大于（小于）1 意味着分析对象经历了技术进步（倒退）。

三、*ML* 生产率指数的测度：跨期数据包络分析法

为测度式（2 - 2）~式（2 - 4）所示的各决策单元的 *ML* 指数及其分解因子，必须先计算出相应的四个方向性距离函数值，即 t 期的经济活动在 t 期生产前沿下的方向性距离函数 $D_0^t(x^t,y^t,b^t;y^t,-b^t)$、$t$ 期的经济活动在 $t-1$ 期生产前沿下的方向性距离函数 $D_0^{t-1}(x^t,y^t,b^t;y^t,-b^t)$、$t-1$ 期的经济活动在 $t-1$ 期生产前沿下的方向性距离函数 $D_0^{t-1}(x^{t-1},y^{t-1},b^{t-1};y^{t-1},-b^{t-1})$、$t-1$ 期的经济活动在 t 期生产前沿下的方向性距离函数 $D_0^t(x^{t-1},y^{t-1},b^{t-1};y^{t-1},-b^{t-1})$。为与技术进步的内涵相一致，从而尽可能地避免经验分析中出现技术倒退结论，本书运用跨期 DEA 来确定经济中的生产前沿。

假定经济中的决策单元个数为 K，期望产出个数为 M，非期望产出个数为 I，投入要素种类为 N，则在时期 t，观测值 k' 的方向性距离函数 $D_0^t(x^t,y^t,b^t;y^t,-b^t)$ 的求解模型见式（2 - 5），其他三个距离函数的求解模型与此相似。其中，式（3 - 5）中前三个约束条件中等号左边均是 $K*t$ 项而不是 K 项，而且最后一行所示的约束条件是 $K*t$ 个而不是 K 个。如此设定的目的在于运用跨期 DEA 来确定 t 期的生产前沿，即运用 t 期及以前的投入、产出数据来确定 t 期的生产前沿。蒂默和洛什（Timmer and Los，2005）、杨文举（2006，2010，2011）等指出，这种生产前沿构建的连续性避免了生产前沿向内偏移的可能性，从而至少具有四大优点：尽可能地避免了技术倒退结论产生，充分吸收了技术追赶思想，排除了生产前沿构建中产出短期波动的影响，以及尽可能地避免了混淆技术效率改善和技术进步对全要素生产率增长的相对贡献。

$$\overrightarrow{D_o^t}(x^t,y^t,b^t;y^t,-b^t) = \max\beta$$

$$s.\,t.$$

$$\sum_{k=1}^K \sum_{\Gamma=1}^t z_k^\Gamma y_{km}^t \geqslant (1+\beta)y_{k'm}^t, m=1,\cdots,M$$

$$\sum_{k=1}^K \sum_{\Gamma=1}^t z_k^\Gamma b_{ki}^t = (1-\beta)b_{k'i}^t, i=1,\cdots,I$$

$$\sum_{k=1}^{K} \sum_{\Gamma=1}^{t} z_k^{\Gamma} x_{kn}^t \leqslant x_{k'n}^t, m = 1, \cdots, N$$

$$z_k^{\Gamma} \geqslant 0, k = 1, \cdots, K, \Gamma = 1, \cdots, t \qquad (2-5)$$

四、绿色经济增长核算模型

（一）不考虑人力资本的绿色经济增长核算

在对技术效率、生产前沿和 *ML* 生产率指数及其分解因子进行界定后，我们就可以对用劳动生产率变化来测度的经济增长的源泉进行多重分解。首先给出下述假定：经济体利用劳动力 L 和资本 K 生产期望产出 Y[①]，并将投入、产出集约化，即 $y = \dfrac{Y}{L}$ 和 $k = \dfrac{K}{L}$；基期（b）、当期（c）和混合时期的技术效率分别为 $e_b(k_b)$、$e_b(k_c)$、$e_c(k_b)$ 和 $e_c(k_c)$，相应地，方向性距离函数值分别为 $\beta_b(k_b)$、$\beta_b(k_c)$、$\beta_c(k_b)$ 和 $\beta_c(k_c)$。[②] 那么，据此可以得出 4 个潜在劳动生产率 $\bar{y}_b(k_b)$、$\bar{y}_b(k_c)$、$\bar{y}_c(k_b)$ 和 $\bar{y}_c(k_c)$，它们分别表示 b 期的投入在 b 期前沿技术下的潜在劳动生产率、c 期的投入在 b 期前沿技术下的潜在劳动生产率、b 期的投入在 c 期前沿技术下的潜在劳动生产率、c 期的投入在 c 期前沿技术下的潜在劳动生产率。

根据技术效率的一般定义，它测度的是经济中期望产出的实际值与潜在产出值之比。因此，根据前面的方向性距离函数值 β，我们可以得到各决策单元的技术效率值，即 $e = \dfrac{1}{(1+\beta)}$。进而我们可以据此得出根据基期技术效率值计算的潜在有效劳动生产率与实际有效劳动生产率之间的数量关系（其他 3 个潜在劳动生产率的计算方法与此类似），见式（2-6）。

$$\bar{y}_b(k_b) = \frac{y_b(k_b)}{e_b(k_b)} = [1 + \beta_b(k_b)] \times y_b(k_b) \qquad (2-6)$$

结合式（2-2）~式（2-4）和式（2-6），可以得出劳动生产率在两个

---

① 当然，与前面的分析一致，经济活动中也包括非期望产出。

② 其中，$e_b(k_c)$ 为当期的投入组合在基期生产前沿下的技术效率，$\beta_b(k_c)$ 为当期的投入组合在基期生产前沿下的距离函数值，其他与此类似。

时期之间的相对变化的分解结果，见式（2-7）。[①]

$$\frac{y_c(k_c)}{y_b(k_b)} = \frac{e_c(k_c)}{e_b(k_b)} \times \left[\frac{\overline{y_c}(k_c)}{\overline{y_c}(k_c)} \times \frac{\overline{y_c}(k_b)}{\overline{y_b}(k_b)} \right]^{\frac{1}{2}} \times \left[\frac{\overline{y_b}(k_c)}{\overline{y_b}(k_b)} \times \frac{\overline{y_c}(k_c)}{\overline{y_c}(k_b)} \right]^{\frac{1}{2}}$$

$$= EC \times TC \times KC$$

$$= TFPC \times KC \tag{2-7}$$

式（2-7）中，$\frac{y_c(k_c)}{y_b(k_b)}$ 度量的是经济体在时期 b 和 c 之间的劳动生产率相对变化情况；如果大于 1，表明劳动生产率提高了，亦即经历了经济增长。EC 度量的是经济体在时期 b 和 c 之间源于技术效率变化而发生的劳动生产率变化，也就是趋向或偏离生产前沿的移动；如果它大于 1 的话，说明经济体的技术效率得到了改善并促进了劳动生产率增长，并将这种情况定义为"技术追赶"。TC 度量的是经济体在时期 b 和 c 之间源于技术水平变化而产生的劳动生产率变化，即生产前沿的移动或技术进步；如果它大于 1 的话，说明经济体经历了技术进步并促进了劳动生产率增长。KC 度量的是经济体在时期 b 和 c 之间源于资本深化（或要素积累）而产生的劳动生产率变化，即沿着生产前沿的运动；如果它大于 1，说明经济体的资本深化促进了劳动生产率增长。$TFPC$ 度量的是经济体在时期 b 和 c 之间源于全要素生产率变化而产生的劳动生产率变化，它等于技术效率变化和技术进步的乘积；如果它大于 1，说明经济体经历了全要素生产率进步。

根据式（2-5），经济中的生产前沿是在同时考虑期望产出、非期望产出和各种投入（含能源）的情况下进行确定的。结合本书前面对绿色全要素生产率的界定，根据式（2-7）得到的全要素生产率就是绿色全要素生产率，它的三个分解因子则是资源环境约束下的技术效率变化（绿色技术效率变化）、技术进步（绿色技术进步）和资本深化。其中，绿色技术进步和绿色技术效率变化的乘积即为绿色全要素生产率变化，它测度的是投入要素的生产效率对经济增长的贡献；资本深化测度的则是投入要素的数量积累对经济增长的贡献。显然，在能源要素等资源日益稀缺和环境污染压力（如温室气体效应）加大的背

---

① 亨德森和拉塞尔（2005）指出，在技术进步中性情况下，以基期或当期投入组合为基础计算出来的技术进步结果是相同的，但是实际情况并不一定满足中性技术进步条件。因此，本书沿袭相关研究的做法，采用"费雪理想"（Fisher Ideal）分解法来解决两大思路下的差异性结论。

景下，经济可持续发展不可能一如既往地靠不断加大各种投入来实现，而是要依靠提升各种投入要素的生产效率来维持或促进经济增长。也就是说，在资源、环境双重压力下，我们应该在兼顾资源节约、环境友好的情况下来提高投入要素的生产效率，即通过提升绿色全要素率来推进经济可持续发展。

（二）引入人力资本的绿色经济增长核算

经济增长理论和实践表明，人力资本在经济增长中具有重要作用。在前面介绍的经济增长核算模型中，如果我们将人力资本引入分析模型，也可以将人力资本对经济增长的相对贡献进行分离。为在该思路下引入人力资本并将其对经济增长的贡献分离开来，我们在式（2-5）中用经过人力资本调整的有效劳动力（$=H \times L$）来替换劳动力L，从而资本-有效劳动比为$\hat{k} = \dfrac{K}{H \times L}$，其中$H$代表劳动力人均人力资本。同时，给出下述两个反事实的资本—有效劳动比，即$\tilde{k}_b = \dfrac{K_b}{(L_b \times H_c)}$和$\tilde{k}_c = \dfrac{K_c}{(L_c \times H_b)}$；并用$\bar{y}_c(\tilde{k}_b)$和$\bar{y}_b(\tilde{k}_c)$表示两个反事实的潜在有效劳动生产率，它们在具体的计算中需要先根据反事实的投入组合（即包含反事实的资本、有效劳动的投入组合）来计算相应的距离函数值，然后根据前面的方法来计算潜在的有效劳动生产率。

结合有效劳动生产率和劳动生产率之间的数量关系和"费雪理想"分解法，我们可以得出式（2-8）所示的劳动生产率变化的四重分解模型。这样，在考虑资源、环境双重约束的情况下，经济增长的源泉就被分解为四大部分，即劳动生产率变化等于技术效率变化（EC）、技术进步（TC）、资本深化（KC）和人力资本积累（HC）的乘积。其中，技术效率变化和技术进步的乘积为全要素生产率变化对经济增长的贡献，资本深化和人力资本积累的乘积为投入要素积累对经济增长的贡献。

$$
\begin{aligned}
\frac{y_c(\hat{k}_c)}{y_b(\hat{k}_b)} &= \frac{e_c(\hat{k}_c)}{e_b(\hat{k}_b)} \times \left[\frac{\bar{y}_c(\hat{k}_c)}{\bar{y}_b(\hat{k}_c)} \times \frac{\bar{y}_c(\hat{k}_b)}{\bar{y}_b(\hat{k}_b)} \right]^{\frac{1}{2}} \times \left[\frac{\bar{y}_b(\tilde{k}_c)}{\bar{y}_b(\hat{k}_b)} \times \frac{\bar{y}_c(\hat{k}_c)}{\bar{y}_c(\tilde{k}_b)} \right]^{\frac{1}{2}} \\
&\quad \times \left\{ \left[\frac{\bar{y}_b(\hat{k}_c)}{\bar{y}_b(\tilde{k}_c)} \times \frac{\bar{y}_c(\tilde{k}_b)}{\bar{y}_c(\hat{k}_b)} \right]^{\frac{1}{2}} \times \frac{H_c}{H_b} \right\} \\
&= EC \times TC \times KC \times HC \\
&= TFPC \times KHC \qquad\qquad (2-8)
\end{aligned}
$$

（三） 引入规模效应的绿色经济增长核算

前述经济增长核算分解模型中，都假定了生产活动位于最优生产规模，即在运用式（2−5）所示的非线性规划模型来确定经济中的最佳实践生产前沿时，采用的是规模报酬不变的 DEA 模型。然而，在经济发展实际情况中，由于不完全竞争、政府法规和财政约束等，并非所有决策单元的生产活动都处于最优生产规模，从而基于规模报酬不变的分解会导致技术效率的测度受到规模效率的影响。不过，在规模报酬可变的前提下来测度决策单元的技术效率时，计算出来的技术效率就不受规模效率的影响（Coelli et al.，2009）。

图 2−2 描述的是单一投入（x）、单一产出（y）下的经济活动，其中 A、B、C 这三点都处于生产前前沿上，但是它们的生产率却有较大差距。只有 B 位于基于规模报酬不变（Constant Returns to Scale，CRS）的生产前沿上，它对应的生产率最高（OB 线的斜率），其余两点则位于基于可变规模报酬（Variable Returns to Scale，CRS）的生产前沿上，它们对应的生产率都要低于 B 点的情况。也就是说，虽然其他投入—组合点（如 A 和 C）也处于最佳实践前沿上，但是它们仅仅通过改变生产规模（移动到 B 点）就可以实现生产率的提高。因为在这一过程中，技术效率没有变化（它们都处于生产前沿上，从而技术效率都为 1），也没有发生技术进步（沿着生产前沿的移动并没有引起生产前沿本身的移动）。因此，在经济增长核算分析中，引入规模效率具有重要意义。就中国当前的经济发展实践来看，部分行业生产规模过大或过小，都不利于生产率的提升，因此优化生产规模也是深入推进供给侧结构性改革的题中应有之义。

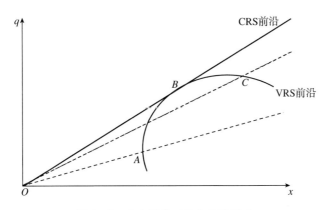

图 2−2 生产规模对生产率的影响

资料来源：Coelli et al.（2009），p41，图 3.9.

为此，在式（2-5）所示的技术效率测度模型中，通过加入式（2-9）所示的规模报酬可变的约束条件，即可以得出不受规模效率影响的技术效率即纯技术效率 PTE。结合基于规模报酬不变的技术效率 TE，即可得到规模效率 $SE = \dfrac{TE}{PTE}$，进而可以得到式（2-10）所示的经济增长源泉的多重分解模型。其中，PEC 和 SEC 分别表示纯技术效率变化和规模效率变化引致的劳动生产率增长，其他变量的含义同前。如果 SEC 大于1，则表明分析期间内生产规模得到了优化，进而促进了劳动生产率增长；反之则反是。

$$\sum_{k=1}^{K} \sum_{\Gamma=1}^{t} z_k^{\Gamma} = 1 \tag{2-9}$$

$$\frac{y_c(k_c)}{y_b(k_b)} = PEC \times SEC \times TC \times KC \times HC$$

$$= EC \times TC \times KC \times HC$$

$$= TFPC \times KHC \tag{2-10}$$

第二节　中国省份绿色全要素生产率的测度

一、变量选择和数据说明

根据前面介绍的绿色经济增长核算模型进行经验分析，需要对投入、产出变量及样本数据等进行选择。本书沿袭相关研究做法并结合数据的可得性和代表性，选取地区生产总值（$RGDP$）为期望产出变量，二氧化碳排放量（CO_2）、二氧化硫碳排放量（SO_2）和废水中的化学需氧量（COD）排放量作为非期望产出变量，年均从业人员数（L）作为劳动力投入变量，劳动力人均人力资本存量（H）作为人力资本投入变量，物质资本存量（K）作为物质资本投入变量，能源消耗总量（E，按标准煤折算）作为能源投入变量。其中，除物质资本存量、人力资本存量之外的数据都直接来源于中经网、中国碳核算数据库（China Emission Accounts and Datasets，CEADs）和历年《中国统计年鉴》《重庆市统计年鉴》。

根据序列 DEA 的生产前沿构建思想，经验分析中数据时间序列越长、决策单元个数越多，构建出来的生产前沿越接近于真实情况。由于部分数据在早期

（如 COD）和近期（如年均从业人员数）缺乏统计，所有分析数据的时间跨度选取为 2003～2017 年。另外，由于在政府对外公开的数据中无法获取西藏自治区的能耗数据，因此本书的分析对象为除西藏之外的中国（不包括港澳台）其他 30 个省份（省、自治区和直辖市）。下面对物质资本存量和人力资本存量的数据获取进行简单介绍。

（一）物质资本存量

中国一直没有官方公布的物质资本存量数据，相关研究都是根据永续盘存法或资本价格租赁度量法进行自主测算，其中永续盘存法更为普遍。为避免折旧率的人为选取差异而影响物质资本存量的测算结果，靖学青（2013）提出，在固定资产折旧额已知的情况下，应该运用式（2-11）来计算物质资本存量数据。其中，K、P、I、D 分别代表物质资本存量、固定资产投资价格指数、名义投资额和固定资产折旧额，t 代表时间。本书以该研究得出的 1995 年省际物质资本存量数据为基础，运用式（2-11）来测算 2003～2017 年中国各个省份的物质资本存量数据。其中，相关基础数据源于《中国国内生产总值核算历史资料 1952—2004》和历年《中国统计年鉴》。

$$K_t = K_{t-1} + (I_t - D_t) / P_t \qquad (2-11)$$

（二）人力资本存量

学术界关于人力资本存量数据有不同的测算方法，本书采用广泛使用的教育回报率法来计算劳动力人均人力资本存量，见式（2-12）和式（2-13）。其中，i 代表省份，t 代表时期，E 为受教育年限，H 为人力资本，$p_{i,j}^t$ 表示第 i 省（区、市）t 年第 j 种受教育层次人口数量，$edu_{i,j}^t$ 表示 i 省（区、市）t 年第 j 种受教育层次所对应的受教育年限。

$$E_i^t = \sum_{j=1}^{5} \frac{edu_{i,j}^t \times p_{i,j}^t}{\sum_{j=1}^{5} p_{i,j}^t} (i = 1, \cdots, 30, j = 1, \cdots, 5) \qquad (2-12)$$

$$H_i^t = e^{\phi(E_i^t)} (i = 1, \cdots, 30) \qquad (2-13)$$

根据式（2-12）和式（2-13）计算劳动力人均人力资本存量，需要对受教育层次进行分类并设定它们对应的平均受教育年限，以及确定函数 $\phi(E_i^t)$ 的具体形式和不同层次教育的回报率。本书参照彭国华（2005）等相关研究的做法，将受教育层次分为文盲和半文盲、小学、初中、高中、大专及以上 5 类，它们对应的平均受教育年限分别设定为 1.5 年、6 年、3 年、3 年、3.5 年；同

时设定 $\phi(E_i^t)$ 为分段线性函数，并将中国教育回报率数据确定如下：即受教育年限在 0 ~ 6 年之间的系数为 0.18，6 ~ 12 年之间的系数为 0.134，12 年以上的系数为 0.151。另外，还需要不同受教育层次的劳动力人口占比数据，本书直接采用历年《中国劳动统计年鉴》中不同受教育层次的劳动力人口占比。相关变量的一般统计描述见表 2 - 1。

表 2 - 1 　　　　　　中国省份投入、产出指标统计描述：2003 ~ 2017 年

变量	单位	观测值	平均值	标准差	最小值	最大值
K	亿元	450	33360.17	30618.25	1897.92	176189.4
L	万人	450	2527.51	1666.77	254.00	6766.00
H		450	4.66	0.86	3.12	9.20
E	万吨	450	11452.56	7612.64	683.74	38899.25
$RGDP$	亿元	450	11110.17	10423.91	369.46	62556.07
COD	万吨	450	39.56	41.58	0.29	198.20
CO_2	万吨	450	288.78	242.50	7.55	1552.01
SO_2	万吨	450	61.15	38.89	1.43	171.50

注：所有数据均由作者整理得出，如有需要，可向作者索取。其中，物质资本存量和国内生产总值分别运用固定资产投资价格指数和 GDP 平减指数进行平减，基期为 2000 年。

从表 2 - 1 中可以看出，各变量的取值差异都较大。其中，除人力资本变量外，其余变量的标准差都接近（甚至大于）它们的平均值，人力资本变量的最大最小值比也高达 2.95。也就是说，中国各个省份在 2003 ~ 2017 年间，不仅经济中的投入数量、产出规模和增长速度差异较大，而且它们对环境的影响也具有较大差异。显然，在测度中国各省份经济增长源泉的相对贡献时，将能源投入、人力资本和污染排放物等纳入分析模型是有必要的。

二、生产前沿与技术效率

以 2003 ~ 2017 年中国 30 个省份国民经济发展中的投入、产出数据为样本，根据式（2 - 5）所示的线性规划模型，运用 MaxDEA 软件计算出相应的 β 值，并据此得到各省份各年的技术效率及相应年份的生产前沿构成。由于涉及 15 年的计算结果，此处仅列出 2003 年、2010 年和 2017 年各省份的技术效率值（见图 2 - 3）。同时，在表 2 - 2 中列出了各年处于生产前沿上的省份的投入、产出情况。

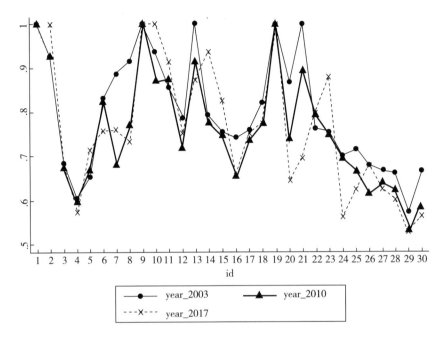

图 2 - 3　中国各省份考虑非期望产出的技术效率：2003 年、2010 年和 2017 年

注：图中的横轴为中国 30 个省区市，依次为北京、天津、河北、山西、内蒙古、辽宁、吉林、黑龙江、上海、江苏、浙江、安徽、福建、江西、山东、河南、湖北、湖南、广东、广西、海南、重庆、四川、贵州、云南、陕西、甘肃、青海、宁夏、新疆；纵轴为基于 CRS 模型的考虑非期望产出的技术效率。

表 2 - 2　　　中国省市经济绿色发展生产前沿构成：2003～2007 年

年份	前沿省份	年份	前沿省份	年份	前沿省份
2003	北京、上海、广东、福建、海南	2008	北京、上海、广东	2013	北京、上海、广东
2004	北京、上海、广东、海南	2009	北京、上海、广东	2014	北京、上海、广东
2005	北京、上海、广东、海南	2010	北京、上海、广东	2015	北京、天津、上海、广东
2006	北京、上海、广东	2011	北京、上海、广东	2016	北京、天津、上海、广东
2007	北京、上海、广东	2012	北京、上海、广东	2017	北京、天津、上海、广东、江苏

注：表中内容为作者根据基于 CRS 的技术效率计算值整理得出，其中的前沿省市指技术效率为 1 的省市。

第一，技术无效率现象是中国省份经济发展中的普遍现象，而且省际差异大。以位于生产前沿上的省份数目较多的 2017 年为例，技术效率的平均值仅为 0.7627；技术效率为 1 的只有北京、天津、上海、广东和江苏 5 个省市，只有该年样本数的 1/6，它们共同构成了 2017 年中国省份绿色发展的生产前沿；技术效率最小的为宁夏，它的技术效率（0.5288）仅略高于生产前沿省份的 50%，技术效率的标准差也较大，为 0.1496，不到技术效率平均值的 20%。

第二，中国省份技术效率变化差异较大，其中近一半的省份还经历了技术效率恶化。其中，19 个省份经历了技术效率恶化，技术效率下降最大的省份为海南，比 2003 年下降了 30.68%，技术效率下降的陕西也下降了 0.18%。北京、上海、广东 3 个省市的技术效率没有发生变化，它们都位于分析期间内各年的生产前沿上；其余 8 个省份的技术效率均经历了不同程度的改善，改善幅度最大的为江西，由 2003 年的 0.7918 提升到 2017 年的 0.9347，增长了 18.05%。

第三，中国省份技术效率与经济发展水平的相关关系不明显。就所有省份而言，15 年期间内技术效率与劳均地区生产总值的相关系数仅为 0.5671，而且在 1% 的显著性水平上统计显著，相关程度显然比较低。之所以如此，其主要原因在于经验分析中的技术效率是一个相对值，一旦选用与自身经济发展条件相一致的最佳实践技术，即使是发展水平相对落后的经济体也可以获得高的技术效率，杨文举（2006，2010，2011）、古玛和拉塞尔（2002）等亦得出了类似结论。

三、绿色全要素生产率的时空比较

结合各年各省区市的距离函数值或技术效率值，根据式（2－2），即可得到各省份绿色全要素生产率在不同年份间的变化情况。相关计算结果见表 2－3 和图 2－4，从中至少可以得出下述几点结论。

表 2－3　　　　　　　中国省份绿色全要素生产率变化：2003～2017 年

省区市	2004 年	2005 年	2006 年	2007 年	2008 年	2009 年	2010 年
北　京	1.0400	1.0790	1.1065	1.1525	1.1316	1.0386	1.0446
天　津	1.0556	1.0892	1.0412	1.0565	0.9839	1.0606	1.0867
河　北	1.0249	1.0147	1.0192	1.0291	1.0354	1.0247	1.0237

续表

省区市	2004 年	2005 年	2006 年	2007 年	2008 年	2009 年	2010 年
山　西	1.0243	1.0112	1.0145	1.0349	1.0002	0.9855	1.0087
内蒙古	1.0588	1.0997	1.0982	1.0379	1.0264	0.9836	0.9571
辽　宁	1.0506	1.0364	1.0686	1.0365	0.9857	1.0053	1.0115
吉　林	0.9899	0.9266	1.0024	1.0267	1.0264	1.0088	0.9947
黑龙江	1.0333	0.9232	1.0299	1.0312	1.0345	1.0099	1.0233
上　海	1.0800	1.0677	1.0539	1.0914	1.0678	1.0606	1.1048
江　苏	0.9726	0.9582	1.0621	1.0487	1.0562	1.0470	1.0325
浙　江	1.0017	1.0294	1.0457	1.0477	1.0600	1.0522	1.0318
安　徽	1.0110	0.9780	1.0229	1.0311	1.0272	1.0273	1.0235
福　建	1.0198	0.9540	1.0321	1.0396	1.0400	1.0214	1.0411
江　西	0.9695	1.0055	0.9982	1.0309	1.0377	1.0385	1.0029
山　东	1.0405	1.0141	1.0429	1.0516	1.0399	1.0243	0.9929
河　南	0.9893	0.9511	1.0282	1.0100	1.0642	0.9424	0.9817
湖　北	0.9964	1.0196	1.0145	1.0498	1.0407	1.0206	1.0040
湖　南	1.0073	0.9191	1.0130	1.0223	1.0421	1.0112	1.0126
广　东	1.0291	1.0140	1.0517	1.0397	1.0635	1.0245	1.0188
广　西	0.9343	1.0220	0.9907	1.0052	1.0062	0.9849	0.9741
海　南	1.0352	1.0705	1.0195	1.0484	1.0433	1.0005	0.9657
重　庆	0.9892	1.0275	1.0137	1.0017	1.0962	1.0540	1.0314
四　川	0.9956	1.0558	1.0211	0.9748	0.9895	0.9940	1.0248
贵　州	1.0311	1.0285	1.0482	1.0243	1.0481	1.0089	0.9776
云　南	1.1368	0.8697	1.0033	1.0316	1.0054	1.0059	1.0064
陕　西	0.9808	0.9413	1.0339	0.9884	1.0190	1.0282	0.9943
甘　肃	1.0378	0.9449	1.0361	1.0352	1.0116	1.0074	1.0216
青　海	1.0102	0.9708	1.0061	1.0246	0.9809	1.0009	1.0196
宁　夏	0.9657	0.9953	1.0039	0.9981	1.0019	0.9923	1.0036
新　疆	0.9669	1.0061	1.0006	1.0167	0.9925	0.9848	0.9972
平均值	1.0159	1.0008	1.0308	1.0339	1.0319	1.0149	1.0138
标准差	0.0400	0.0561	0.0279	0.0317	0.0342	0.0266	0.0311
变异系数	0.0393	0.0560	0.0270	0.0307	0.0331	0.0262	0.0307

续表 2 – 3　　　　中国省份绿色全要素生产率变化：2003～2017 年

省区市	2011 年	2012 年	2013 年	2014 年	2015 年	2016 年	2017 年	2003～2017 年
北　京	1.0367	1.0280	1.0762	1.0297	1.0462	1.3421	1.1766	3.4279
天　津	0.8781	1.0488	1.0758	1.0549	1.2464	1.1180	1.0446	2.1821
河　北	0.9728	1.0102	1.0088	1.0147	1.0014	1.0531	1.0189	1.2803
山　西	0.9335	1.0103	1.0038	0.9879	0.9926	1.0289	1.0247	1.0581
内蒙古	0.9472	0.9507	0.9604	1.0072	1.0982	1.1101	1.0538	1.4351
辽　宁	0.9873	0.9816	0.9602	0.9632	1.0149	1.0637	1.0086	1.1796
吉　林	0.9741	1.0200	1.0480	1.0274	1.1019	1.2787	1.0456	1.5322
黑龙江	1.0133	0.9970	0.9992	0.9586	0.9924	1.0587	1.0257	1.1294
上　海	1.0301	1.0468	1.0319	1.0370	1.0487	1.1989	1.3893	3.3449
江　苏	1.0184	1.0411	1.0553	1.0420	1.0242	1.2700	1.0523	1.8917
浙　江	1.0223	1.0518	1.0350	1.0378	1.0281	1.2036	1.0262	1.9066
安　徽	0.9961	1.0206	1.0180	0.9962	1.0239	1.2301	1.0136	1.4821
福　建	0.9978	1.0520	1.0799	1.0108	1.0740	1.1855	1.0376	1.7474
江　西	1.0098	1.0266	0.9926	1.0164	1.0317	1.2555	1.0683	1.5692
山　东	0.9516	1.0196	1.0314	1.0175	1.0231	1.2239	1.0199	1.5915
河　南	0.9862	1.0493	0.9865	1.0132	1.0080	1.1805	1.0341	1.2242
湖　北	0.9863	1.0304	1.0770	1.0126	1.0054	1.1112	0.9918	1.4174
湖　南	0.9867	1.0172	1.0271	1.0238	1.0169	1.1210	0.9984	1.2287
广　东	1.0364	1.0260	1.0468	1.0156	1.0284	1.1390	1.0291	1.7262
广　西	0.9559	0.9981	1.0288	1.0310	1.0278	1.1684	1.0031	1.1189
海　南	0.9602	0.9576	0.9950	0.9575	0.9878	1.2329	1.0034	1.2783
重　庆	1.0311	1.0628	1.0475	1.0275	1.0326	1.0385	1.0431	1.6227
四　川	1.0485	1.0247	1.0366	0.9927	1.0653	1.0190	1.0356	1.3107
贵　州	0.8246	1.0058	1.0010	1.0066	1.0054	1.0354	1.0030	1.0271
云　南	0.9998	1.0101	1.0108	1.0016	1.0162	1.0469	1.0046	1.1383
陕　西	0.9966	0.9923	0.9906	1.0024	1.0125	1.3111	1.0184	1.3048
甘　肃	0.9516	1.0162	1.0069	1.0100	1.0094	1.0257	0.9977	1.1124
青　海	0.9658	0.9994	0.9955	1.0293	1.0582	1.0171	1.0302	1.1099
宁　夏	0.9931	1.0072	1.0063	1.0035	1.0049	1.0146	1.0029	0.9924
新　疆	0.9911	0.9938	1.0059	0.9999	1.0004	1.0255	1.0110	0.9911
平均值	0.9828	1.0165	1.0213	1.0110	1.0342	1.1369	1.0404	1.5120

续表

省区市	2011 年	2012 年	2013 年	2014 年	2015 年	2016 年	2017 年	2003～2017 年
标准差	0.0468	0.0265	0.0324	0.0232	0.0494	0.1003	0.0741	0.5910
变异系数	0.0476	0.0261	0.0317	0.0229	0.0478	0.0882	0.0712	0.3908

注：表中最后一列为 2003～2017 年绿色全要素生产率变化的累积值，它由各年的绿色全要素生产率变化累乘得到，其余各列为绿色全要素生产率的年际变化值。所有数据均由作者计算得出。

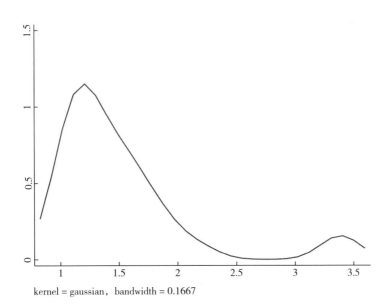

kernel = gaussian，bandwidth = 0.1667

图 2 - 4　中国省份 TFP 累积变化的核密度：2003～2017 年

注：图中横轴为 2003～2017 年间 30 个省区市国民经济发展中绿色 TFP 的累积变化的 Gaussian 核密度。

第一，各个省区市都经历了绿色全要素生产率增长，但是省际差异较大。在整个分析期间内，各个省区市的绿色全要素生产率变化的累积值位于 [0.9911，3.4279] 区间，其中增长最快的为北京，年均增速为 9.20%，新疆和宁夏的绿色 TFP 都经历了负增长，年均增速为 -0.06% 和 -0.05%。就特定年份而言，也存在类似的省际差异情况。以 2016～2017 年度为例，绿色 TFP 变化的最大值为 1.3893（上海），最小值为 0.9918（湖北），前者的年均增速高达 38.93%，而后者却经历了 -0.82% 的负增长。另外，图 2 - 4 显示，省区市绿色全要素生产率的累积变化存在两个明显的波峰，这意味着中国省区市绿色全要素生产率增长可能存在趋异或俱乐部趋同，这将在下一章节进行专门分析。

第二，中国省区市绿色全要素生产率增长具有较大的年际差异。在整个分析期间内，绿色全要素生产率变化的平均值位于 [0.9828，1.1369]，其中2015~2016年的增速最快，平均增速高达13.69%，2010~2011年却经历了负增长，平均增速为 -1.72%。绿色全要素生产率增长的年际差异也可以从变异系数的变化中看出来，即由2003~2004年度的0.0393起伏式变化到2016~2017年度的0.0712，其中的最大值和最小值分别为0.0882（2015~2016年）、0.0229（2013~2014年）。

第三节 中国省份绿色全要素生产率的增长源泉

一、绿色全要素生产率累积变化的源泉分解

运用式（2-10）所示的考虑规模效率的多重分解模型，对2003~2017年间各省区市绿色TFP的累积变化进行多重分解，结果见表2-4和图2-5，从中至少可以得出下述几点结论。值得一提的是，这里绿色全要素生产率变化的累积值及其构成因子，与表2-3中的结果不同，原因在于两处的计算方法不同。其中，表2-3中的绿色全要素生产率变化的累积值，由跨期DEA思路下各年绿色全要素生产率变化值相乘得到；此处的绿色全要素生产率变化的累积值直接利用2003年和2017年的投入、产出数据，在跨期DEA思路下计算得出。

表2-4　　中国省份绿色全要素生产率增长的多重分解：累积变化

省区市	绿色全要素生产率变化	绿色纯技术效率变化	绿色规模效率变化	绿色技术效率变化	绿色技术进步
北　京	3.2716	1.0000	1.0000	1.0000	3.2716
天　津	2.2015	1.0000	1.0829	1.0829	2.0329
河　北	1.3521	1.1033	0.9158	1.0104	1.3382
山　西	1.1940	1.0382	1.0077	1.0462	1.1412
内蒙古	1.5338	1.0191	1.1810	1.2036	1.2744
辽　宁	1.3731	0.9703	0.9866	0.9574	1.4342
吉　林	1.4371	0.8562	1.0000	0.8562	1.6785

省区市	绿色全要素生产率变化	绿色纯技术效率变化	绿色规模效率变化	绿色技术效率变化	绿色技术进步
黑龙江	1.2079	0.8427	0.9961	0.8394	1.4390
上　海	4.1173	1.0000	1.0000	1.0000	4.1173
江　苏	1.8868	1.0673	1.0023	1.0698	1.7638
浙　江	1.9578	1.0912	0.9811	1.0706	1.8287
安　徽	1.5699	0.9653	0.9900	0.9556	1.6428
福　建	1.6016	0.8807	0.9903	0.8721	1.8364
江　西	1.7838	1.1091	1.0973	1.2170	1.4657
山　东	1.6778	1.3166	0.8433	1.1103	1.5112
河　南	1.5618	1.1233	0.8040	0.9030	1.7294
湖　北	1.6615	1.0176	0.9719	0.9891	1.6799
湖　南	1.5623	0.9363	1.0084	0.9442	1.6545
广　东	1.8569	1.0000	1.0000	1.0000	1.8569
广　西	1.2860	0.7495	0.9935	0.7446	1.7270
海　南	1.5738	1.0000	0.6932	0.6932	2.2703
重　庆	1.5163	1.0341	1.0121	1.0466	1.4488
四　川	1.6365	1.1695	1.0038	1.1739	1.3940
贵　州	1.0922	0.7509	1.0888	0.8176	1.3359
云　南	1.2975	0.8776	0.9968	0.8748	1.4832
陕　西	1.5914	0.9920	1.0134	1.0053	1.5830
甘　肃	1.2227	0.9158	1.0606	0.9713	1.2588
青　海	1.1054	0.7601	1.1953	0.9085	1.2167
宁　夏	1.1108	0.8351	1.1373	0.9497	1.1696
新　疆	1.1404	0.8861	1.0101	0.8951	1.2741
平均值	1.6461	0.9769	1.0021	0.9736	1.6953
标准差	0.6300	0.1283	0.0989	0.1234	0.6135
变异系数	0.3827	0.1313	0.0987	0.1267	0.3619

注：表中所有数据均由作者计算得出。其中，绿色全要素生产率变化 = 绿色技术进步 * 绿色技术效率变化；绿色技术效率变化 = 绿色纯技术效率变化 * 绿色规模效率变化；因计算思路差异，该累积值与表 3 - 2 根据年际变化值累乘得到的结果不同。

表2-5　　　　　中国省份绿色全要素生产率增长因子的相关性：累积值

变量	绿色全要素生产率变化	绿色技术进步	绿色技术效率变化	绿色纯技术效率变化	绿色规模效率变化
绿色全要素生产率变化	1				
绿色技术进步	0.9436	1			
绿色技术效率变化	0.2651	-0.0614	1		
绿色纯技术效率变化	0.3014	0.1071	0.6839	1	
绿色规模效率变化	-0.0906	-0.2449	0.3474	-0.4390	1

注：表中所有数据均由作者计算得出。

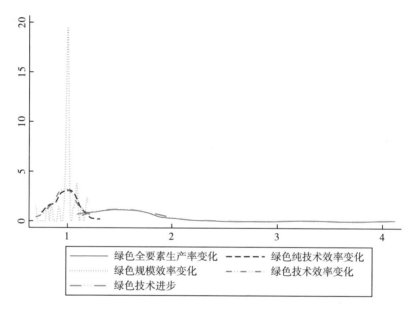

图2-5　绿色 TFP 的累积变化及其构成因子核密度

　　第一，所有省份都经历了绿色技术进步，但是省际差异较大。其中，绿色技术进步速度最快的为上海，它的绿色技术进步因子为4.1173，年均增速为10.64%；绿色技术进步速度最慢的为山西，它的绿色技术进步因子为1.1412，年均增速为0.95%；在整个分析期间内，绿色技术进步因子的平均值为1.6953，亦即年均增速为3.84%。显然，各省份在绿色技术进步的同时，也存在较大的省际差异，绿色技术进步因子的最大最小值比高达3.61，标准差则高达0.6135，这种大的省际差异从图2-5中绿色技术进步因子的核密度图中也可以直观地看出来。上述结果表明，各个省份在分析期间内经历了差异性的绿色技术进步。那么这种技术演进历程究竟是什么因素导致呢？本书将在后面章节中对此进行专门分析。另外，这里并没有得出部分研究中的技术倒退结论，这与我们采用的生产前沿的构建方法也相关。本书运用跨期 DEA 来构建生产前沿时，较好地避免了数据短期波动对生产前沿构建的不利影响，从而避免了经验分析中出现技术倒退结论。

第二，绿色技术效率变化的省际差异大，超过一半的省份还经历了绿色技术效率恶化，而且总体来说全国经历了绿色技术效率恶化。其中，30 个省份绿色技术效率变化的平均值为 0.9736，标准差为 0.1234，这说明总体来说全国经历了绿色技术效率恶化，但是具有较大的省际差异，这从图 2-5 的核密度图也可以直观地看出来。具体来说，有 11 个省份经历了绿色技术效率改善，累积的绿色技术效率变化值位于 [1.0053，1.2170] 区间；16 个省份经历了绿色技术效率恶化，累积的绿色技术效率变化值位于 [0.6932，0.9891] 区间；3 个省份（北京、上海、广东）因一直处于生产前沿上，它们的绿色技术效率没有变化。

第三，绿色纯技术效率变化的情况与绿色技术效率变化的情况比较接近，不仅省际差异大，而且也有近一半的省份经历了绿色纯技术效率恶化，总体来说全国也经历了绿色纯技术效率恶化。其中，所有省份绿色纯技术效率变化的平均值为 0.9769，标准差为 0.1283，这说明总体来说全国经历了绿色纯技术效率恶化，而且具有较大的省际差异。具体来说，11 个省份经历了绿色纯技术效率改善，累积的绿色纯技术效率变化值位于 [1.0176，1.3166] 区间；14 个省份经历了绿色纯技术效率恶化，累积的绿色纯技术效率变化值位于 [0.7495，0.9920] 区间；5 个省份（北京、天津、上海、广东、海南）因一直处于生产前沿上，它们的绿色纯技术效率没有变化。

第四，全国总体来说经历了绿色规模效率改善，但是省际差异也较大，有超过 1/3 的省份经历了绿色规模效率恶化。其中，所有省份绿色规模效率变化的平均值为 1.0021，标准差为 0.0989，这说明总体来说全国经历了绿色规模效率改善，而且具有较大的省际差异。具体来说，14 个省份的绿色规模效率有所改善，累积变化位于 [1.0023，1.1953] 区间；12 个省份的绿色规模效率恶化了，累积变化位于 [0.6932，0.9968] 区间；北京、上海、广东和吉林 4 个省份的绿色规模效率无变化，亦即它们一直处于最佳的绿色生产规模。另外，绿色规模效率变化的方向与绿色纯技术效率变化的方向并非完全一致，有 5 个省份（湖北、浙江、河北、河南和山东）在改善绿色纯技术效率的同时，它们的绿色规模效率却恶化了；同时，7 个省份（贵州、青海、宁夏、新疆、甘肃、湖南和陕西）虽然经历了绿色纯技术效率恶化，但是它们的绿色规模效率却不同程度地得到了改善，而且天津的绿色纯技术效率虽然没有变化，但是绿色规模效率却有所改善。

第五，中国省份绿色全要素生产率增长因子差异较大，而且相关性不高。其中，绿色技术进步因子最大，绿色规模效率变化因子次之，绿色纯技术效率变化因子最小（小于 1）。这说明在整个分析期间内，中国省份绿色全要素生产率增长的主要源泉是绿色技术进步，其次是绿色规模效率改善，而绿色纯技术效率变化在其中具有一定的阻碍作用。从各因子之间的相关性来看，绿色技术进步与绿色全要素生产率变化的相关性最大，相关系数高达 0.9436，而它与绿色技术效率变化、绿色纯技术效率变化的相关系数仅为 0.2651 和 0.3014，它与绿色规模效率变化的相关系数还小于 0，为 - 0.0906，这进一步印证了前面关于中国省份绿色全要素生产率增长源泉的结论，即总体来说绿色全要素生产率增长的源泉在于绿色技术进步，而绿色技术效率变化对其却具有明显的抑制作用。

二、绿色全要素生产率年度变化的源泉分解

运用式（2 - 10）所示的考虑规模效率的多重分解模型，对 2003～2017 年间各省份绿色 TFP 的年度变化进行多重分解，这里仅列出 2003～2004 年、2016～2017 年的分解结果，见表 2 - 6 和图 2 - 6。

表 2 - 6　　　　中国省份绿色全要素生产率增长的多重分解：年度变化

省　份	绿色全要素生产率变化		绿色纯技术效率变化		绿色规模效率变化	
	2003～2004 年	2016～2017 年	2003～2004 年	2016～2017 年	2003～2004 年	2016～2017 年
北　京	1.0400	1.1766	1.0000	1.0000	1.0000	1.0000
天　津	1.0555	1.0446	1.0000	1.0000	1.0002	1.0000
河　北	1.0249	1.0189	1.0080	0.9922	0.9982	1.0199
山　西	1.0243	1.0247	1.0206	1.0223	1.0017	0.9988
内蒙古	1.0588	1.0538	0.9776	1.0349	1.0326	1.0057

续表

省　份	绿色全要素生产率变化		绿色纯技术效率变化		绿色规模效率变化	
	2003~2004 年	2016~2017 年	2003~2004 年	2016~2017 年	2003~2004 年	2016~2017 年
辽　宁	1.0506	1.0086	1.0009	0.9796	1.0135	1.0209
吉　林	0.9899	1.0456	0.9678	1.0020	0.9948	1.0006
黑龙江	1.0333	1.0257	1.0114	1.0203	0.9923	1.0025
上　海	1.0800	1.3893	1.0000	1.0000	1.0000	1.0000
江　苏	0.9726	1.0523	0.9873	1.0000	0.9702	1.0116
浙　江	1.0017	1.0262	0.9852	1.0237	0.9974	0.9957
安　徽	1.0110	1.0136	0.9909	1.0114	0.9960	1.0011
福　建	1.0198	1.0376	0.9931	0.9964	0.9959	1.0057
江　西	0.9695	1.0683	0.9056	1.0652	1.0589	1.0029
山　东	1.0405	1.0199	1.0233	1.0000	0.9944	1.0122
河　南	0.9893	1.0341	0.9771	1.0163	0.9970	0.9936
湖　北	0.9964	0.9918	0.9788	0.9923	0.9953	0.9916
湖　南	1.0073	0.9984	0.9874	0.9937	1.0079	0.9999
广　东	1.0291	1.0291	1.0000	1.0000	1.0000	1.0000
广　西	0.9343	1.0031	0.9137	0.9819	1.0079	0.9928
海　南	1.0352	1.0034	1.0000	1.0000	1.0000	0.9435
重　庆	0.9892	1.0431	0.9717	1.0328	1.0076	1.0009
四　川	0.9956	1.0356	0.9853	1.0307	0.9999	1.0003
贵　州	1.0311	1.0030	1.0086	0.9982	1.0018	0.9997
云　南	1.1368	1.0046	1.1443	0.9870	0.9811	0.9928
陕　西	0.9808	1.0184	0.9673	0.9863	1.0047	1.0010
甘　肃	1.0378	0.9977	1.0259	0.9953	1.0010	0.9985
青　海	1.0102	1.0302	0.9735	1.0365	1.0318	0.9801
宁　夏	0.9657	1.0029	0.8952	1.0040	1.0730	0.9947
新　疆	0.9669	1.0110	0.9480	1.0033	1.0008	0.9998
平均值	1.0159	1.0404	0.9883	1.0069	1.0052	0.9989
标准差	0.0400	0.0741	0.0434	0.0191	0.0203	0.0132
变异系数	0.0393	0.0712	0.0439	0.0190	0.0201	0.0132

注：表中所有数据均由作者计算得出。

续表 2-6　中国省份绿色全要素生产率增长的多重分解：年度变化

省　份	绿色技术效率变化		绿色技术进步	
	2003~2004 年	2016~2017 年	2003~2004 年	2016~2017 年
北　京	1.0000	1.0000	1.0400	1.1766
天　津	1.0002	1.0000	1.0553	1.0446
河　北	1.0061	1.0120	1.0186	1.0068
山　西	1.0223	1.0211	1.0019	1.0035
内蒙古	1.0094	1.0408	1.0490	1.0125
辽　宁	1.0144	1.0001	1.0357	1.0086
吉　林	0.9627	1.0026	1.0283	1.0428
黑龙江	1.0036	1.0229	1.0296	1.0027
上　海	1.0000	1.0000	1.0800	1.3893
江　苏	0.9578	1.0116	1.0154	1.0402
浙　江	0.9826	1.0193	1.0193	1.0067
安　徽	0.9870	1.0125	1.0243	1.0010
福　建	0.9890	1.0021	1.0311	1.0354
江　西	0.9590	1.0683	1.0110	1.0000
山　东	1.0176	1.0122	1.0225	1.0075
河　南	0.9742	1.0098	1.0155	1.0241
湖　北	0.9742	0.9839	1.0228	1.0081
湖　南	0.9952	0.9937	1.0121	1.0047
广　东	1.0000	1.0000	1.0291	1.0291
广　西	0.9209	0.9748	1.0146	1.0290
海　南	1.0000	0.9435	1.0352	1.0634
重　庆	0.9792	1.0337	1.0103	1.0092
四　川	0.9852	1.0310	1.0106	1.0045
贵　州	1.0104	0.9979	1.0205	1.0051
云　南	1.1227	0.9799	1.0125	1.0252
陕　西	0.9719	0.9873	1.0092	1.0315
甘　肃	1.0269	0.9938	1.0106	1.0039
青　海	1.0045	1.0159	1.0058	1.0141
宁　夏	0.9606	0.9986	1.0053	1.0043
新　疆	0.9488	1.0030	1.0191	1.0080

续表

省　份	绿色技术效率变化		绿色技术进步	
	2003~2004 年	2016~2017 年	2003~2004 年	2016~2017 年
平均值	0.9929	1.0057	1.0232	1.0347
标准差	0.0343	0.0223	0.0167	0.0748
变异系数	0.0346	0.0222	0.0163	0.0722

注：表中所有数据均由作者计算得出。

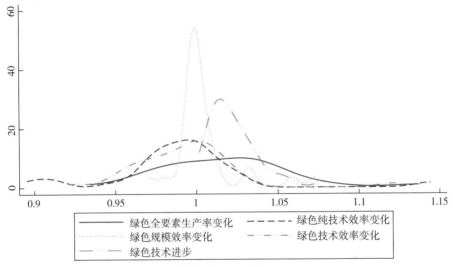

（A）2003~2004年

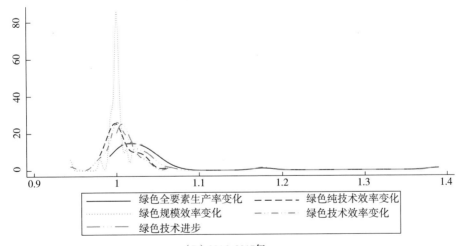

（B）2016~2017年

图 2-6 绿色 TFP 年度变化的构成因子核密度

从上述分解结果中可以看出，与前面的绿色全要素生产率累积增长的分解结果相似，各年绿色全要素生产率增长的主要源泉都是绿色技术进步，而且各年各增长源泉都具有较大的省际差异。另外，从年度分解结果中还可以得出下述结论：

第一，中国省份绿色全要素生产率增长的源泉具有较大的年际差异。从全国总体来看，2003～2004年绿色技术效率变化的主要源泉是绿色规模效率变化，而且其中的绿色纯技术效率变化还恶化了；而在2016～2017年，绿色技术效率变化的主要源泉是绿色纯技术效率变化，而绿色规模效率变化却抑制了绿色技术效率改善。就特定省份而言，也存在类似的情况。以重庆为例，2003～2004年绿色全要素生产率增长的主要源泉是绿色技术进步，而且绿色技术效率恶化了，其中绿色纯技术效率恶化而绿色规模效率有所改善；2016～2017年绿色全要素生产率增长的主要源泉则是绿色技术效率改善，技术进步的贡献比它略低，其中绿色纯技术效率和绿色规模效率都有所改善，但是前者略大。

第二，中国省份绿色全要素生产率增长及其构成因子的省际差异都经历了起伏式变化。其中，绿色全要素生产率变化、绿色纯技术效率变化、绿色规模效率变化、绿色技术效率变化和绿色技术进步的变异系数分别由2003～2004年度的0.0393、0.0439、0.0201、0.0346、0.0163起伏式变化到2016～2017年度的0.0712、0.0190、0.0392、0.0222、0.0722。从它们的核密度图来看，在2003～2004年和2016～2017年中，绿色技术进步、绿色纯技术效率变化和绿色规模效率变化的拖尾部分都有比较明显的起伏，这表明这些因子在中国省份中都存在较明显的"俱乐部"，但还不足以说明它们在分析期间内发生了趋同或趋异，这将在第三章中进行专门分析。

第四节　中国绿色全要素生产率的增长贡献和提升潜力

一、绿色经济增长核算：累积分解

根据式（2-10）所示的经济增长多重分解模型，对中国30个省份在2003～2017年间的累积劳动生产率变化进行多重分解，得到分析期间内绿色纯技术效率变化、绿色规模效率变化、绿色技术进步、资本深化和人力资本积累对劳动生产率变化的相对贡献，结果见表2－7。①

表2－7　　　　　　中国省份绿色经济增长核算结果：累积变化　　　　单位:%

省　份	劳动生产率变化	绿色全要素生产率变化	绿色纯技术效率变化	绿色规模效率变化	绿色技术效率变化	绿色技术进步	投入要素积累	资本深化	人力资本积累
北　京	2.48	130.58	0.00	0.00	0.00	130.58	−30.58	−30.58	0.00
天　津	2.67	80.33	0.00	8.11	8.11	72.22	19.67	18.74	0.93
河　北	3.06	26.98	8.79	−7.86	0.93	26.05	73.02	71.01	2.01
山　西	2.78	17.32	3.66	0.75	4.41	12.91	82.68	80.20	2.48
内蒙古	4.25	29.55	1.31	11.49	12.80	16.75	70.45	60.94	9.50
辽　宁	2.87	30.05	−2.86	−1.27	−4.13	34.18	69.95	69.79	0.15
吉　林	3.11	31.97	−13.69	−0.00	−13.69	45.66	68.03	67.74	0.29
黑龙江	2.98	17.31	−15.68	−0.35	−16.04	33.35	82.69	81.04	1.65
上　海	1.99	205.46	0.00	0.00	0.00	205.46	−105.46	−105.46	0.00
江　苏	3.43	51.47	5.28	0.19	5.47	46.00	48.53	46.50	2.03
浙　江	3.03	60.61	7.87	−1.72	6.15	54.46	39.39	39.39	0.00
安　徽	3.62	35.09	−2.75	−0.78	−3.53	38.63	64.91	64.68	0.22
福　建	2.91	44.06	−11.89	−0.91	−12.80	56.86	55.94	55.94	0.00
江　西	3.45	46.76	8.37	7.50	15.87	30.89	53.24	53.24	0.00
山　东	3.28	43.55	23.15	−14.34	8.80	34.74	56.45	55.61	0.84
河　南	3.60	34.82	9.08	−17.04	−7.96	42.78	65.18	65.18	0.00
湖　北	4.46	33.95	1.17	−1.90	−0.74	34.68	66.05	65.60	0.46
湖　南	4.27	30.73	−4.53	0.58	−3.95	34.68	69.27	68.75	0.52
广　东	2.71	62.11	0.00	0.00	0.00	62.11	37.89	37.89	0.00
广　西	4.13	17.74	−20.34	−0.46	−20.80	38.54	82.26	81.79	0.47
海　南	2.51	49.26	0.00	−39.80	−39.80	89.06	50.74	50.74	0.00
重　庆	4.86	26.31	2.12	0.76	2.88	23.43	73.69	72.86	0.82
四　川	4.25	34.04	10.82	0.26	11.08	22.96	65.96	65.64	0.31

---

①　本书的多重分解模型中，投入变量包括劳动力、物质资本、人力资本和能源（原材料投入），分解模型中将人力资本积累的贡献从投入要素积累的贡献中进行了分离，其余部分仍称为资本深化。因此，分解结果中，资本深化部分实际上包含了除人力资本积累之外的所有投入的数量变化对经济增长的相对贡献。

省　份	劳动生产率变化	绿色全要素生产率变化	绿色纯技术效率变化	绿色规模效率变化	绿色技术效率变化	绿色技术进步	投入要素积累	资本深化	人力资本积累
贵　州	5.22	5.33	−17.33	5.15	−12.18	17.51	94.67	93.87	0.79
云　南	3.34	21.59	−10.82	−0.27	−11.09	32.68	78.41	77.88	0.53
陕　西	5.24	28.04	−0.49	0.81	0.32	27.72	71.96	71.35	0.61
甘　肃	3.27	16.95	−7.42	4.96	−2.45	19.41	83.05	82.28	0.76
青　海	3.51	7.99	−21.87	14.22	−7.65	15.64	92.01	87.09	4.92
宁　夏	3.24	8.94	−15.34	10.95	−4.39	13.33	91.06	83.26	7.80
新　疆	2.26	16.08	−14.79	1.23	−13.56	29.64	83.92	80.94	2.99
平均值	3.43·	41.50	−2.61	−0.66	−3.26	44.76	58.50	57.13	1.37
标准差	0.83	39.60	10.54	9.77	11.34	39.05	39.60	38.98	2.28

注：表中所有数据均由作者计算得出。

从表 2−7 中至少可以得出下列结论：

第一，中国各省份都经历了快速的劳动生产率提高，但是省际差异明显。在整个分析期间内，所有省份的劳动生产率平均提高了 2.43 倍，年均增速达 8.99%。其中，提升最快的为陕西，年均增速为 12.57%；提升最慢的为上海，年均增速为 5.04%；前者是后者的 2 倍多，显然各省份劳动生产率增长具有较大的省际差异。

第二，中国经济增长总体来说粗放型特征比较明显，但少数省份表现为集约型增长特征。在分析期间内，投入要素积累和绿色全要素生产率增长对劳动生产率变化相对贡献的平均值分别为 58.50% 和 41.50%，前者是后者的 1.41 倍，而且有 24 个省份的经济增长情况都与此一致，这说明经济增长的首要源泉仍然是物质资本、人力资本、劳动力、能源等投入要素积累。其中，宁夏、青海、贵州、新疆、甘肃、广西、黑龙江、山西的粗放型特征最为明显，投入要素积累对劳动生产率增长的相对贡献都超过了 80%，分别为 91.06%、92.01%、94.67%、83.92%、83.05%、82.26%、82.69% 和 82.68%。不过，北京、天津、上海、江苏、浙江和广东在此期间总体来说集约型经济增长特征比较明显，它们的劳动生产率增长源泉中，绿色全要素生产率增长的贡献都超过了 50%，分别为 130.58%、80.33%、205.46%、51.47%、60.61% 和 62.11%。

第三，中国各省份的绿色全要素生产率变化都促进了劳动生产率增长，但是各构成因子的相对贡献具有较大差异，而且它们的省际差异也很大。其中，绿色技术进步的相对贡献最大，对劳动生产率增长的平均贡献为44.76%；绿色纯技术效率变化和绿色规模效率变化都阻碍了劳动生产率提升，它们的相对贡献分别为 - 2.61% 和 - 0.66%。绿色纯技术效率变化、绿色规模效率变化和绿色技术进步对劳动生产率增长的相对贡献的标准差分别为10.54%、9.77%和39.05%；它们的最大值和最小值之差分别为45.01%、54.02% 和 192.55%，这说明各因子在经济增长中的作用具有较大的省际差异。

第四，除上海和北京之外，中国各省份的投入要素积累也都促进了劳动生产率增长，但是具有较大的省际差异，而且各构成因子的相对贡献也具有较大差异。其中，资本深化的相对贡献最大，对劳动生产率增长的平均贡献为57.13%；其次是人力资本积累，它的相对贡献仅1.37%。资本深化、人力资本积累对劳动生产率增长的相对贡献的标准差分别为38.98% 和2.28%；它们的最大值和最小值之差分别为199.33% 和 7.80%，这说明各因子在经济增长中的作用具有较大的省际差异。值得一提的是，这里计算出来的人力资本积累的相对贡献只是从反事实分析角度出发，测度了人力资本积累对劳动生产率增长的直接贡献。实际上，人力资本水平提升不仅可以通过提高有效劳动力的数量来促进经济增长（本书研究模型所探讨的就是该种情况），而且它作为吸收能力的重要构成要素，还能够通过提高技术—技能的匹配度而改善技术效率，进而促进经济增长。另外，人力资本亦是技术进步的重要源泉，因此人力资本积累也会通过促进技术进步而促进经济增长。因此，这里的分解结果中虽然北京、上海、浙江、福建、江西、河南、广东、海南 8 个省份的人力资本积累的相对贡献都等于0，但是这并不意味着这些省份的人力资本积累对经济增长就没有做出任何贡献。不过，由于此处所采用的经济增长核算模型的功能所限，我们难以从经济增长核算视角来全面测度人力资本积累对经济增长的相对贡献。

二、绿色经济增长核算：年度分解

鉴于本书的研究重点是探讨绿色全要素生产率增长而非投入要素积累，故此处的年度分解没有将人力资本积累的相对贡献从投入要素积累的相对贡献中进行分离。根据式（2 - 10）所示的经济增长多重分解模型，对中国30 个省份在 2003～2017 年间各年度的劳动生产率变化进行多重分解，结果见表 2-8。①
从省份劳动生产率变化的年度分解结果中可以得出下述几点结论：

第一，绿色全要素生产率在省份经济增长中的相对贡献总体来说得到了大
幅提升，但是也有部分省份下降了。其中，2003～2004 年和 2016～2017 年两个
年度中，绿色全要素生产率变化对劳动生产率的平均贡献由 15.36% 大幅提升
至 62.34%，提高了 3 倍以上。其中，增幅最大的省份为浙江，由最初的
1.78% 大幅提升到 39.36%，提高了 21 倍多。不过，辽宁、黑龙江、湖北、湖
南、海南、贵州、云南、甘肃 8 个省份的劳动生产率增长中，绿色全要素生产
率增长的相对贡献却不同程度地下降了。

第二，就全国总体而言，绿色纯技术效率变化的相对贡献由负转正，绿色
规模效率变化的相对贡献明显下降，而绿色技术进步的相对贡献则明显提高，
但是各因子在不同省份中的变化方向并不相同。其中，绿色纯技术效率变化、
绿色规模效率变化和绿色技术进步的相对贡献的全国平均值，分别由
-14.73%、5.43% 和 24.65% 变化到了 6.67%、-5.73% 和 61.41%。

第三，投入要素积累对劳动生产率变化的相对贡献明显下降，但是部分省
份却有所提高。其中，投入要素积累因子的全国省份平均值由最初的 84.65%
下降到了 37.66%，减少了 47 个百分点；降幅最大的省份为上海，由最初的
6.45% 大幅降至 -436.33%。不过，也有部分省份经济增长中投入要素积累的
相对贡献提高了，包括辽宁、黑龙江、山东、湖北、湖南、海南、贵州、云南
8 个省份。

表 2-8　　　　　　　　中国省份绿色经济增长核算结果：年度变化　　　　　单位：%

省　份	绿色全要素生产率增长		绿色纯技术效率变化		绿色规模效率变化	
	2003～2004 年	2016～2017 年	2003～2004 年	2016～2017 年	2003～2004 年	2016～2017 年
北　京	43.18	376.38	0.00	0.00	0.00	0.00
天　津	38.09	99.61	0.00	0.00	0.17	0.00
河　北	21.68	28.24	7.00	-11.76	-1.60	29.71
山　西	17.44	41.81	14.81	37.88	1.23	-2.05

① 此处仅列出 2003～2004 年和 2016～2017 年两个年度的分解结果，完整的经济增长核算结果可向
笔者索取。

续表

省　份	绿色全要素生产率增长		绿色纯技术效率变化		绿色规模效率变化	
	2003~2004 年	2016~2017 年	2003~2004 年	2016~2017 年	2003~2004 年	2016~2017 年
内蒙古	33.12	71.81	-13.14	46.98	18.58	7.80
辽　宁	67.88	37.78	1.30	-90.43	18.40	90.75
吉　林	-20.50	73.69	-66.34	3.33	-10.59	0.98
黑龙江	29.74	26.84	10.28	21.32	-7.02	2.64
上　海	93.55	536.33	0.00	0.00	0.00	0.00
江　苏	-25.72	73.71	-11.87	0.00	-28.03	16.72
浙　江	1.78	39.36	-16.08	35.77	-2.86	-6.58
安　徽	9.55	17.33	-7.99	14.53	-3.49	1.47
福　建	25.33	49.36	-8.93	-4.85	-5.32	7.64
江　西	-34.33	80.39	-110.02	76.85	63.50	3.55
山　东	31.71	23.16	18.41	0.00	-4.48	14.31
河　南	-9.01	48.48	-19.39	23.32	-2.55	-9.21
湖　北	-3.72	-10.06	-22.00	-9.53	-4.87	-10.38
湖　南	7.99	-1.56	-14.02	-6.06	8.73	-0.06
广　东	31.36	34.55	0.00	0.00	0.00	0.00
广　西	-72.86	4.41	-96.77	-26.06	8.42	-10.30
海　南	52.80	14.96	0.00	0.00	0.00	-257.70
重　庆	-8.06	46.59	-21.33	35.55	5.67	0.99
四　川	-4.07	51.25	-13.73	44.19	-0.13	0.45
贵　州	36.42	3.86	10.23	-2.28	2.11	-0.39
云　南	149.78	4.98	157.53	-14.08	-22.31	-7.78
陕　西	-18.23	37.77	-31.24	-28.58	4.42	2.10
甘　肃	39.04	-7.26	26.92	-14.66	1.00	-4.76
青　海	12.56	47.80	-33.05	57.62	38.53	-32.26
宁　夏	-41.85	5.10	-132.66	6.94	84.42	-9.34
新　疆	-44.00	13.59	-69.77	4.04	1.04	-0.31
平均值	15.36	62.34	-14.73	6.67	5.43	-5.73
标准差	43.61	112.55	50.06	30.90	22.12	51.44

注：所有变量含义同表 2-7；所有数据均由作者计算得出。

续表 2-8　　　　中国省份绿色经济增长核算结果：年度变化

省　份	绿色技术进步		投入要素积累		劳动生产率变化	
	2003~2004 年	2016~2017 年	2003~2004 年	2016~2017 年	2003~2004 年	2016~2017 年
北　京	43.18	376.38	56.82	-276.38	1.10	1.04
天　津	37.92	99.61	61.91	0.39	1.15	1.04
河　北	16.28	10.29	78.32	71.76	1.12	1.07
山　西	1.41	5.99	82.56	58.19	1.15	1.06
内蒙古	27.68	17.04	66.88	28.19	1.19	1.08
辽　宁	48.18	37.45	32.12	62.22	1.08	1.02
吉　林	56.43	69.37	120.50	26.31	1.05	1.06
黑龙江	26.48	2.87	70.26	73.16	1.12	1.10
上　海	93.55	536.33	6.45	-436.33	1.09	1.06
江　苏	14.19	56.99	125.72	26.29	1.11	1.07
浙　江	20.73	10.17	98.22	60.64	1.10	1.07
安　徽	21.02	1.32	90.45	82.67	1.12	1.08
福　建	39.58	46.57	74.67	50.64	1.08	1.08
江　西	12.19	0.00	134.33	19.61	1.09	1.09
山　东	17.78	8.85	68.29	76.84	1.13	1.09
河　南	12.94	34.38	109.01	51.52	1.13	1.07
湖　北	23.15	9.85	103.72	110.06	1.10	1.08
湖　南	13.28	4.56	92.01	101.56	1.09	1.11
广　东	31.36	34.55	68.64	65.45	1.10	1.09
广　西	15.50	40.77	172.86	95.59	1.10	1.07
海　南	52.80	272.66	47.20	85.04	1.07	1.02
重　庆	7.60	10.05	108.06	53.41	1.14	1.09
四　川	9.78	6.62	104.07	48.75	1.11	1.07
贵　州	24.07	6.54	63.58	96.14	1.09	1.08
云　南	14.56	26.85	-49.78	95.02	1.09	1.10
陕　西	8.59	64.25	118.23	62.23	1.11	1.05
甘　肃	11.12	12.16	60.96	107.26	1.10	1.03
青　海	7.08	22.43	87.44	52.20	1.08	1.06
宁　夏	6.39	7.49	141.85	94.90	1.09	1.06
新　疆	24.72	9.85	144.00	86.41	1.08	1.08
平均值	24.65	61.41	84.65	37.66	1.11	1.07
标准差	19.39	120.73	43.61	112.55	0.03	0.02

注：所有变量含义同表 2-7；所有数据均由作者计算得出。

三、绿色全要素生产率的提升潜力

经济增长是投入要素积累和全要素生产率增长共同作用的结果。从经济发展的一般规律来看，投入要素不可能无限扩张，经济体的长期增长源泉只可能是全要素生产率增长。而且，随着收入水平不断提高，人类会更加重视生态环境质量，从而都将深入践行可持续发展战略。因此，经济体最终都会从要素驱动向效率驱动、创新驱动转变，走上集约型、绿色化的绿色发展之路。也就是说，人类长期经济增长的持久动力源泉只可能是绿色全要素生产率增长。当前，中国绿色全要素生产率对经济增长的相对贡献还不高，而且省际差异巨大。从长期来看，中国绿色全要素生产率还具有较大的提升空间，这也意味着中国经济可持续增长的潜在空间也还较大。

从全国总体来看，在 2003～2017 年间，中国省份绿色全要素生产率增长对劳动生产率提升的平均贡献为 41.5%（累积分解结果），比投入要素积累的平均贡献低 17 个百分点。也就是说，在分析期间内，中国省份经济增长中仍然是粗放型经济增长的，这同时意味着从全国层面来看，绿色全要素生产率增长空间还很大。

从分省份结果来看，绿色全要素生产率增长对劳动生产率提升的相对贡献具有巨大的省际差距，其中贵州仅 5.33%，而上海高达 205.46%，后者是前者的 38 倍之多。不仅如此，绿色技术效率变化总体来说还经历了恶化，对劳动生产率增长的平均贡献为 −3.26%，并且辽宁、吉林、黑龙江、安徽、福建、河南、湖北、湖南、广西、海南、贵州、云南、甘肃、青海、宁夏、新疆 16 个省份的绿色技术效率小于 0。其中，绿色纯技术效率的平均贡献为 −2.61%，辽宁、吉林、黑龙江、安徽、福建、湖南、广西、贵州、云南、陕西、甘肃、青海、宁夏、新疆 14 省份的绿色纯技术效率恶化了；绿色纯规模效率的平均贡献为 −0.66%，河北、辽宁、黑龙江、浙江、安徽、福建、山东、河南、湖北、广西、海南、云南 12 个省份的绿色规模效率恶化了。也就是说，中国省份经济增长中，部分省份对先进技术的运用是无效率的，生产规模也没有处于最佳状态，从而使其绿色纯技术效率、绿色规模效率以及绿色技术效率都下降了。显然，中国通过提升绿色技术效率来提升绿色全要素生产率还具有较大的潜在空间。

第五节　本章小结

本章在回顾绿色全要素生产率研究成果的基础上，较系统地介绍了基于DEA 的绿色全要素生产率测度模型，以及绿色经济增长核算模型，同时以中国（不包括港澳台）30 个省份在 2003～2017 年的发展经历为分析样本，对中国省份绿色全要素生产率增长进行了测度和分解分析，并据此探讨了中国绿色全要素生产率对经济增长的相对贡献及其提升潜力。主要研究结论如下：（1）中国所有省份的劳动生产率都得到了大幅提升，但是劳动生产率增长的省际差异和年际差异都较大；（2）所有省份的绿色全要素生产率也都得到了大幅提升，它们也具有较大的省际差异和年际差异，而且绿色全要素生产率增长的首要源泉是绿色技术进步，而绿色规模效率变化和绿色纯技术效率变化却总体上恶化了；（3）中国经济增长具有明显的粗放型增长特征，投入要素积累对劳动生产率增长的相对贡献明显大于绿色全要素生产率增长，不过也有少数省份的经济增长呈现出集约型经济增长特征，其中，资本深化和人力资本积累都促进了劳动生产率增长，不过前者的作用远大于后者。

上述结论表明，中国当前的经济增长总体来说仍然是高投入、高产出的粗放型增长，通过提升绿色全要素生产率来实现高质量发展任重道远。这同时也意味着，中国通过提升绿色全要素生产率来促进经济增长还具有很大的潜在空间，尤其是绿色技术效率的改善空间更为突出，这主要体现在对先进技术更有效地使用和将生产活动调整到更好的规模方面的潜在空间还较大。另外，这些结论还表明，中国省份经济增长源泉（绿色技术进步和绿色技术效率变化）具有较大的省际差异和年际差异。那么，绿色全要素生产率的影响因素究竟有哪些？这种较大的省际差异的年度变化究竟是存在收敛趋势还是发散趋势？对这些问题的科学回答将有助于更好地制定相关经济发展政策。为此，本书将在下一章中，对它们分别进行经验分析。

第三章
中国绿色全要素生产率的影响因素和演变路径

　　根据绿色全要素生产率的测度模型不仅考虑了传统的劳动力和资本投入以及经济增加值等期望产出，而且还将非期望产出及其主要投入源（能源消耗）纳入了测度框架。从理论上来说，只要是能够影响这些投入或产出变量的因素都可能影响绿色全要素生产率的大小。现有的相关研究亦表明，绿色全要素生产率增长会受到多种因素的影响。然而，这些影响因素只是零散地见于不同的研究成果中，而且与现有研究成果中有关全要素生产率的影响因素相比，它们涉及的领域也要小得多。因此，在一个统一的框架下探讨绿色全要素生产率的影响因素十分必要。另外，绿色技术是准公共产品，它们在经济活动中很可能会对其他经济体产生影响，这意味着从空间分析视角探讨绿色全要素生产率增长的溢出效应也有理论和实践价值。不仅如此，深入剖析绿色全要素生产率及其构成因子的演变路径也具有重要意义，这至少可以为提升绿色全要素生产率的相关政策制定提供参考。为此，此章内容分别对绿色全要素生产率的影响因素、溢出效应和趋同测试等进行专门分析。其中，溢出效应分析部分以基于贝叶斯模型平均（Bayesian Model Averaging，BMA）的影响因素分析部分的主要结论为基础，将空间因素引入分析模型，这也可以看作是对绿色全要素生产率的影响因素所进行的补充分析。

第一节　基于 BMA 的影响因素分析模型

一、模型的不确定性

　　一般来说，经济学理论为构建实证分析模型提供了一些有价值的信息，但是它们对于那些受关注的分析结果，如何精确地界定它们的数据生成过程却几乎没有指导价值（Luca and Magnus，2011）。比如，在构建实证分析模型时，经济学理论并没有告诉我们诸如下述一些问题的解决方案，即哪些解释变量应该纳入模型，哪种函数形式才是恰当的，变量的滞后期多长才足以反映变量的动态效应，等等。因此，经济学理论与实证分析模型之间缺乏一对一的联系，这导致在实证分析模型的设置时存在不确定性，此即计量经济学中的模型不确定性（Model Uncertainty）。

众多学者一致认为，模型不确定性已成为实证分析模型构建中潜在的普遍问题，这给传统计量建模的科学性带来了挑战。在存在模型不确定性的情况下，传统的计量建模可能会产生有偏的估计结果，甚至可能得出错误的研究结论，从而误导相关政策制定。为处理模型的不确定性问题，在传统的计量建模框架下，典型的研究者通常会对一组包含不同解释变量或具有不同形式的计量分析模型分别进行估计，并根据估计结果来选择更合适的计量分析模型。然而，这至少会导致下述一些问题：第一，基于单个模型的推论隐含地假定，研究者最终所选模型得到相应结论的概率为 1，这一假设显然是错误的。也就是说，该思路低估了所关注的变量对结论影响的不确定性。第二，一些研究者可能会不断地尝试不同的模型设置，直到找到关键变量统计显著的实证分析模型为止，这种做法已导致顶刊发表论文偏见的迹象（Gerber and Malhotra，2008）。其结果是，研究成果所报告的结论很容易受到模型细微调整的影响。第三，为控制大量的潜在因素，相关的变量选择会尽可能地被纳入实证分析模型，这导致模型臃肿，从而降低了模型的运行效率，但是却未必会减少遗漏变量偏误（Clarke，2005）。

二、BMA 的基本原理

贝叶斯模型平均是目前计量建模中规避模型不确定性问题最流行的建模方法。它是以贝叶斯理论为基础，在充分考虑模型自身的不确定性前提下，将模型空间中的模型索引视为随机变量，并利用观察到的数据对它们进行贝叶斯推断，从而在多个备选模型中筛选出最佳模型的一种统计方法。下面对 BMA 的基本原理进行简单介绍，具体可参见霍夫马歇尔和格伦（Hofmarcher and Grün，2020）等综述性文献。

假设我们感兴趣的量为 Δ（如预测量或某些协变量的影响）；获得的观测数

据为 D；可供选择的模型空间为 M，它由 J 个备选模型 $M_j (j=1, \cdots, J)$ 组成。由于模型本身的不确定性，事先并不知道哪个模型是最佳模型。因此，我们需要从模型空间 M 中选出最佳模型，而 BMA 正是立足于此的一种统计分析方法。利用 BMA 可以推断出感兴趣的量 Δ 的后验分布如式（3-1）所示。其中，$P(M_j \mid D)$ 为备选模型 M_j 的后验概率，$P_{\Delta \mid D, M_j}$ 为 Δ 在备选模型 M_j 下的后验分布。因此，我们感兴趣的量 Δ 的后验分布 $P_{\Delta \mid D}$ 并非源于特定模型，而是各备选模型下后验分布的加权平均，其中权重为各备选模型的后验概率。

$$P_{\Delta \mid D} = \sum_{j=1}^{J} P_{\Delta \mid D, M_j} P(M_j \mid D). \qquad (3-1)$$

根据式（3-1），还可以得到感兴趣的量 Δ 的后验均值（或方差），它是各备选模型下后验均值（或方差）的加权平均值，权重是各备选模型的后验概率。相关研究表明，由此得到的均值预测优于单个模型的预测值。显然，在 BMA 思路下，备选模型的后验概率 $P(M_j \mid D)$ 实际上起着衡量备选模型的重要性，即后验概率越大，则意味着相应的备选模型越重要。其中，备选模型的后验概率可以根据贝叶斯定理得到，见式（3-2）。

$$P(M_j \mid D) = \frac{P(D \mid M_j) P(M_j)}{\sum_{j=1}^{J} P(D \mid M_j) P(M_j)} \qquad (3-2)$$

式（3-2）中，$P(M_j)$ 是备选模型的先验概率，$P(D \mid M_j)$ 是备选模型下观测数据 D 的积分似然值，它是给定模型和参数下观测数据的似然 $P(D \mid \theta_j, M_j)$ 的积分，其计算公式见式（3-3）。其中，$P(D \mid \theta_j, M_j)$ 为给定模型和参数下观测数据 D 的似然，$P(\theta_j \mid M_j)$ 为给定模型下参数 θ_j 的先验分布。

$$P(D \mid M_j) = \int P(D \mid \theta_j, M_j) P(\theta_j \mid M_j) d\theta_j \qquad (3-3)$$

总体而言，基于 BMA 的计量建模具有下述四大优势（王亮，2016）。第一，该方法有效避免了人为删减变量而引致的信息损失，从而能够更全面地反映观测数据所反映的信息。第二，该方法以贝叶斯理论来确定备选模型的后验概率，并据此来确定不同模型的权重，这使得模型权重的选择相对科学。第三，该方法用备选模型的后验概率来衡量它们接近真实模型的程度，提高了模型对现实的解释力，如麦迪根和拉夫特里（Madigan and Raftery，1994）等研究表明，与单个确定性模型相比，基于 BMA 的计量模型在拟合效果和预测精度方面都更好。第四，该方法用解释变量的后验概率较好地度量了它们在真实模型中的重要性。

三、BMA 的估计方法

（一）基于线性回归模型的统计框架

下面以线性回归分析模型为例如式（3-4）所示，对 BMA 的统计分析框架进行简要介绍。

$$y = X_1 \beta_1 + X_2 \beta_2 + \mu \qquad (3-4)$$

式（3-4）中，y 是我们感兴趣的量构成的 $n \times 1$ 观测值向量；X_j（$j=1$，2）是由确定性解释变量构成的 $n \times k_j$ 矩阵；β_j 是 $k_j \times 1$ 待估参数向量；μ 是独立同分布的 $n \times 1$ 随机扰动项向量。同时假定 $k_1 \geqslant 1$，$k_2 \geqslant 0$，$k = k_1 + k_2 \leqslant n-1$，而且矩阵 $X = （X_1, X_2）$ 是列满秩为 k 的矩阵。之所以将解释变量分为两个子集，原因是对于部分变量（X_1），相关理论或调查结论表明它们应该纳入模型，而 X_2 为研究者不确定是否应该纳入模型的其他解释变量。遵循丹尼洛夫和马格纳斯（Danilov and Magnus，2004）的做法，前者称为焦点变量（亦称为焦点回归子），后者称为协变量（亦称为辅助回归子）。我们的主要目的是估计焦点参数向量 β_1，此时将 β_2 视为滋扰参数向量。由于模型不确定性限于 X_2 中的 k_2 个变量，因此可选的模型数量 $I = 2^{k_2}$。用 M_i 表示模型空间中的第 i 个模型如式（3-5）所示，该模型仅包含 k_{2i} 个协变量的子集（$0 \leqslant k_{2i} \leqslant k_2$）。其中，$X_{2i}$ 是协变量构成的 $n \times k_{2i}$ 矩阵，β_{2i} 是相应的参数向量，ε_i 是排除 $k_2 - k_{2i}$ 个协变量后的扰动项向量。

$$y = X_1 \beta_1 + X_{2i} \beta_{2i} + \varepsilon_i \qquad (3-5)$$

（二）模型估计

模型平均估计的基本思路是计算所有可能模型中条件估计的加权平均值，即首先估计模型空间中基于每个模型的感兴趣参数，然后将这些条件估计进行加权平均来计算出感兴趣参数 β_1 的无条件估计，如式（3-6）所示。其中，λ_i 为非负的随机权重；$\hat{\beta}_{1i}$ 为基于模型 M_1 的 β_1 的估计值。

$$\hat{\beta}_1 = \sum_{i=1}^{I} \omega_i \hat{\beta}_{1i} \qquad (3-6)$$

在模型平均估计方法中，常见的估计器有 BMA 和 WALS 两种。其中，BMA 估计器由利默（Leamer，1978）提出，马格纳斯等（Magnus et al.，2010）在区分焦点回归子和辅助回归子的基础上，进一步提出了一个代表 BMA 标准估计框架的 BMA 估计器。与其他贝叶斯估计器一样，BMA 估计器将模型未知元素的先验认知（Prior beliefs）与来自数据的其他信息相结合。它的关键要素包括样本似然函数、模型 M_i 的回归参数的先验分布以及模型空间的先验分布。目前，BMA 估计器是一种广泛使用的技术，但它存在下述一些问题（Luca and Magnus，2011）：首先，获得精确的 BMA 估计所需的计算负担与模型空间的大小（$I = 2^{k_2}$）成正比。因此，除非辅助回归子的数量很小或比较小，否则它的计算负担会很大。其次，在没有先验信息可用的情况下，β_2 的先验分布选择可能没有吸引力。最后，先验选择意味着该 BMA 估计器的风险是无限的，并且我们对相同参数在不同模型中的先验认知有所不同。WALS 估计器是一种替代 BMA 估计器的模型平均技术，它最初由马格纳斯和德宾（Magnus and Durbin，1999）、丹尼洛夫和马格纳斯（Danilov and Magnus，2004）提出，用于审查预测估计量的统计特征。

卢卡和马格纳斯（Luca and Magnus，2011）指出，WALS 估计器与 BMA 估计器的最大不同之处在于，它通过预先对辅助回归子及其参数进行正交变换，大大减轻了计算负担。他们在对基于 Matlab 的 BMA 和 WALS 命令进行改进的基础上，提出了基于 Stata 的模型平均估计命令 *bma* 和 *wals*。其中，与原来的 BMA 估计器相比，新的估计器更稳定、更快，对内存的占用也更少。改进后的 WALS 估计器，对解释变量预先进行了缩放（Scaling）处理（对焦点变量的缩放处理有助于数值稳定，对协变量的缩放处理还会使得分析结果具有规模独立性），其中的规模独立性使得焦点参数和辅助参数的估计结果是可信的。另外，在确定先验分布时，改进后的 WALS 命令比基于 Matlab 的命令更为灵活。

四、BMA 的主要应用领域

（一）变量筛选

在线性回归分析框架下，贝叶斯模型平均法通过比较包含不同解释变量的备选模型来筛选出最佳的回归分析模型，而备选解释变量的后验概率是筛选解释变量是否纳入计量模型的主要依据。其中，在 *bma* 估计框架下，如果解释变量的后验概率不低于 0.5，则认为该变量对被解释变量具有显著的影响，因此该变量应该纳入回归分析模型。在 *wals* 估计框架下，如果解释变量的后验概率不低于 1，则认为该变量应纳入回归分析模型。

近年来，由于模型平均法在变量选择中尽可能地避免了人为因素对分析结果的影响，已在经济学研究中得到了日益增多的应用。该领域主要用于识别长期经济增长影响因素的稳健性，如费尔南德斯等（Fernández et al.，2001）、萨拉·伊马丁等（Sala-i-Martin et al.，2004）、罗曼（Roman，2001）、温福德和帕帕乔尤（Winford and Papageorgiou，2008）、艾谢尔等（Eicher et al.，2012）、穆罕默德等（Mehmet et al.，2013）、莫洛·贝尼托和瓦塔拉（Moral-Benito and Ouattara，2014）等。另外，也有少数研究用于其他经济变量的影响因素分析，相关领域主要包括 TFP 及其构成因子（Danquah，2014）、FDI（Eicher et al.，2012）、金融危机（Crespo-Cuaresma and Slacik，2009；Feldkircher et al.，2014）、公司违约率（Hofmarcher et al.，2014）、汇率（Wright，2008）、教育回报率（Tobias and Li，2004）、腐败（Jetter and Parmeter，2018）、价格（Moulton，1991）、贸易（Eicher et al.，2012）等。国内相关研究尚处于起步阶段，主要用于经济变量的影响因素分析，包括国经济增长长期决定因素分析（王亮和刘金全，2010）、自主创新的决定因素（贺京同和李峰，2007；唐建荣和石文，2015）、环境规制政策工具比较（王红梅，2016）、中国房价影响因素（郑世刚，2020）、公司绩效的影响因素（柯忠义，2017）、生产性服务业发展的影响因素（张超和郑长娟，2018）、跨境资本流动的影响因素（李洁和张天顶，2014），等等。

（二）经济预测

贝叶斯模型平均法以后验概率为权对各个备选模型结果进行加权平均，这兼顾了研究者对模型（实际为解释变量）的先验信息和数据驱动下各备选模型的重要性。因此，与单个确定性模型相比，基于 BMA 的计量模型在拟合效果和预测精度方面都更好。另外，基于 BMA 的经济变量预测不会受经济结构、模型参数、模型结构和数据结构等不确定性因素的影响（王亮，2016）。

由于 BMA 在预测中比传统的基于单个模型的预测结果更好，该方法近年来在经济变量预测中也得到相应的应用。比如，赖特（Wright，2009）、埃克伦德和卡尔松（Eklund and Karlsson，2007）、拉夫特里等（Raftery et al.，2010）、冈萨雷斯（González，2010）、库普和科罗博利斯（Koop and Korobolis）对通胀率的预测，刘和马休（Liu and Maheu，2009）对股票和汇率的预测，赖特（2008）也对汇率进行了预测。国内研究相对较少，代表性研究如陈伟等（2013）对中国通胀率的预测、张欣雨和邹国华（2011）对中国粮食产量的预测等。

另外，BMA 在大气科学（智协飞等，2018；胡航菲等，2016）、高等教育（张华和卢建华，2015）等领域也得到了较好的应用。

第二节　中国省份绿色全要素生产率的影响因素分析

一、文献综述

（一）全要素生产率的影响因素

发端于 20 世纪中叶的索洛模型，为全要素生产率研究奠定了坚实的理论和方法论基础。随后，纳尔逊和菲尔普斯（Nelson and Phelps，1966）关于人力资本是技术前沿和全要素生产率的差距的重要决定因素的开拓性研究，催生了学术界对全要素生产率研究的热潮。尤其是进入 20 世纪 80 年代以后，以新增长理论为代表的一组研究，通过模型化生产函数中的 A（衡量全要素生产率或技术进步）而将全要素生产率内生化，进而探讨了全要素生产率的影响因素。这些代表性模型中全要素生产率的决定因素包括 R&D 存量（Romer，1986）、人力资本（Lucas，1988）、国际知识溢出（Grossman and Helpman，1994）、贸易溢出（Coe and Helpman，1995）、贸易开放度（Edwards，1998）、创新（Aghion and Howitt，1998）、金融发展（Benhabib and Spiegel，2000）、政府支出（Dar and Amir Khalkhali，2002）、FDI（Woo，2009）、制度（Acemoglu et al.，2003；2005）、规制和制度（Egert，2016）等。另外，还有众多经验研究文献对全要素生产率的影响因素进行了分析。根据丹夸等（Danquah et al.，2014）、艾哈迈德和巴蒂（Ahmed and Bhatti，2020）对现有研究的梳理，全要素生产率的潜在影响因素主要涉及下列几个方面。

1. 宏观经济因素

该领域的理论和经验研究众多，研究对象涉及公司、工厂、产业、部门等不同层面（Bartelsman and Doms，2000；Syverson，2011；Gehringer et al. et al.，2016），但是跨国研究层面的经验研究相对缺乏（Egert，2016），而且关于发展中国家的相关经验研究也很少。在现有研究中，全要素生产率的影响因素主要包括下述几大领域：

（1）人力资本或知识资本。代表性研究如罗默（Romer；1986，1989）、卢卡斯（Lucas，1988）、纳尔逊和菲尔普斯（1966）、曼丘等（Mankiw et al.，1992）、贝哈鲍比和施皮格尔（Benhabib and Spiegel，1994）、米勒和乌帕迪亚（Miller and Upadhyay，2000）、巴罗和李（Barro and Lee，2001）、拜尔等（Baier et al.，2006）以及阿西莫格鲁（Acemoglu，2012），这些研究的结论却并非一致。其中，米勒和乌帕迪亚（2000）的经验研究发现，人力资本存量在多数案例中都促进了全要素生产率增长，但是对于高收入国家的影响为负，对中等收入国家的影响为正，而对于低收入国家来说，当它们的开放度由低向高转变时，人力资本的影响由负变为正。范登布斯基等（Vandenbussche et al.，2006）指出，只有技能型人力资本而不是人力资本总量会放大全要素生产率的跨国差异，而且技能型人力资本对于那些接近技术前沿经济体的经济增长的放大效应很明显。贝哈鲍比和施皮格尔（1994）、莫多斯等（Maudos et al.，1999）、科等（Coe et al.，2009）的研究表明，人力资本对全要素生产率具有显著的正向影响。不过，贝哈鲍比和施皮格尔（1994）同时也发现，在一些横截面和面板数据模型中，人力资本对全要素生产率的影响要么不显著，要么显著为负，曼丘等（1992）、米勒和乌帕迪亚（2000）、拜尔等（2006）以及阿西莫格鲁（2012）也得出了类似结论。

（2）R&D 支出和信息与交流技术。创新活动（技术溢出）和模仿对全要素生产率增长都至关重要（Schumpeter，1934），前者在经济和社会变迁中扮演着至关重要的角色，而 R&D 投资引致创新活动，进而引致经济增长。其中，技术溢出影响全要素生产率的代表性经验研究有格罗斯曼和赫尔普曼（Grossman and Helpman，1994）、科和赫尔普曼（Coe and Helpman，1995）、弗兰森（Frantzen，2000）、恩格尔布雷希特（Engelbrecht，2002）。新增长理论认为，创新是物质资本和人力资本投资的副产品，其中一些研究还强调了人力资本和 R&D 的互补性，如雷丁（Redding，1996）、卡梅隆等（Cameron et al.，2005）。

自从格里切斯（Griliches，1958）的开创性研究以来，大量文献探讨了 R&D 支出对全要素生产率的影响。从理论上来说，R&D 支出通过多种渠道来增进全要素生产率，包括技术溢出、从国外 R&D 活动中获益、蕴含技术的商品和服务进口等（Coe and Helpman，1995）。布拉沃 - 奥尔特加和马林（Bravo-Ortega and Marin，2011）的经验研究发现，在长期中人均 R&D 支出每增加 10%，将引致 1.6% 的全要素生产率增长。另外，约根森等（Jorgenson et al.，2000）、蒂默和阿克（Timmer and Ark，2005）、布鲁等（Bloom et al.，2012）、文图里尼（Venturini，

2015）等研究发现，信息交流技术显著地促进全要素生产率增长。

（3）国内外 R&D 溢出。科和赫尔普曼（1995）以 OECD 和 Israel 在 1971～1990 年的数据为样本，运用面板协整分析后发现，国内外 R&D 溢出对全要素生产率都很重要，其中在开放和自由贸易的情形下，国外 R&D 对国内生产率的溢出效应更明显，而且在大的开放经济中，生产率依赖于国内 R&D 溢出而不是国际 R&D 溢出。比安科和尼昂（Bianco and Niang，2012）也发现，源于知识和 R&D 扩散的国际溢出很明显。弗兰森（2002）也发现，大国经济中国内 R&D 对生产率具有显著影响，他还发现生产率增长的主要动力是部门间的 R&D 溢出，而不是部门内的 R&D 溢出。

（4）财政政策。埃弗雷特等（Everaert et al.，2015）对 1970～2012 年 15 个 OECD 国家的经验研究结论表明，财政赤字通过影响吸收能力来降低全要素生产率，而政府的生产性支出却会提升全要素生产率。其中，公司税率和自由贸易是激发吸收能力的财政政策工具，它们能够增加一国获得全球技术的机会。也有部分研究对政府支出和生产率增长之间的关系进行了探讨，但是关于政府规模影响生产率增长的经验事实有限。其中，阿绍尔（Aschauer，1989）发现，政府在基础设施方面的支出对于经济增长和生产率提升是必要的。

（5）金融发展

基于熊彼特（1934）的金融发展和生产率相关联的基本思想认为，在以增长为导向的行业中，金融市场通过良好的组织和有效的资本重置来提高生产率。贝哈鲍比和施皮格尔（2000）通过使用不同的金融发展指标研究了金融发展对全要素生产率增长和投资的影响，结果表明，金融发展与全要素生产率增长和投资都相关，但是与全要素生产率相关的指标不同于那些刺激投资的指标，这与金和莱文（King and Levine，1993）的结论是一致的。贝克等（Beck et al.，2000）的跨国增长回归分析表明，金融发展对全要素生产率增长具有显著的正影响。邦菲廖利（Bonfiglioli，2008）的研究结论类似，发现金融一体化会促进全要素生产率增长。艾金等（Aghion et al.，2009）分析了实际汇率波动通过金融发展对生产率增长的影响，结果表明在减轻汇率波动对生产率增长的负面中，金融发展起着重要的积极作用。

（6）外商直接投资。在现有经验研究文献中，FDI 影响全要素生产率增长的证据不一。其中，朱和金（Zhu and Jeon，2007）基于发达国家面板数据的研究结论表明，FDI 存量对 OECD 国家的生产率具有显著的正影响。吴（Woo，

2009）发现，在发展中国家中 FDI 对全要素生产率增长具有显著的正影响，巴尔塔巴耶夫（Baltabaev，2014）亦发现，FDI 对全要素生产率增长具有显著的促进作用。然而，王和汪（Wang and Wong，2009）的研究表明，FDI 对全要素生产率的影响为负，而且当人力资本水平增加时，这种负影响的绝对值会减小。

（7）贸易开放。新增长理论认为，贸易开放正向影响经济增长和生产率，因为更开放的经济体有更多机会和能力去吸收来自技术先进国家的技术进步和创新。基于 1960～1990 年间 93 个发达和发展中国家的样本，爱德华兹（Edwards，1998）的研究结果表明，更开放的国家的生产率增长更快，米勒和乌帕迪亚（2000）、阿尔卡拉和奇科内（Alcala and Ciccone，2004）、埃格特（Egert，2016）亦得出了相似的结论。

（8）物质性基础设施。学界和政界一致认为，对公共资本投资，特别是对改善道路、电力等物质性基础设施的投资，对于扩大现有资源的生产能力至关重要。在发展中国家，物质性基础设施缺乏是实现更高水平生产率和经济增长的重要瓶颈。完善的高速公路通过降低投入品的供应成本和可靠性，降低了生产者的成本。相反，糟糕的物质性基础设施降低了资本、私人投资的边际产品，从而降低了经济增长和生产率（Munnell，1992）。阿绍尔（Aschauer，1989）研究发现，诸如街道、高速公路、机场等基础设施以及其他公共资本支出对经济发展和生产率都有显著的正向影响。不过，霍尔兹－埃金（Holtz-Eakin，1994）的研究却表明公共投资对生产率的影响系数为负。

2. 制度因素

制度发展被公认为是促进创新和技术进步进而促进全要素生产率增长的先决条件。由于无法直接测量制度质量，现有研究中通常采用代理变量（如政府治理、腐败、法律、秩序以及官僚机构质量等）对其进行测度。近年来，有关制度作为生产率和经济增长主要驱动力之一的讨论多见于主流经济学文献（North，1990；Hall and Jones，1999；Rodrik，2000；Acemoglu et al.，2003，2005；Rodrik et al.，2004；Dreher et al.，2014）。然而，由于缺乏经验证据，学术界尚未就制度质量如何以及在多大程度上影响全要素生产率增长达成共识。另外，对于制度质量影响全要素生产率增长的可能渠道的研究也还处于探索阶段（Egert，2016）。

霍尔和琼斯（Hall and Jones，1999）对制度和政府政策（社会基础设施）影响生产率（劳动生产率）进行了先驱性研究，他们基于 79 个国家（或地区）

的数据集的结论表明，制度质量和政府政策是决定跨国生产率差异和长期经济绩效的重要决定因素。罗德里克（Rodrik，1999）也主张制度不仅可以决定一个国家的经济绩效，还可以影响其可持续性。

格里戈里安和马丁内斯（Grigorian and Martinez，2000）基于亚洲和拉丁美洲国家样本的研究结论表明，法律和规章制度的改善会通过全要素生产率和投资来影响工业增长。

德勒埃等（Dreher et al.，2014）基于1980～2000年76个国家的样本研究表明，制度质量、产出和全要素生产率之间具有正相关关系，不过制度质量与影子经济之间的负相关意味着更好的制度会减少影子经济的规模，施耐德等（Schneider et al.，2010）亦得出了类似结论。科等（Coe et al.，2009）的研究结论表明，跨国制度差异对全要素生产率具有显著影响，更高水平的制度质量是对更高水平的全要素生产率和国内外研发溢出的补充。

埃格特（Egert，2016）以34个OECD国家为样本，探讨了规则和制度质量对全要素生产率的影响，他发现更好的制度质量、友好的商业环境、更大的贸易开放度和更大的创新强度，放大了R&D支出对全要素生产率的积极影响。霍尔和琼斯（1999）、奥尔森等（Olson et al.，2000）也发现，制度质量与全要素生产率增长之间正相关。阿赫雷门科等（Akhremenko et al.，2019）以金砖国家为样本的研究结论表明，人均GDP和全要素生产率水平主要取决于制度质量。比约恩科夫和米昂（Bjornskov and Meon，2015）的研究发现，社会信任对全要素生产率增长具有显著的积极影响，这种影响是通过经济制度而非政治制度实现的。

贾尔斯和塔瓦雷斯（Jalles and Tavares，2015）以59个国家的面板数据集为样本，探讨了社会资本、贸易和经济规模对全要素生产率的影响，其中与社会资本相关的变量集包括信任、公民自由、公民合作、宗教、语言和种族分化。结果发现，贸易和社会资本的正向影响显著，而经济规模的影响不显著，而且社会资本的正向影响在富裕国家中更为显著，这表明良好的制度可能是社会资本的补充（Hall et al.，2010）。

泰巴尔迪（Tebaldi，2016）在利用63个国家的样本研究全要素生产率趋同时，采用系统GMM估计器分析了推动全要素生产率增长的因素。结果表明，制度和开放性是决定全要素生产率增长的关键因素。

（二）绿色全要素生产率的影响因素

20 世纪 90 年代以来，可持续发展战略逐步在全球推行，这推动了全要素生产率研究中将资源和环境约束同时纳入分析框架。发端于皮特曼（Pittman，1983）的基于指数法的技术效率测度思路，将非期望产出纳入了分析框架，钟等（Chung et al. , 1997）则在此思路下，进一步结合 Malmquist 全要素生产率指数，提出并应用了考虑资源和环境约束的全要素生产率（即绿色全要素生产率）的测度和分解框架。近年来，国内一组文献还对绿色全要素生产率的影响因素进行了经验分析，下面对此进行简要回顾。

1. 对外经济

部分学者认为，国际贸易和外商直接投资都有助于东道国获得先进技术和管理经验，进而促进绿色技术进步，存在"污染光环效应"（李景睿，2009；刘艳，2012）。其他一些学者则认为，发展中国家的外商直接投资往往是一些污染型、劳动密集型产业向发展中国家转移，从而存在"污染避难所效应"（张海洋，2005；杨文举和龙睿赟，2012；李斌等，2013；吴伟平和何乔，2017）。崔兴华和林明裕（2019）的研究表明，FDI 总体来说有助于企业绿色全要素生产率提升，但是存在明显的区域异质性和行业异质性。张建和李占风（2020）认为，对外直接投资通过发挥逆向技术溢出效应影响母国的生产率，并通过规模效应、技术效应和结构效应影响母国的环境质量，进而影响母国的绿色全要素生产率。他们基于中国省际面板数据的研究表明，对外直接投资的逆向绿色技术溢出效应在中国情境下存在，这显著地促进了绿色全要素生产率提升，不过这种影响具有明显的区域差异。龚新蜀和李梦洁（2019）的研究结论也表明，对外直接投资有利于绿色全要素生产率增长，但存在显著的环境规制、经济发展、对外开放和人力资本门槛。一些学者还认为，在贸易自由化进程中，各国为了维持或增强竞争力而降低环境质量标准，因而出口贸易是导致环境恶化的重要因素（杨万平和袁晓玲，2008；苏枝芳等，2011），而且对外贸易对绿色全要素生产率的正向影响具有门槛效应（杨世迪和韩先锋，2016）。朱金鹤和王雅莉（2019）发现，对外贸易和 FDI 对绿色全要素生产率的影响都为负，其中对外贸易具有"绿色效率倒退"和"绿色技术进步"的双影响，而 FDI 具有"绿色效率改进"和"绿色技术倒退"的双影响。

2. 技术水平

一般认为技术进步会促进绿色技术进步和效率改善，进而促进绿色全要素生产率提升（田银华等，2011；李小胜等，2014；陈超凡，2016；朱金鹤和王雅莉2019）。不过也有学者认为技术进步是一柄"双刃剑"，它们有可能加剧环境污染（Marx，1992）。赵玉林和陈泓兆（2020）则进一步研究了不同类别的创新对绿色全要素生产率的影响。研究表明，基础创新和工艺创新有促进作用，而以高能耗为代价的产品创新具有抑制作用，而且技术创新的影响具有明显的行业异质性。袁宝龙和李琛（2018）以中国30个省份的工业面板数据为分析样本，发现实质性创新对绿色全要素生产率有显著的促进作用，而策略性创新的影响不显著，也就是说，发明专利创新才是工业绿色增长的驱动因素。任耀等（2015）的研究表明，研发中学与工业绿色全要素生产率之间为非线性关系，并且具有阶段性特征，即表现为与研发中学的初级、中高级阶段相对应的阶段性特征。

3. 环境规制

这方面的研究结论主要集中于"遵循成本效应"和"波特假说"两类。其中，"遵循成本效应"的支持者，如蔡乌赶和周小亮（2017）认为，环境规制会导致企业的污染治理成本和环境服从成本增加，这挤出了企业在生产活动、创新活动和组织管理方面的投资，进而会阻碍绿色全要素生产率提升。"波特假说"的支持者——如沈可挺和龚健健（2011）则认为，在一定程度的环境规制强度下，节能减排和企业环境治理会引致企业自主创新，结果是绿色技术水平和绿色全要素生产率提升。不过，一些学者指出，"波特假说"的成立存在门槛效应（沈能和刘凤朝，2012；彭文斌等，2017；王杰和刘斌，2014），而且正式环境规制和非正式环境规制对绿色全要素生产率的影响也不同（徐莉和陶长琪，2017）。也有学者分析了环境规制通过"污染天堂"（蔡乌赶和周小亮，2017）和"污染光环"效应（宁婧，2017）对绿色全要素生产率的影响。朱金鹤和王雅莉（2019）的研究表明，"命令型"环境规制对绿色全要素生产率的影响为负，市场型环境规制对绿色全要素生产率和绿色技术进步的影响为正，但是对绿色技术效率的影响为负，张峰和宋晓娜（2019）也探讨了不同类型环境规制对绿色全要素生产率的影响。佘硕等（2020）以2010年中国推行低碳城市试点为准自然实验，研究发现低碳试点城市通过提升城市创新水平、促进产业升级来提升绿色全要素生产率，但是产业结构转型的间接效应未得到验证。胡宗义等（2019）基于中国省际面板数据的分析表明，排污收费强度与绿色全要素生产率之间存在 U 型关系。

4. 财政政策

一般认为，财政支出衡量了政府调控经济的能力，它有利于公共基础设施建设，从而会促进经济增长，但是一旦政府调控过度则会"挤占"企业的市场份额，进而降低经济效率（徐晶晶，2015）。张乐（2015）、曾婉淑（2013）等认为，不同类别的财政支出对绿色全要素生产率的影响不同，其中科教文卫等基础事业方面的财政支出会促进绿色全要素生产率提升，而其他类型的财政支出则需要具体分析。其他学者还探讨了财政分权对绿色全要素生产率的影响。其中，吴翔（2014）认为，财政分权有利于地方政府自主地选择发展方式，从而会正向地促进经济效率提升；而杜俊涛等（2017）、李斌等（2016）认为，财政分权可能加剧地方竞争，结果是地方政府一味地追求经济增长而无视环境治理，进而会影响绿色全要素生产率提升。张建伟（2019）基于中国省际面板数据的研究表明，财政分权对绿色全要素生产率和绿色技术进步具有显著的反向抑制作用，但是对绿色技术效率有显著的正向促进作用。朱金鹤和王雅莉（2019）发现，无论是财政支出还是财政分权，都对绿色全要素生产率和绿色技术效率具有正向推动作用。

5. 金融发展

大多数研究认为，金融发展有利于生态效率提升，进而促进绿色全要素生产率增长（王伟和孙芳城，2018；何宜庆等，2017）。张帆（2017）等进一步指出，这种促进作用随着金融发展水平的提升而递减。葛鹏飞等（2018）也得出了类似结论，他发现在创新异质性约束下，随着基础创新能力提升，金融规模与绿色全要素生产率之间的关系为 U 型。朱金鹤和王雅莉（2019）的研究却表明，金融规模扩大对绿色技术效率的影响为负，而金融效率提升会促进绿色技术进步，但是两者对绿色全要素生产率的影响都不显著。张帆（2017）基于中国省际面板数据的分析表明，金融发展能够同时促进全要素生产率和绿色全要素生产率的增长，这种促进作用会随着金融发展水平的提高而递减。

6. 经济发展水平

一些研究认为，中国的工业化是以牺牲环境为代价的粗放型增长模式，因此工业化水平提升阻碍了绿色全要素生产率增长，如顾伟和葛幼松（2018）、赵成柏和毛春梅（2011）、屈小娥（2012）。王兵等（2010）、朱眉媚（2014）则认为，中国工业化水平对绿色全要素生产率具有正向影响。其他学者则探讨了人均 GDP 与绿色全要素生产率之间的关系，多数学者认为两者存在倒 U 型关系，如欧阳婉桦（2015）、涂正革（2008），而朱金鹤和王雅莉（2019）则认为，人均 GDP 和产业结构高级化都与绿色全要素生产率正相关。

7. 人力资本

谭政和王学义（2016）、韩海彬等（2014）认为，人力资本作为环保的实践者、绿色"硬技术"的创造者和绿色"软技术"的主导者，它对绿色全要素生产率具有不可忽视的影响。徐晶晶（2015）的实证分析表明，人力资本提高1 个单位，会引致中国东部地区的绿色全要素生产率提高 0.8%。朱金鹤和王雅莉（2019）的研究表明，人力资本呈现出绿色技术进步和绿色效率倒退的双效应。张桅和胡艳（2020）以长三角地区的面板数据为分析样本，研究表明创新型人力资本投入对绿色全要素生产率水平提升具有阻碍作用，其原因可能在于地区间创新型人力资本的"虹吸效应"、技术创新诱导的"回弹效应"，而且分地区的回归分析结论表明，创新型人力资本可能存在"孤岛效应"，即高绿色全要素生产率地区通过创新型人力资本空间溢出效应而形成区域增长极，低绿色全要素生产率只能依靠自身的创新型人力资本投入来提升它们的绿色全要素生产率。

8. 产业集聚

任阳军等（2019）认为，产业集聚通过规模经济效应、技术溢出效应等来提升绿色全要素生产率，他们基于中国省份数据的研究表明，无论是生产性服务业还是制造业的集聚，都有助于绿色全要素生产率提升，其中前者的促进作用更大。陈晓峰和周晶晶（2020）基于长三角城市群 26 个城市的数据研究也表明，生产性服务业集聚有助于绿色全要素生产率提升，其中，与绿色技术效率相比，生产性服务业的专业化集聚和高端化发展更有利于绿色技术进步。张桅和胡艳（2020）的研究表明，产业集聚对绿色全要素生产率的影响异质性明显，即产业集聚对于高绿色全要素生产率地区的绿色发展显示出阻碍作用，而在低绿色全要素生产率地区具有一定的促进作用。

9. 制度因素

孙振清和鲁思思（2020）基于中国省际面板数据的研究表明，地方政府的信息透明度对绿色全要素生产率具有显著的正向空间溢出效应。彭衡和李扬（2019）的研究表明，加强知识产权保护会抑制绿色全要素生产率和绿色技术进步，但是有助于改善绿色技术效率，不过区域异质性明显，其中中国沿海地区的知识产权保护有助于提高绿色全要素生产率，而内陆地区则相反。

10. 城市化

武宵旭和葛鹏飞（2019）研究发现，城市化对绿色全要素生产率具有先抑制后促进的直接影响，但是通过金融发展中的金融结构、金融效率、金融规模的间接传导效应则恶化了绿色全要素生产率增长。郑垂勇等（2018）则发现，城镇化率总体上降低了绿色全要素生产率，但是呈现显著的双门槛效应，跨过门槛值后这种负效应不断减弱。

11. 基础设施

黄永明和陈宏（2018）的研究发现，无论是经济基础设施还是社会基础设施，对绿色全要素生产率都有正向的促进作用，但是两者的交互项表现为负向的抑制作用。徐海成等（2020）基于中国省际面板数据的研究表明，交通基础设施对绿色全要素生产率的影响存在单门槛效应和区域异质性（中、西部地区存在而东部地区不存在），其中资本存量低于门槛值时具有促进作用，反之则具有抑制作用。梁喜和李思遥（2018）也以中国省际面板数据为分析样本，研究结论表明，高速公路和铁路建设对于绿色全要素生产率增长具有显著的促进作用，而且空间溢出效应明显。

（三）简评

综上，前面回顾的这些研究结论表明，影响绿色全要素生产率的因素众多。不过，由于研究目的、样本和方法等差异较大，不同研究得出的结论也具有较大差异。其中，它们的共同之处在于，都没有在一个统一的分析框架内对影响绿色全要素生产率的所有可能因素进行分析。也就是说，这些经验研究都可能存在模型不确定性，这进而可能会影响相应的研究结论。因此，在一个统一框架内，如利用贝叶斯模型平均法来探讨绿色全要素生产率的影响因素也就十分必要。此部分拟在现有研究基础上，将影响绿色全要素生产率的潜在影响因素置于同一框架内，运用贝叶斯模型平均法来探讨它们对绿色全要素生产率及其增长源泉的影响。

二、变量选择和数据说明

（一）变量选择

绿色全要素生产率是衡量资源和环境约束下的投入产出效率，它的变化源于绿色技术进步和绿色技术效率变化。因此，影响绿色技术进步或绿色技术效率变化的因素都可能影响绿色全要素生产率。结合前面回顾的这些研究结论，我们把可能会影响绿色全要素生产率的因素分为宏观经济、经济调控、环境规制和制度质量四个大类，宏观经济类的变量又进一步细分为要素禀赋、经济发展、技术扩散和产业结构四个小类。相关变量的含义如下（详见表 3－1）。

1. 宏观经济

（1）要素禀赋。投入要素主要包括物质资本、人力资本和知识资本（或技术资本、创新资本）三个方面，它们不仅是驱动经济增长的投入要素，而且也是开展创新活动的投入要素。不仅如此，人力资本、知识资本还是衡量劳动力技能水平的重要指标，它们会影响劳动者对先进技术使用的充分程度，即对技术效率产生影响。由此可以推论，在资源环境约束下，投入要素水平与绿色技术进步和绿色技术效率变化之间都存在内在关联，进而它可能也会影响绿色全要素生产率。为此，我们将要素禀赋纳入分析模型，以检验它们是否会对绿色全要素生产率产生直接影响。其中，物质资本（inv）采用固定资产投资占 GDP比重来度量；人力资本（hc）用劳动力人均人力资本存量度量；知识资本（rd）采用劳动力人均 R&D 存量度量。

（2）技术扩散。技术进步的主要途径包括自主创新、技术引进（技术扩散或技术溢出）等渠道，而且技术效率与技术引进方的吸收能力高度相关，它们都是全要素生产率的构成部分。一般认为，外商直接投资、国际贸易、基础设施和人口密度等在促进国际（或国内）技术扩散中具有重要的作用。为此，采用劳动力人均 FDI 存量（fdi）、进口开放度（$import$）和出口开放度（$export$）来分别测度外商直接投资、进口和出口这三大国际技术扩散渠道。采用法人单位网站注册平均数（$intnet$）、单位面积铁路和公路营运里程（$trans$）度量物质性基础设施，采用单位面积人口总数（$peop$）来度量人口密度，三者都用于测度国内技术扩散渠道对绿色全要素生产率的影响。

（3）产业结构。生产要素、产品与劳务分别是经济活动的投入端和产出端，因此，产业结构尤其是细分的行业结构，与经济发展中的投入要素结构（含技术结构）、产品结构都是一致的。产业结构高级化是经济高质量发展阶段的重要衡量标志，同时也与经济发展中的投入产出效率和环境绩效高度相关，进而与绿色全要素生产率相关联。因此，我们用三产与二产的增加值之比（is）来度量产业结构高级化。另外，产业结构合理化是度量国民经济中生产要素合理配置、各产业协调发展的重要指标，这也能够在一定程度上度量国民经济中的资源配置效率，我们采用增加值份额加权的产业结构偏离指数（ia）来度量。

（4）经济发展。全要素生产率是经济发展的重要源泉，它同时也受经济发展水平的影响。一般来说，经济发展水平越高，则有越多的投入用于研发活动，因此经济活动不再过度依赖自然资源，而是更倾向于通过技术进步和效率改善来促进经济增长。环境库兹涅茨曲线假说认为，经济发展水平与环境绩效之间存在倒 U 型关系，这在部分经验研究中也得到了验证。另外，宏观经济的稳定性对于研发活动的顺利开展也存在一定影响，这也可能会影响到绿色全要素生产率的变化。为此，我们主要从国民经济发展水平、金融发展水平和市场波动情况三个方面，来探寻经济发展水平对绿色全要素生产率的影响。其中，用人均 GDP（$pgdp$）度量国民经济发展水平，用存贷款余额占 GDP 比重（$dlbal$）度量金融发展水平，用固定资产投资价格水平（$price$）度量市场波动情况。

2. 经济调控

市场失灵是经济发展中不可避免的现实问题之一，而合理的政府调控恰好能够对此进行较好的弥补。从理论上来说，在提升绿色全要素生产率时，无论是技术进步还是技术效率改善，都可以借助政府有意识的调控来实现。为此，我们也对宏观经济调控是否影响绿色全要素生产率进行分析，这主要包括政府调控能力、财政政策、税收政策三个方面。其中，政府调控能力采用地方财政支出占 GDP 比重（$govp$）度量，财政政策实施力度采用财政亏损（或盈余）绝对值占 GDP 比重（$defi$）测度，税收政策实施力度采用增值税占 GDP 比重（vat）来测度。

3. 环境规制

绿色全要素生产率是资源环境约束下的全要素生产率，环境状况的好坏无疑会直接影响它的测度结果。现有研究也表明，经济发展中的环境规制可能存在"遵循成本效应"和"波特假说"。因此，人为地进行环境规制，无疑会对环境状况产生影响，进而也可能会影响绿色全要素生产率。为此，我们在分析模型中也将环境规制纳入。其中，采用排污费收入占 GDP 比重（$sewf$）度量市场激励型环境规制，采用政府的环境保护支出占 GDP 比重（$envp$）度量命令控制型环境规制。

4. 制度质量

国内外众多研究表明，制度质量与经济发展之间高度正相关，好的制度不仅有利于生产性活动的顺利开展，还有助于资源的有效配置。由于经济中制度质量难以较好地测度，加之中国大陆各省份的政治制度没有差异，因此我们采用市场化程度来测度不同地区的制度质量，具体指标采用王小鲁等（2018）测算的市场化程度指数（m）。

表 3-1　　　　　　　　　绿色全要素生产率的影响因素分析变量一览

类别	变量	测度指标	类别	变量	测度指标
要素禀赋	物质资本（inv）	固定资产投资占GDP比重	产业结构	产业结构高级化（is）	三产与二产的增加值之比
	人力资本（hc）	劳动力人均人力资本存量		产业结构合理化（ia）	增加值份额加权的产业结构偏离指数
	知识资本（rd）	劳动力人均 R&D 存量	经济发展	国民经济发展水平（$pgdp$）	人均 GDP
技术扩散	外商直接投资（fdi）	劳动力人均 FDI 存量		金融发展水平（$dlbal$）	存贷款余额占 GDP 比重
	进口开放度（$import$）	进口贸易总额占GDP比重		市场波动（$price$）	固定资产投资价格水平
	出口开放度（$export$）	出口贸易总额占GDP比重	经济调控	政府调控能力（$govp$）	地方财政支出占GDP比重
	信息基础设施（$intnet$）	法人单位网站注册平均数		财政政策（$defi$）	财政亏损（或盈余）绝对值占GDP比重
	交通基础设施（$trans$）	单位面积铁路和公路营运里程		税收政策（vat）	增值税占GDP比重
	人口密度（$peop$）	单位面积人口总数	环境规制	市场激励型环境规制（$seuf$）	排污费收入占GDP比重
制度质量	市场化程度（m）	王小鲁等（2018）研制的市场化程度指标		命令控制型环境规制（$envp$）	环境保护支出占GDP比重

（二）数据说明

本书选用数据主要是根据公开发行的《中国统计年鉴》《中国环境统计年鉴》《中国能源统计年鉴》的相关数据整理得出，部分数据根据相关研究结果整理得出。其中，排污费收入数据源于《中国环境年鉴》；市场化指数的偶数年数据源于《中国分省份市场化指数报告（2018）》（王小鲁等，2018），其中奇数年数据为相邻两年的算数平均值，2004～2007年和2017年的数据采用数据填充的方式获取。所有变量的相关数据均为省际面板数据，其中数据的样本空间为 2004～2017 年，相关变量的一般统计描述见表 3-2。从中可以看出，各变量的取值差异都很大，这主要是源于它们的时空差异都很大，这与绿色全要素生产率较大的时空差异是一致的。但是，据此并不能断定这些因素都与绿色全要素生产率有关，更不清楚它们之间具体的相关关系。为此，下面将运用贝叶斯模型平均法，对绿色全要素生产率及潜在影响因素的关系进行专门分析。

表 3-2　　　　　　　绿色全要素生产率影响因素的一般统计描述

变量	观测值	平均值	标准差	最小值	最大值
hc	420	4.6911	0.8658	3.2504	9.1998
inv	420	0.6698	0.2380	0.2366	1.4795
dlbal	420	2.7736	1.0131	1.2882	8.1310
rd	420	5334.8480	9547.2050	168.7557	78371.7500
fdi	420	18050.64	70318.1400	7.0000	653692.0000
peop	420	461.5317	697.6067	7.4861	4182.7590
vat	420	0.0152	0.0084	0.0063	0.0803
defi	420	0.1139	0.0890	0.0084	0.5164
import	420	0.1549	0.2348	0.0041	1.3384
export	420	0.1626	0.1869	0.0108	0.8981
trans	420	475.5617	436.9650	17.5181	2231.5690
intnet	420	0.1777	0.1815	0.0296	1.3760
ia	420	0.6451	0.3618	0.0333	2.0050
is	420	0.9951	0.5332	0.4971	4.2367
pgdp	420	26457.6400	17120.6100	3858.0830	96452.0200
price	420	102.6037	3.3837	96.0000	113.2800
m	300	6.2411	1.8209	2.3300	10.1525
sewf	420	5.0582	4.6154	0.1690	47.6961
envp	420	0.0056	0.0053	0	0.0361

注：表中数据为作者整理得出。

三、实证分析

（一）基准分析

前面的文献回顾表明，相关研究虽然对绿色全要素生产率的部分影响因素进行了经验分析，但是这些研究要么基于不同视角，要么运用不同的分析样本或研究方法，而且它们的研究结论也具有较大差异。更为重要的是，这些研究都只纳入了可能会影响绿色全要素生产率的部分因素，这显然存在模型不确定性问题。为此，此部分运用贝叶斯模型平均分析技术，对绿色全要素生产率及其两大源泉（绿色技术进步和绿色技术效率）的可能的影响因素进行经验分析，结果见表 3－3。其中，考虑到基于 DEA 的绿色全要素生产率及其两大源泉测度的是它们在相邻两个时期之间的变化，我们遵循相关研究的做法，如邱斌等（2008），以 2003 年为基期来得到它们在各年的累积变化值，并据此得到 2004～2017 年间绿色全要素生产率、绿色技术进步和绿色技术效率与基期相比的相对值。[①]

表 3－3 绿色全要素生产率及其构成的影响因素估计结果

影响因素		绿色全要素生产率		绿色技术进步		绿色技术效率	
类别	变量	系数	PIP 值	系数	PIP 值	系数	PIP 值
	常数项	1.2250*	1.00	0.9353*	1.00	1.1437*	1.00
要素禀赋	hc	-0.1137*	1.00	-0.0496*	0.94	-0.0520*	1.00
	rd	0.2249*	1.00	0.1450*	1.00	0.0535*	1.00
	inv	0.0407	0.42	0.1631*	1.00	-0.0010	0.06
技术扩散	fdi	0.0023	0.37	0.0123*	1.00	-0.0000	0.07
	$import$	-0.1595*	0.84	-0.0751*	0.57	0.0008	0.06
	$export$	-0.0070	0.09	0.0024	0.07	0.0013	0.06
	$intnet$	0.2326*	0.99	0.2269*	1.00	-0.0015	0.06
	$trans$	0.0032	0.06	0.0500	0.11	-0.0047	0.06
	$peop$	-0.2093	0.29	-1.0817*	0.99	0.0004	0.05
产业结构	is	0.0924*	0.99	0.1984*	1.00	-0.0520*	0.98
	ia	-0.0073	0.15	-0.0001	0.05	-0.0087	0.29
经济发展	$pgdp$	0.0585*	1.00	0.0494*	1.00	0.0007	0.12
	$dlbal$	-0.0647*	1.00	-0.1017*	1.00	0.0255*	0.96
	$price$	0.0001	0.07	0.0000	0.05	0.0003	0.18

[①] 相关研究认为，据此得到的是绿色全要素生产率及其两大源泉的水平值。值得说明的是，严格来说该思路并不能得出各年绿色全要素生产率及其两大源泉的水平值，而是得出它们相对于基期的累积变化值。以绿色全要素生产率的测度为例，该思路实际上假定基期（这里为 2003 年）各分析对象（这里为各省份）的绿色全要素生产率都为 1，从而 2003～2004 年度的绿色全要素生产率变化就等于 2004 年的绿色全要素生产率的水平值，这显然有悖于实际情况。不过，基期离分析期间越远，基期对分析结果的影响越小，从而该假设与现实情况也就越接近。

影响因素		绿色全要素生产率		绿色技术进步		绿色技术效率	
经济调控	*govp*	0.0924	0.18	0.0073	0.06	−0.0930	0.35
	defi	−0.1676	0.29	−0.0019	0.06	−0.2061*	0.67
	vat	8.7629*	1.00	7.2225*	1.00	0.0521	0.09
环境规制	*sewf*	0.0000	0.06	−0.0003	0.16	0.0025*	0.94
	envp	2.1204*	0.50	5.0278*	0.97	−0.0464	0.06
制度质量	*m*	0.0179*	0.81	0.0270*	0.99	0.0004	0.09

注：表中数据为作者运用 Stata15.1 中的 *bma* 命令计算得出；根据卢卡和马格纳斯（Luca and Magnus, 2011）的研究，*PIP* 统计量大于 0.5 则认为自变量与因变量有紧密的相关性。

*表示变量之间紧密相关。

从表 3 - 3 的结果中可以看出，前面列出的这些因素多数都对绿色全要素生产率或其源泉具有显著影响，这也意味着运用贝叶斯模型平均技术来系统分析绿色全要素生产率的影响因素是十分必要的。主要结论如下：

第一，投入要素禀赋对绿色全要素生产率及其两大源泉几乎都有显著影响，但是对它们的影响方向略有不同。其中，物质资本有助于绿色技术进步，但是对绿色技术效率和绿色全要素生产率的影响不显著。知识（或技术）资本对绿色全要素生产率及其两大增长源泉的促进作用都很显著，而人力资本积累对它们却具有显著的抑制作用。

第二，不同技术扩散渠道对绿色全要素生产率的影响差异较大。其中，外商直接投资对绿色全要素生产率和绿色技术效率的影响不显著，但是有助于绿色技术进步。进口对绿色全要素生产率和绿色技术进步具有显著的抑制作用，但是对绿色技术效率的影响不显著，出口对绿色全要素生产率及其两大源泉的影响都不显著。交通基础设施对绿色全要素生产率及其两大源泉的影响都不显著。信息基础设施有助于促进绿色全要素生产率增长和绿色技术进步，不过对绿色技术效率的影响不显著。人口密度指标对绿色全要素生产率增长和绿色技术效率的影响不显著，但是对绿色技术进步具有明显的抑制作用。

第三，产业结构高级化和合理化对绿色全要素生产率的影响差异较大。其中，产业结构高级化有助于绿色全要素生产率增长和绿色技术进步，但是对绿色技术效率具有抑制作用。产业结构合理化对绿色全要素生产率增长及其两大源泉的影响都不显著。[①]

第四，不同政府调控手段对绿色全要素生产率的影响差异较大。其中，政府调控能力（财政支出与 GDP 之比）与绿色全要素生产率及其两大源泉之间的相关性都不显著。强化增值税征收有助于绿色全要素生产率增长和绿色技术进步，但是对绿色技术效率的影响不显著。扩张性财政政策抑制绿色技术效率提升，但是对绿色技术进步和绿色全要素生产率的影响都不显著。

第五，不同的环境规制手段，对绿色全要素生产率及其源泉的影响差异较大。其中，市场激励型环境规制（用排污费收入占 GDP 之比衡量）对绿色全要素生产率增长和绿色技术进步的影响模糊，不过有助于改善绿色技术效率；命令控制型环境规制（用政府环保支出占 GDP 之比衡量）则有助于绿色全要素生产率增长和绿色技术进步，而对绿色技术效率的影响不显著。

第六，制度质量对绿色全要素生产率及其源泉的影响也是有差异的。市场化有助于绿色全要素生产率增长和绿色技术进步，但是对绿色技术效率变化的影响不显著。

（二）几点讨论

1. 关于人力资本与绿色全要素生产率增长

新增长理论表明，人力资本既是研发活动的重要投入，又是技术吸收能力的重要构成部分。也就是说，人力资本是促进技术进步和全要素生产率增长的重要因素。然而，国外有关人力资本与全要素生产率的经验分析表明，两者之间的关系并非一定是正相关关系。本书基于 BMA 的经验分析表明，在中国省份经济发展中，人力资本与绿色全要素生产率及其两大源泉之间都表现为紧密的负相关关系，张桅和胡艳（2020）基于长三角的经验分析亦得出了类似结论。我们认为，人力资本只是推动技术进步的必要因素之一，它需要与物质性研发投入（即研发活动中的物质资本投入）相结合，才可能带来技术进步。为此，我们将人力资本变量（hc）和技术资本变量（rd，这间接地衡量了经济中的技术水平）的乘积替换前述经验分析模型中的人力资本和知识资本变量并进行 BMA

[①]　本书后面的空间溢出效应分析和相关政策实施绩效分析中，产业结构高级化的系数估计值都显著为负，与此处结论相反。田正和伍鹏（2019）对日本供给侧结构性改革的经验分析发现，产业结构高级化对全要素生产率增长具有显著的抑制作用。他们指出，这说明在后工业化时期，日本的经济结构日趋服务化，产业升级程度也不断提高，但是服务业的生产率进步较慢，这导致产业升级对全要素生产率增长的促进作用并不明显。

分析。结果显示，该交叉项与绿色技术进步和绿色全要素生产率之间都表现为高度的正相关关系，但是与绿色技术效率的关系模糊，这一定程度上验证了上面的推论，即人力资本与技术资本在技术进步中是互为补充的关系。

2. 关于交通基础设施与绿色全要素生产率增长

健全的交通基础设施是国民经济发展中重要的助推剂，它有助于降低物流成本、缩短交易时间，从而有助于扩大资源利用、跨区域人才流动和技术扩散。不过，便捷的交通基础设施在促进经济增长的同时，也在一定程度上助长了粗放型经济增长。以能源消费为例，在交通设施健全的前提下，生产者为降低生产成本，就会打破空间距离约束而更多地利用成本相对更低的化石能源，从而会增加非期望产出，这显然会恶化绿色发展视角下的资源配置效率，进而对绿色全要素生产率增长产生负面影响。因此，从理论上看，交通基础设施在促进国民经济增长的同时，也可能会助长粗放型经济增长模式，而这两大渠道对绿色全要素生产率的影响方向却是相反的。本书上文的经验分析结论表明，交通基础设施与绿色全要素生产率、绿色技术进步和绿色技术效率之间的相关性都不显著，这一定程度上印证了交通基础设施在绿色全要素生产率增长中的作用具有两面性。

3. 关于国际贸易与绿色全要素生产率增长

国际贸易在经济发展中的重要性有目共睹，然而相关经验研究并未证实国际贸易一定会促进绿色全要素生产率增长。前文的经验分析发现，进口开放度与绿色全要素生产率、绿色技术进步负相关，但是与绿色技术效率之间的关系模糊，而出口开放度与绿色全要素生产率及其两大源泉的关系都是模糊的。笔者认为，其原因可能在于国际贸易在影响绿色全要素生产率时具有两面性，相关研究也得出了类似结论，如"污染光环效应"（李景睿，2009；刘艳，2012）和"污染避难所效应"（张海洋，2005；杨文举和龙睿赟，2012；李斌等，2013；吴伟平和何乔，2017）。一方面，作为国际技术扩散的重要渠道，国际贸易有助于提升国内技术水平，其中进口有助于获取国外先进的物化技术，出口则通过"出口中学"来提升国内技术水平。另一方面，中国尚处于从"制造大国"向和"制造强国""智造大国"迈进阶段，在国际贸易中不可避免地存在制造品污染转嫁现象（相关研究亦得出了类似结论），加之出口促进战略下的国际贸易发展，会导致国内生产者一味地追求产量扩张而忽视能耗和环境质量标准，结果会抑制绿色全要素生产率增长。这里的经验分析结果意味着，在中国经济发展中，进口的污染转嫁效应明显大于国际技术溢出效应，从而抑制技术进步和绿色全要素生产率增长；而出口对绿色全要素生产率的双重效应基本相当或都不明显，从而对绿色全要素生产率的影响不显著。

四、主要结论

此部分基于中国省际面板数据的贝叶斯模型平均分析结果表明，要素禀赋、技术扩散、产业结构、经济发展、经济调控、环境规制和制度质量等，几乎都与绿色全要素生产率或它的源泉构成（绿色技术进步和绿色技术效率）相关。该分析方法针对经验分析中的模型不确定性，在一个统一的框架下尽可能全面地梳理出因变量的相关解释变量，这是对现有绿色全要素生产率影响因素研究的较好补充，而且对于初步判定绿色全要素生产率的影响因素具有较好的参考价值。不过，这部分主要是得出了绿色全要素生产率与其潜在影响因素之间的相关性，这种分析思路却无助于探讨其中的影响机制。另外，此部分的分析并没有考虑空间因素，这可能会对分析结论有所影响。为此，下一节内容将在考虑空间相关性的前提下，探讨绿色全要素生产率最终的空间溢出效应。即便如此，我们从这些结论中仍然可以看出，这些影响因素都与经济发展的供给侧紧密相关。它们或通过绿色技术进步因子，或通过绿色技术效率因子，或通过两者的共同作用，来影响绿色全要素生产率的变化。由此可以推论，深入推进供给侧结构性改革将会影响绿色全要素生产率增长。显然，这对于提升绿色全要素生产率的供给侧结构性改革具有较强的政策含义。

第三节　中国省份绿色全要素生产率增长的溢出效应分析

一、文献综述

著名的托布勒（Tobler）第一地理学定律指出，"任何事物之间均相关，而且离得较近的事物总比离得较远的事物相关性要高"（Tobler，1979）。传统的统计理论是建立在独立观测值假定基础上的理论，而现实中尤其是面临空间数据问题时，独立观测值往往不是普遍现象。在现实经济发展中，尤其是许多涉及地理空间数据的研究中，由于普遍忽视空间依赖性，它们的统计与计量分析结果值得进一步研究（Anselin and Griffin，1988）。近年来，国际空间计量分析模型得到了长足发展，相关经验研究成果也不断涌现。其中，国内一组研究从空间计量分析视角出发，对（绿色）全要素生产率的空间溢出效应进行了分析，下面对此进行简要回顾。

（一）有关全要素生产率的空间溢出研究

该领域的相关研究表明，全要素生产率增长存在空间溢出效应，而且不同影响因素的溢出效应不同。闫鑫和祝福云（2021）的研究表明，中国轻工业全要素生产率增长存在空间关联性，这种空间关联网络可划分为主溢出板块、净溢出板块、经纪人板块和主受益板块，它们之间呈现明显的"阶梯型"溢出特征。吴玉鸣等（2006）对中国2003年31个省区市的工业全要素生产率进行了测算，并运用空间地理加权回归的方法对其空间效应进行分析，研究结果显示，使用空间计量模型的极大似然估计要比普通的OLS回归结果更好。张先锋（2010）运用1998～2005年中国省区市的数据，不仅对公共基础设施投入、R&D投入以及人力资本投入对全要素生产率的影响进行研究，还针对各指标的溢出效应对全要素生产率的影响进行了实证分析。研究结果表明，公共基础投入、R&D投入以及人力资本投入对本地区的全要素增长均有促进作用，相邻地区R&D投入具有正向溢出效应，公共基础设施投入具有负向溢出效应，而人力资本投入没有明显的空间溢出效应。晏艳阳和吴志超（2020）运用中国省份2001～2017年的面板数据研究后表明，创新政策对全要素生产率的影响具有显著的空间溢出效应。王滨（2010）、覃毅和张世贤（2011）则探讨了外商直接投资通过技术溢出的方式来推动全要素生产率增长，但刘明霞（2010）的研究结果认为，两者之间的关系不显著甚至结论相反。

（二）有关绿色全要素生产率的空间溢出研究

该领域的相关研究发现，绿色全要素生产率增长也存在空间溢出效应。陈晓峰和周晶晶（2020）对长三角城市群26个城市2006～2017年的生产性服务业研究表明，生产性服务业集聚对绿色全要素生产率具有显著的正向促进作用，而且中心城市的空间溢出特征相对更明显。徐晓红和汪侠（2020）基于2003～2016年中国285个城市面板数据的研究表明，专业化和多样化集聚对绿色生产率的空间溢出效应的有效地理边界为150千米和300千米，而且中低端行业中的空间溢出效应不明显，高端行业、超大及特大城市、大城市的专业化和多样化集聚对绿色全要素生产率都有显著的空间溢出效应。李小平等（2020）基于中国省份数据的研究表明，各地区碳生产率、技术进步指数及效率进步指数均会显著地受到邻近地区的正向影响；强制型环境规制对本地区碳生产率的直接影响显著为正，但是对邻近地区的碳生产率则存在负向溢出效应；自愿型环境规制对地区碳生产率的直接效应和间接效应都不显著。屈小娥等（2016）在时间空间异质性的视角下，研究了绿色全要素生产率与对外直接投资的关系，结果表明，对外直接投资对绿色全要素生产率具有显著的空间滞后效应。刘华军等（2014）在环境约束条件下对中国 30 个省区份的全要素生产率进行测度，并使用 Theil 指数就省际差异进行分析，采用空间计量模型对其影响因素进行实证分析，结果发现，在环境约束条件下，中国全要素生产率的增长具有显著的正向溢出。张豪（2017）、梁喜等（2018）都运用空间杜宾模型研究绿色全要素生产率的影响因素，前者研究发现，中国城市的绿色全要素生产率在不同地区间差异较大，同时研发投入对绿色全要素生产率增长具有明显的正向溢出；后者研究结果表明，基础设施建设对绿色全要素生产率有显著正向空间溢出。

（三）简评

上述这些研究基本上都认为，（绿色）全要素生产率增长具有空间溢出效应。然而，这些研究至少具有下述两个方面的不足：（1）他们采用的模型中所涉及的（绿色）全要素生产率增长的影响因素有限，这与本章第二节结合 BMA 的分析结论差异较大；（2）这些空间计量分析中没有充分考虑（绿色）全要素生产率增长源泉的空间溢出效应，这无助于深入把握（绿色）全要素生产率增长的空间溢出效应。本章第二节的 BMA 分析虽然在统一的框架下对绿色全要素生产率的影响因素进行了分析，但是却没有考虑绿色全要素生产率增长中是否存在空间依赖性，从而相关结论还值得进一步验证。为此，此部分结合 BMA 分析结论，运用空间计量分析模型来探讨绿色全要素生产率增长的空间溢出效应，同时也对绿色全要素生产率的影响因素做进一步分析。

二、空间计量模型

（一）空间自相关指数

空间自相关分析的目的是确定关注变量是否在空间上相关，以及相关程度的高低，这是进行空间计量分析之前必不可少的一步。其中，空间自相关系数主要有莫兰（Moran）的 I 系数和吉里（Geary）的 c 系数两种，前者在相关研究中用得相对更频繁。

1. 全局莫兰指数（Global Moran's I, GMI）

$$GMI = \frac{\sum_{i=1}^{N} \sum_{j=1}^{N} W_{ij}(x_i - \bar{x})(x_j - \bar{x})}{\sum_{i=1}^{N}(x_i - \bar{x})^2} \times \frac{N}{S_0} \qquad (3-7)$$

式（3-7）中，N 为地区总数；$s_0 = \sum_{i=1}^{N} \sum_{j=1}^{N} W_{ij}$ 和 $\bar{x} = \frac{1}{N} \sum_{i=1}^{N} x_i$ 分别表示 N 个地区观测值的方差和平均值；x_i 和 x_j 分别表示第 i 个和第 j 个地区的观测值；W_{ij} 这里表示空间权重矩阵，对两地区空间上的邻近性进行测度。全局莫兰指数的取值范围为 $[-1, 1]$，当 $I > 0$ 时，表示各地区存在正的空间自相关性，且 I 越接近 1，表示正相关水平越高；当 $I < 0$ 时，表示各地区存在负的空间自相关性，且 I 越接近 -1，表示负相关水平越高；当 $I = 0$ 时，表示各地区在空间上分布随机，不存在空间自相关性。通过对莫兰指数 I 进行标准化后得到的统计量 Z 值来判断其显著性。

$$Z(I) = \frac{I - E(I)}{\sqrt{Var(I)}} \qquad (3-8)$$

式（3-8）中，莫兰指数 I 服从渐进正态分布，它的数学期望和方差分别为 $E(I)$ 和 $Var(I)$ 分。正态分布的原假设为区域之间不存在空间位置上的相关性，因此，若 $Z(I)$ 的取值拒绝原假设，则说明研究对象在空间上存在相关性，反之则说明不存在空间自相关性。

2. 局部莫兰指数（Local Moran's I, LMI）

全局莫兰指数主要考察的是整个空间序列的空间总体分布情况，若想了解在某个区域的空间分布情况，则可以选择研究其局部空间自相关性的局部莫兰指数，计算公式见式（3-9）。

$$LMI_i = \frac{(x_i - \bar{x})}{s_x^2} \sum_{j \neq i} W_{ij}(x_j - \bar{x}) \qquad (3-9)$$

式（3-9）中，x_i、$\bar{x}$、W_{ij} 和 $s_x^2 = \sum (x_j - \bar{x})^2 / N$ 分别表示 i 地区的观测值、平均值、空间权重以及观测值方差。若 $I_i > 0$，表明具有相同类型属性的观测值聚集在一起，即形成高值区域被高值区域包围（$H-H$），或低值区域被低值区域包围（$L-L$）；若 $I_i < 0$，表明具有相反类型属性的观测值聚集在一起，即形成高值区域被低值区域包围（$H-L$），或低值区域被高值区域包围

$(L-H)$。莫兰指数散点图的第一到第四象限分别对应着 $H-H$ 值、$L-H$ 值、$L-L$ 值和 $H-L$ 值，其中第一及第三象限表示观测值具有正的空间自相关性，第二及第四象限则表示观测值具有负的空间自相关性。

（二）空间计量模型

在早期的空间计量经济学中，通常采用以某个特定时间段的截面数据为研究对象，却未考虑到时间维度上可能存在的相关性。随着近年来空间计量经济学的发展，结合了时间和空间的空间面板模型逐渐成为主流，使研究更具科学性。将横截面数据推广到面板数据就可以得到空间滞后模型（Spatial Lag Model，SLM）和空间误差模型（Spatial Error Model，SEM），以及包含多种空间交互效应的空间杜宾模型（Spatial Duebin Model，SDM）。在实际运用中具体采用哪种模型，可以根据 *LM*、*LR*、*Wald*、*AIC*、*BIC* 等统计量进行判断，选出合适的模型进行计量分析。

1. 空间滞后模型

区域行为受文化环境和空间距离有关的迁移成本影响，具有很强的地域性（Anselin et al.，1996）。空间滞后模型 SLM 重点在于探讨因变量之间的相关性，即它们在区域中是否具有扩散现象（或溢出效应）。由于空间滞后模型与时间序列中的自回归模型类似，因此也称为空间自回归模型（Spatial Autoregressive Model，SAR），具体可见式（3-10）。其中，W 为空间权重矩阵；参数 β 测度的是自变量对因变量的影响；ρ 为空间自回归系数，测度的是相邻地区之间的因变量的影响程度；$\varepsilon \sim N(0,\sigma^2)$ 为随机误差项。

$$Y_t = \rho W Y_t + X_t \beta + \varepsilon \qquad (3-10)$$

2. 空间误差模型 SEM

空间误差模型 SEM 强调了空间异质性的存在，后者反映了经济实践中的空间观测单元之间经济行为关系的一种普遍存在的不稳定性。空间异质性存在于扰动项中的空间依赖作用，度量了邻近地区关于因变量的误差冲击对本地区观察值的影响程度。其中，参数 β 测度的是自变量对因变量的影响；λ 为空间误差相关系数，度量了邻近个体关于被解释变量的误差冲击对本个体观察值的影响程度。

$$\begin{aligned} Y_t &= X_t \beta + v \\ v &= \lambda W v + \varepsilon \end{aligned} \qquad (3-11)$$

3. 空间杜宾模型

空间杜宾模型 SDM 认为因变量不仅受相邻地区因变量影响，还受它们的自变量的影响，因此将解释变量和被解释变量的空间相关性同时引入了模型。空间杜宾模型是空间计量更一般化的空间计量模型，在满足一定条件下还可以简化为空间滞后模型或空间误差模型，具体可见式（3－15）。其中，ρ 为空间自回归系数，反映了滞后因变量对因变量的影响；参数 β 反映了自变量对因变量的影响；θ 为外生解释变量的空间自相关系数，度量相邻区域的解释变量对被解释变量的影响。该模型在一定条件下可以退化为 SAR 和 SEM 模型，具体如下：如果 $\theta = 0$ 和 $\rho \neq 0$，则退化为空间滞后模型 SAR；如果 $\theta = -\beta\rho$，则退化为空间误差模型 SEM；如果 $\theta = 0$ 和 $\rho = 0$，则退化为经典的 OLS 模型。

$$Y_t = \rho W Y_t + X_t \beta + W X_t \theta + \varepsilon \tag{3－12}$$

4. 广义空间模型

克里夫和奥德（Cliff and Ord，1971，1973）提出了一个更具有一般性的空间模型，他们将解释变量和随机扰动项的空间滞后项与解释变量一起纳入，也即空间滞后模型与空间误差模型的结合，一些研究称之为广义空间模型，安瑟林和弗洛拉克斯（Anselin and Florax，1995）称之为 SARAR 模型（Spatial Autoregressive Error Autoregressive，SARAR），Lesage（2009）将其记为 SAC 模型。

$$Y_t = \rho W_1 Y_t + X_t \beta + v$$
$$v = \lambda W_2 v + \varepsilon \tag{3－13}$$

5. 空间面板模型的统一框架

上述空间面板模型可以纳入一个统一的框架，当相关参数满足不同条件时就可得到相应模型（Belotti et al.，2013），具体可见式（3－14）。

$$y_{it} = \alpha + \tau y_{it-1} + \rho \sum_{j=1}^{N} w_{ij} y_{jt} + \sum_{k=1}^{K} x_{itk} \beta_k + \sum_{k=1}^{K} \sum_{j=1}^{N} w_{ij} x_{jtk} \theta_k + \mu_i + \gamma_t + v_{it}$$
$$v_{it} = \lambda \sum_{j=1}^{N} m_{ij} v_{jt} + \varepsilon_{it} \tag{3－14}$$

在式（3－14）中，一旦相关参数满足特定条件，就得到前面各类空间计量模型，具体如下：

（1）如果 $\tau = 0$，则该模型为静态模型，否则为动态模型；

（2）如果 $\theta = 0$，则为具有空间自相关误差的空间自回归模型（SAC）；

（3）如果 $\lambda = 0$ ，则为空间杜宾模型 SDM；

（4）如果 $\lambda = 0$ 而且 $\theta = 0$ ，则为空间自回归模型 SAR，即空间滞后模型；

（5）如果 $\rho = 0$ 而且 $\theta = 0$ ，则为空间误差模型 SEM；

（6）如果 $\rho = 0$ 和 $\theta = 0$ ，而且 $\mu_i = \varphi \sum_{j=1}^{N} w_{ij} \mu_i + \eta_i$ ，则为广义的空间面板随机效应模型（Generalised Spatial Panel Random Effects Model，GSPRE）。

（三）空间权重矩阵

空间权重矩阵衡量的是空间各单元之间的依赖关系及程度，它们的合理确定是进行空间计量分析的前提和基础。一般来说，空间权重矩阵主要包括两类：基于地理位置构造的权重矩阵和基于社会经济因素的空间权重矩阵。其中，前者的优点在于直观而且满足空间权重矩阵外生性假定；后者的优点在于有较强的经济含义而且更符合实际应用背景。另外，由于社会经济因素往往会随着时间推移而发生变化，经验分析中通常取它们的平均值来构造空间权重矩阵。此部分主要采用综合经济距离和地理距离的经济反地理权重矩阵进行计量分析，同时也采用 1 – 0 邻接空间权重矩阵和经济距离空间权重矩阵进行稳健性检验。

1. 1 – 0 邻接空间权重矩阵

1 – 0 邻接空间权重矩阵根据两个区域在地理位置上是否相邻来判断它们是否具有空间关联性，具体可见式（3 – 15）。

$$w_{ij}^1 = \begin{cases} 0, \text{经济单元 } i \text{ 与经济单元 } j \text{ 相邻} \\ 1, \text{经济单元 } i \text{ 与经济单元 } j \text{ 不相邻} \end{cases} \quad (3-15)$$

2. 地理距离空间权重矩阵

地理距离空间权重矩阵考虑两个区域之间的地理距离，并用其倒数来表示，具体可见式（3 – 16）。这样，将两个区域空间不邻接但是地理距离较近的两个区域的空间关联性也进行了考虑。其中，d_{ij} 表示区域 i 和区域 j 的直线距离，本书权重矩阵根据各省区市省会城市的经纬度坐标而得出。

$$w_{ij}^2 = \begin{cases} 0, i = j \\ \dfrac{1}{d_{ij}^2}, i \neq j \end{cases} \quad (3-16)$$

3. 经济距离空间权重矩阵

经济距离空间权重矩阵根据两个区域的经济发展水平的接近程度来判断它们之间的关联性，一般是根据两区域的人均收入水平之差的倒数来确定，具体可见式（3-17）。收入差距的大小会影响权重的大小，收入差距越大则权重越小，反之则越大。此部分采用人均GDP来衡量经济发展水平。

$$w_{ij}^3 = \begin{cases} 0, i = j \\ \dfrac{1}{|\overline{Q_i} - \overline{Q_j}|}, i \neq j \end{cases} \qquad (3-17)$$

4. 经济反距离空间权重矩阵

前面几种空间权重矩阵在经验分析中都经常被用到，不过它们要么只考虑了不同经济体之间的地理距离，要么只考虑了它们之间的经济距离。因此，综合考虑不同经济体之间的地理距离和经济距离来构建空间权重矩阵十分必要。本书采用珍蒂（Jeanty，2010）提出的经济反距离权重矩阵，具体可见式（3-18）。其中，β一般取值1，也可以自己指定。

$$w_{ij}^4 = \frac{1}{|\overline{Q_i} - \overline{Q_j} + 1|} \times e^{-\beta \times d_{ij}} \qquad (3-18)$$

三、变量选择和数据说明

此部分的核心是探讨中国省份绿色全要素生产率演变中是否存在空间溢出效应。从前面的空间杜宾模型可以看出，其实证分析实际上是在绿色全要素生产率的影响因素分析中，将可能产生空间溢出的变量一并纳入分析模型。根据本章第二节基于BMA的绿色全要素生产率的影响因素分析结论，绿色全要素生产率的影响因素涉及要素禀赋、技术扩散、产业结构、经济发展、经济调控、环境规制、制度质量等多个方面。因此，此部分的空间计量模型中将人力资本、知识资本、进口开放度、出口开放度、信息基础设施、产业结构高级化、地区经济发展水平、金融发展水平、税收政策、环境规制、市场化程度11个变量与绿色全要素生产率本身一起纳入实证分析模型。另外，一般认为外商直接投资会对绿色技术进步产生影响（本章基于BMA的分析也证实了这一点），因此也将其纳入分析。所变量的具体测度指标见表3-1。

此部分的数据主要是绿色全要素生产率及其影响因素等变量的数据，它们与本章第二节的来源一致。另外，还包括此节前面部分内容提到的空间权重数据。所有数据的样本期限都为2004～2017年。

四、实证分析

(一) 空间相关性分析

结合空间距离权重矩阵，运用 Stata15.1 软件对 2004~2017 年中国 30 个省份的 (累积) 绿色全要素生产率进行全局和局部空间自相关检验，全局莫兰指数计算结果见表 3-4，局部莫兰指数散点图见图 3-1。

表 3-4　　　　2003~2017 年中国省份绿色全要素生产率的全局莫兰指数

年份	经济反距离权重		经济距离权重		反距离权重		0-1 邻接权重	
	莫兰指数	P 值	莫兰指数	P 值	莫兰指数	P 值	莫兰指数	P 值
2004	-0.060	0.871	-0.055	0.891	-0.044	0.779	-0.127	0.392
2005	0.141	0.281	0.239 *	0.086	0.028 *	0.082	-0.041	0.953
2006	0.180	0.185	0.258 *	0.064	0.040 **	0.038	-0.024	0.926
2007	0.284 **	0.045	0.334 **	0.018	0.065 ***	0.005	0.040	0.496
2008	0.266 **	0.050	0.296 **	0.027	0.050 **	0.012	0.036	0.503
2009	0.343 **	0.014	0.369 ***	0.007	0.068 ***	0.002	0.097	0.215
2010	0.429 ***	0.002	0.444 ***	0.001	0.088 ***	0.000	0.165 *	0.058
2011	0.292 **	0.029	0.315 **	0.017	0.056 ***	0.006	0.155 *	0.066
2012	0.360 ***	0.009	0.383 ***	0.005	0.070 ***	0.002	0.188 **	0.032
2013	0.417 ***	0.003	0.424 ***	0.002	0.078 ***	0.001	0.211 **	0.019
2014	0.464 ***	0.001	0.467 ***	0.001	0.087 ***	0.000	0.229 **	0.012
2015	0.595 ***	0.000	0.566 ***	0.000	0.110 ***	0.000	0.234 **	0.012
2016	0.598 ***	0.000	0.559 ***	0.000	0.121 ***	0.000	0.277 ***	0.003
2017	0.468 ***	0.001	0.443 ***	0.001	0.091 ***	0.000	0.226 ***	0.010

注：表中数据为作者运用 Stata15.1 计算得出；*、**、*** 分别表示在 10%、5%、1% 水平下统计显著。

第一，中国省份绿色全要素生产率在分析期间内存在明显的空间相关性。表 3-4 中的数据显示，无论是采用经济反距离空间权重、经济距离空间权重，还是反距离空间权重，除 2004 年之外，分析期间内中国省份绿色全要素生产率的全局 Moran's I 指数均大于 0，而且至少都在 10% 显著性水平上通过统计检验，其中多数至少在 1% 的显著性水平上通过统计检验。这表明在分析期间内，中国省份绿色全要素生产率存在显著的空间相关性，这同时也意味着中国省份绿色全要素生产率很可能存在空间溢出效应。

第二，中国省份绿色全要素生产率空间集聚性明显，而且更多地表现为低—低聚集和高—高聚集。图 3-1 的莫兰指数散点图显示，2005 年、2009 年、2013 年和 2017 年的中国省份绿色全要素生产率的空间集聚，主要集中在第三象限和第一象限。也就是说，绿色全要素生产率水平相近省份的空间相关性更高。究其原因，这可能在于绿色全要素生产率水平相近省份之间，它们的整体发展水平、经济结构、发展条件等都比较接近，从而它们在经济发展中更可能开展合作交流，从而引致绿色全要素生产率的增长存在空间溢出效应。

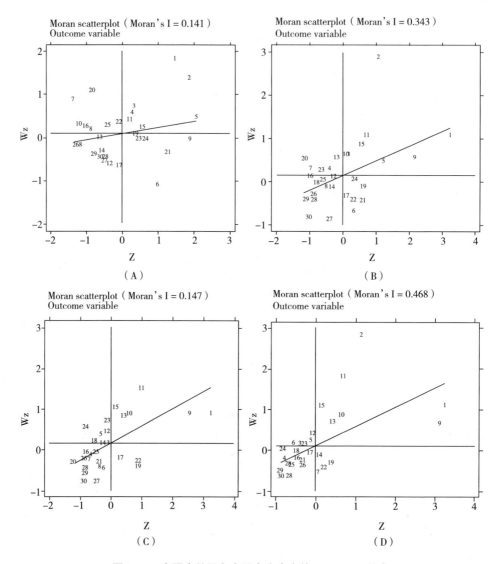

图 3-1　中国省份绿色全要素生产率的 Moran's I 散点

注：图中（A）（B）（C）（D）图分别为 2005 年、2009 年、2013 年和 2017 年的局部莫兰指数散点图。

（二）模型选择

根据前文的介绍，空间溢出效应分析模型主要包括空间误差模型、空间滞后模型、具有空间自相关误差的空间自回归模型和空间杜宾模型等，其中后者更具有一般性，它综合了前面两种模型类型。为此，本书以空间杜宾模型为基准模型来检验中国省份绿色全要素生产率增长是否存在空间溢出效应。为选择出合适的空间计量分析模型，我们至少需要完成下述选择：（1）固定效应模型（FE）还是随机效应模型（RE）；（2）是否退化为空间误差模型（SEM）；（3）是否退化为空间滞后模型（SAR）；（4）空间杜宾模型（SDM）还是广义空间模型（SAC）。笔者根据贝洛蒂等（Belotti et al.，2013）提出的模型检验思路，来选择最佳的实证分析模型，即分别采用 Hausman 检验、Wald 检验、AIC 和 BIC 检验来依次完成相关检验，结果见表 3-5。其中，AIC 标准是从预测角度出发，选择一个更好的预测模型；BIC 标准是从拟合角度出发，选择一个对现有数据拟合最好的模型。另外，与 AIC 相比，BIC 考虑了样本个数，它的惩罚项的值更大，有助于防止模型精度过高造成的模型复杂度过高，从而可以得到更精简的适宜模型。考虑到此部分的主要目的在于以经济发展实践为基础，分析中国省份绿色全要素生产率演变进程中是否存在空间溢出效应，因此在 SDM 和 SAC 模型选择中，本书以 BIC 标准为主、AIC 标准为辅助来选择最佳分析模型。

表 3-5   空间计量模型选择的相关检验结果

检验目的	检验方法	时间固定效应模型		个体固定效应模型		双向固定效应模型		结论
		统计量	P 值	统计量	P 值	统计量	P 值	
FE/RE	Hausman	190.21***	0.000	183.32***	0.000	654.57***	0.000	固定效应
是否为 SEM	Wald	36.07***	0.000	97.96***	0.000	73.47***	0.000	否
是否为 SAR	Wald	24.42***	0.018	94.11***	0.000	69.33***	0.000	否
SDM/SAC	BIC	-607.137 （-659.543）		-861.912 （-876.883）		-901.956 （-925.276）		SAC
	AIC	-712.184 （-720.147）		-966.959 （-937.487）		-1007.00 （-985.880）		不确定

注：表中数据为作者利用 Stata15.1 计算得出；最后两行中括号内的数据对应 SAC 模型，括号外的数据对应 SDM 模型；*** 表示在 1% 水平下统计显著。

表 3-5 中的相关数据表明，最佳拟合模型为具有空间自相关误差的空间自

回归模型（SAC）。具体检验步骤及结论如下：（1）第一步为 *Hausman* 检验，结果表明，至少在1%的显著性水平上拒绝了适宜模型为随机效应模型的原假设，因此应为固定效应模型；（2）第二步为 *Wald* 检验，结果表明，至少在5%的显著性水平上拒绝了适宜模型为空间滞后模型（SAR）或空间误差模型（SEM）的原假设，因此适宜模型应为空间杜宾模型（SDM）或具有空间自相关误差的空间自回归模型（SAC）；（3）第三步 *BIC*、*AIC* 标准检验，前者表明最能拟合分析样本的模型应为具有空间自相关误差模型的空间自回归模型（SAC），而后者在时间固定效应模型、个体固定效应模型和双固定效应模型下的结论有差异，因此本书采用 SAC 模型进行经验分析。

（三）空间溢出效应分析

根据前面的模型选择结果，分析样本的最佳拟合模型为具有空间自相关误差的空间自回归模型（SAC），估计结果见表3-6。其中，无论是个体固定效应模型、时间固定效应模型，还是双向固定效应模型的整体拟合程度都较好，R^2 在 0.7145～0.8685 之间，而且多数变量的系数估计值都至少在1%的显著性水平上通过统计检验。不过，在三个模型中，少数变量的系数估计结果在显著性水平和符号方面存在一定差异。考虑到中国省份绿色全要素生产率增长不仅存在区域异质性，而且不同年份之间也存在一定差异，加之双向固定效应模型下的对数似然值（*LL*）最大，下面主要根据双向固定效应模型的估计结果进行分析，主要结论如下。

表3-6　　　　　　　绿色全要素生产率的 SAC 模型估计结果

变　量	直接效应		间接效应		总效应	
	系数	标准误	系数	标准误	系数	标准误
rho	0.4223 ***	0.0407				
lambda	-0.5968 ***	0.0578				
Variance	0.0045 ***	0.0003				
hc	-0.0611 **	0.0246	-0.0373 **	0.0170	-0.0983 **	0.0409
rd	0.1563 ***	0.0211	0.0942 ***	0.0163	0.2505 ***	0.0334
fdi	0.0143 ***	0.0018	0.0086 ***	0.0017	0.0229 ***	0.0032
import	-0.3885 ***	0.0891	-0.2335 ***	0.0571	-0.6221 ***	0.1398
export	0.4996 ***	0.0938	0.3004 ***	0.0621	0.8000 ***	0.1460

续表

变　量	直接效应		间接效应		总效应	
	系数	标准误	系数	标准误	系数	标准误
intent	0. 3211 ***	0. 0551	0. 1951 ***	0. 0467	0. 5162 ***	0. 0966
is	− 0. 1148 ***	0. 0334	− 0. 0701 ***	0. 0246	− 0. 1849 ***	0. 0568
pgdp	0. 0422 ***	0. 0146	0. 0251 ***	0. 0085	0. 0673 ***	0. 0226
dlbal	− 0. 0056	0. 0172	− 0. 0030	0. 0105	− 0. 0086	0. 0276
vat	9. 4423 ***	1. 5502	5. 7365 ***	1. 3570	15. 1788 ***	2. 7542
envip	3. 3956 ***	1. 2914	2. 0565 **	0. 8501	5. 4521 ***	2. 1058
m	0. 0405 ***	0. 0099	0. 0246 ***	0. 0071	0. 0651 ***	0. 0164
固定效应均值	0. 4060					
观测值	420					
R^2	0. 7145					
LL	507. 940					

注: *** 、 ** 、 * 分别表示在 1% 、5% 、10% 水平下显著。

　　第一，绿色全要素生产率增长本身存在显著的正向空间溢出效应。在表 3 - 6 所示的双向固定效应模型估计结果中，衡量因变量空间依赖作用的参数 *rho* （即前面模型中的 ρ ）的估计值为 0. 422，而且至少在 1% 的显著性水平上通过统计检验，其他两个模型的估计结果也比较接近。这表明在中国省份绿色全要素生产率增长过程中，邻近省份的（此处为经济水平和地理距离都相近的省份）的绿色全要素生产率变化对本省份的绿色全要素生产率变化具有正向影响，亦即正向空间溢出效应。这与前面的空间相关性检验结果一致，即中国省份绿色全要素生产率表现为高—高集聚和低—低集聚。

　　第二，中国省份绿色全要素生产率增长中存在明显的空间异质性，而且随机冲击的空间依赖性显著为负。在三个模型的估计结果中，衡量干扰项空间依赖作用的参数 *lambda* （即前面模型中的 λ ）的估计值都为负，而且都至少在 1% 的显著性水平上通过统计检验。根据空间计量模型的构建，该参数衡量了模型中扰动项的空间依赖性，即邻近地区因变量的误差冲击对本地区因变量的影响程度。因此，这里的估计结果表明，邻近地区绿色全要素生产率受到的随机冲击，对本地区绿色全要素生产率增长具有显著的负向影响。

　　第三，绿色全要素生产率的不同影响因素对绿色全要素生产率的空间作用有差异。从表3-6中"间接效应"项的列示结果可以看出，人力资本、进口开放度、产业结构高级化对绿色全要素生产率变化具有显著的负向空间溢出效应，金融发展水平的影响虽然也是负向的，但是即使在10%的显著性水平上也没有通过统计检验。而研发资本、外商直接投资、出口开放度、信息化水平、经济发展水平、增值税强度、环境规制和市场化程度，对绿色全要素生产率变化影响具有显著的正向空间溢出效应。

第四，绿色全要素生产率的不同影响因素对绿色全要素生产率的直接影响也具有差异，这与它们的空间溢出效应一致。从表3-6中"直接效应"项的列示结果可以看出：人力资本、进口开放度、产业结构高级化对绿色全要素生产率变化具有显著的负向直接影响，金融发展水平的影响虽然也是负向的，但是即使在10%的显著性水平上也没有通过统计检验；而研发资本、外商直接投资、出口开放度、信息化水平、经济发展水平、增值税强度、环境规制和市场化程度，对绿色全要素生产率变化影响具有显著的正向直接影响。

第五，绿色全要素生产率的不同影响因素对绿色全要素生产率的综合影响也具有差异。从表3-6中"总效应"项的列示结果可以看出，模型中的影响因素除度量金融发展水平（存贷款余额占GDP比重）的估计系数不显著之外，其余都对绿色全要素生产率具有不同程度的影响，影响方向与它们的直接效应或间接效应都是一致的。其中，产业结构高级化会显著抑制绿色全要素生产率增长，这与第二节基于BMA分析的结论不一致。不过，在时间固定效应模型中，它们之间的相关性也显著为负。究其原因，这可能与不同的估计方法相关。另外，其余变量（除金融发展水平不显著之外）与绿色全要素生产率的相关性结论，都与基于BMA分析的结论一致。

（四）绿色TFP增长源泉的溢出效应分析

根据绿色全要素生产率变化的分解模型，它是绿色技术进步和绿色技术效率变化的乘积。前面的分析表明，中国省份绿色全要素生产率增长具有显著的正向空间溢出效应，不过这还无助于分析两大源泉的空间溢出效应情况。为此，下面分别对绿色技术进步和绿色技术效率进行空间计量分析，以探讨它们演变进程中的空间依赖性。其中，通过 *Hausman* 检验、*Wald* 检验和 *BIC*、*AIC* 检验，绿色技术进步和绿色技术效率的空间计量分析模型都为固定效应模型，而且绿色技术进步的分析模型为 SAC，绿色技术效率的分析模型为 SDM。[①] 与绿色全要素生产率分析思路一样，此处仍然采用双向固定效应模型，主要估计结果见表 3-7 和表 3-8。

表 3-7　　　　　　　　绿色技术进步的 SAC 模型估计结果

变　量	直接效应		间接效应		总效应	
	系数	标准误	系数	标准误	系数	标准误
rho	0.4478***	0.0487				
lambda	-0.6313***	0.0585				
Variance	0.0043***	0.0004				
hc	-0.0863***	0.0239	-0.0576***	0.0197	-0.1439***	0.0419
rd	0.1018***	0.0210	0.0671***	0.0159	0.1688***	0.0340
fdi	0.0095***	0.0018	0.0063***	0.0017	0.0158***	0.0033
import	-0.1585*	0.0876	-0.1034*	0.0585	-0.2619*	0.1441
export	0.1802**	0.0899	0.1181*	0.0612	0.2983**	0.1486
intent	0.2470***	0.0541	0.1650***	0.0490	0.4120***	0.0981
is	0.0168	0.0331	0.0102	0.0221	0.0271	0.0550
pgdp	0.0356**	0.0146	0.0231**	0.0093	0.0588**	0.0233
dlbal	-0.0181	0.0169	-0.0115	0.0111	-0.0296	0.0278
vat	13.5602***	1.5018	9.0201***	1.8773	22.5803***	2.9949
envip	3.2710***	1.2638	2.1772**	0.9430	5.4482**	2.1575
m	0.0139	0.0097	0.0094	0.0070	0.0234	0.0166
固定效应均值	0.6085					
观测值	420					
R²	0.7389					
LL	518.0911					

注：***、**、* 分别表示在 1%、5%、10% 水平下显著。

[①] 此处没有列出它们的各种检验结果，有兴趣的读者可向作者索取。

表 3 – 8　　　　　　　　绿色技术效率的 SDM 模型估计结果

变　量	直接效应		间接效应		总效应	
	系数	标准误	系数	标准误	系数	标准误
rho	0.0938	0.0578				
Variance	0.0014 ***	0.0001				
hc	– 0.0079	0.0160	0.0282	0.0248	0.0203	0.0294
rd	0.0529 ***	0.0138	– 0.0099	0.0231	0.0430	0.0291
fdi	0.0006	0.0011	0.0073 ***	0.0022	0.0078 ***	0.0027
import	0.0131	0.0576	– 0.2638 ***	0.0853	– 0.2507 **	0.1068
export	0.0643	0.0622	0.3914 ***	0.0874	0.4557 ***	0.1004
intent	0.0660 **	0.0316	0.0142	0.0582	0.0802	0.0744
is	– 0.0786 ***	0.0190	– 0.0560	0.0410	– 0.1346 **	0.0526
pgdp	0.0110	0.0093	0.0028	0.0170	0.0138	0.0215
dlbal	– 0.0035	0.0122	0.0203	0.0198	0.0168	0.0214
vat	– 1.3802	1.0002	– 2.0071	1.6627	– 3.3873 *	1.8974
envip	– 0.8351	0.9802	0.5693	1.0671	– 0.2658	1.4426
m	0.0239 ***	0.0065	0.0025	0.0102	0.0264 **	0.0115
固定效应均值	0.6388					
观测值	420					
R^2	0.0510					
LL	716.4241					

注：*** 、** 、* 分别表示在 1%、5%、10% 水平下显著。

第一，中国省份绿色技术进步具有显著的空间溢出效应，其中绿色技术进步本身的空间溢出效应为正，而随机冲击的空间溢出效应为负，这与绿色全要素生产率的情况相同。表 3 – 7 中，衡量因变量空间依赖作用的参数 rho（即前面模型中的 ρ）的估计值为 0.4478，而且至少在 1% 的显著性水平上通过统计检验，而衡量干扰项空间依赖作用的参数 lambda（即前面模型中的 λ）为 – 0.6313，且至少在 1% 的显著性水平上通过统计检验。这说明中国省份绿色技术进步中，邻近省份的绿色技术进步对本省具有正向溢出效应，同时，邻近省份绿色技术进步中的随机冲击对本省绿色技术进步具有显著的负向影响。

第二，不同因素对绿色技术进步的影响不同，而且它们对绿色技术进步的直接影响、间接影响（空间溢出效应）和总影响的方向一致，显著性程度也大

致相当。其中，人力资本、进口开放度的直接影响、间接影响（空间溢出效
应）和总影响都显著为负；研发资本、外商直接投资、出口开放度、信息化水
平、经济发展水平、增值税强度、（命令控制型）环境规制对绿色技术进步的
直接影响、间接影响和总影响显著为正；产业结构高级化、市场化程度和金融
发展水平（存贷款余额占 GDP 比重）的直接影响、间接影响和总影响都不
明显。

第三，中国省份绿色技术效率变化的空间依赖性不是很明显，不过部分影
响因素对绿色技术效率变化具有显著的溢出效应。表 3 – 8 中，衡量因变量空间
依赖作用的参数 rho（即前面模型中的 ρ）的估计值为 0.0938，而且即使在
10% 的显著性水平上也没有通过统计检验（P 值为 0.104）。这说明中国省份绿
色技术效率变化中，邻近省份的绿色技术效率变化对本省的溢出效应并不显著。
不过，在不同影响因素的间接效应中，外商直接投资和出口开放度的系数估计
值分别为 0.0073 和 0.3914，而且都至少在 1% 的显著性水平上通过统计检验，
这表明中国省份绿色技术效率变化中，外商直接投资和扩大出口具有显著的正
向空间溢出效应；进口开放度的估计系数为 – 0.2638，而且至少在 1% 的显著
性水平上通过统计检验，这表明扩大进口对绿色技术效率变化具有显著的负向
空间溢出效应；其他变量的系数估计值即使在 10% 的显著性水平上也没有通过
统计检验，这表明它们对绿色技术效率变化没有空间溢出效应。

第四，不同因素对绿色技术效率的直接影响差异大。表 3 – 8 的直接影响估
计结果中，研发资本、信息化水平、产业结构高级化和市场化程度的系数估计
值分别为 0.0529、0.6604、– 0.0786 和 0.0239，而且它们都至少在 5% 的显著
性水平上通过了统计检验，这表明产业结构高级化会对绿色技术效率变化产生
直接的抑制作用，而其他三个因素都对绿色技术效率改善具有直接的促进作用。
另外，表中列示的其他影响因素对绿色技术效率变化都没有直接的影响作用。

第五，不同因素对绿色技术效率的总影响差异大。表 3 – 8 的总量影响估计
结果显示：外商直接投资、出口开放度和市场化水平对绿色技术效率变化的总
体影响是正向的，它们的系数估计值分别为 0.0078、0.4557 和 0.0264，而且都
至少在 5% 的显著性水平上通过统计检验；进口开放度、产业结构高级化、增
值税强度对绿色技术效率变化具有显著的抑制作用，它们的系数估计值分别为
– 0.2507、– 0.1346 和 – 3.3873，而且都至少在 10% 的显著性水平上通过统计
检验；其他变量对绿色技术效率的影响都不显著，它们的系数估计值即使在

10%的显著性水平上也没有通过统计检验。

（五）稳健性检验

前面通过引入经济反距离空间权重，通过空间计量分析模型对中国省份绿色全要素生产率增长（含绿色技术进步和绿色技术效率变化两大源泉）的影响因素进行了实证分析。结果表明，绿色全要素生产率和绿色技术进步都存在显著的空间溢出效应，但是绿色技术效率的空间溢出效应不是很明显。为进一步验证这些结论的稳健性，下面分别引入 0 - 1 邻接空间权重、经济距离权重进行相应的实证分析。其中，根据前面的模型选择思路，无论是采用 0 - 1 邻接空间权重，还是采用经济距离权重，与前面的基准分析模型（采用经济反距离权重）一样，最适宜的实证分析模型都是兼具空间滞后模型和空间误差模型的广义空间模型，即 SAC 模型，估计结果见表 3 - 9。从中可以看出，采用 0 - 1 邻接空间权重或经济距离权重的分析结果，都与采用经济反距离权重的基准模型分析结论高度一致，这表明前面的基准分析结论的稳健性强，这主要体现在下述几个方面：

第一，因变量的空间相关系数 rho（ρ）的估计值都大于 0，而且都至少在 1% 的显著性水平上通过统计检验，这说明中国省份绿色全要素生产率演变中，它们自身存在高度的空间依赖性。不过从估计值的相对大小看，经济反距离权重下的空间相关系数估计值明显大于其他两种情况，这意味着地理邻近而且经济水平相似的省份之间，绿色全要素生产率增长的空间依赖性更强。

第二，干扰项的空间相关系数 lambda（λ）的估计值都小于 0，而且都至少在 5% 的显著性水平上通过统计检验，这一致表明中国省份绿色全要素生产率演变中，邻近省份绿色全要素生产率受到的随机冲击对本省也具有显著的影响作用，而且这种作用为抑制作用。从它们的估计值的绝对值相对大小来看，采用经济反距离权重模型的估计值明显大于其他两种情况，这也意味着综合考虑地理邻近和经济发展水平相接近的情况下，绿色全要素生产率增长的空间依赖性更强，这与因变量的空间依赖性结论是一致的。

第三，在三种空间权重下，几乎所有的绿色全要素生产率影响因素的直接效应、间接效应（空间溢出效应）和总效应都高度一致。其中，例外的是人力资本变量，在综合考虑经济水平相近和地理邻近的情况下，它对绿色全要素生产率增长的直接效应、间接效应和总效应都显著为负，显著性水平为 5%，而单纯考虑地理邻近或经济水平相近时，它的系数估计值虽然也小于 0，但是即使在 10% 的显著性水平上也没有通过统计检验。这实际上也间接地印证了前面的观点，即综合考虑地理邻近和经济发展水平相接近的情况下，绿色全要素生产率增长的空间依赖性更强。

表 3 - 9　　绿色全要素生产率增长溢出效应的稳健性分析结果（SAC 模型）

变　量	直接效应			间接效应		
	经济反距离权重	0－1 邻接空间权重	经济距离权重	经济反距离权重	0－1 邻接空间权重	经济距离权重
rho	0.4223 ***	0.3312 ***	0.1691 ***			
lambda	− 0.5968 ***	− 0.2670 **	− 0.1938 **			
Variance	0.0045 ***	0.0055 ***	0.0058 ***			
hc	− 0.0611 **	− 0.0326	− 0.0425	− 0.0373 **	− 0.0144	− 0.0082
rd	0.1563 ***	0.2181 ***	0.1989 ***	0.0942 ***	0.1008 ***	0.0378 ***
fdi	0.0143 ***	0.0119 ***	0.0134 ***	0.0086 ***	0.0055 ***	0.0026 ***
import	− 0.3885 ***	− 0.3566 ***	− 0.3926 ***	− 0.2335 ***	− 0.1645 ***	− 0.0753 ***
export	0.4996 ***	0.7230 ***	0.6560 ***	0.3004 ***	0.3361 ***	0.1249 ***
intent	0.3211 ***	0.2965 ***	0.2831 ***	0.1951 ***	0.1385 ***	0.0548 ***
is	− 0.1148 ***	− 0.0915 ***	− 0.0708 **	− 0.0701 ***	− 0.0436 *	− 0.0137 *
pgdp	0.0422 ***	0.0745 ***	0.0708 ***	0.0251 ***	0.0339 ***	0.0133 ***
dlbal	− 0.0056	− 0.0301	− 0.0348 *	− 0.0030	− 0.0131	− 0.0065
vat	9.4423 ***	6.4368 ***	7.8767 ***	5.7365 ***	2.9419 ***	1.5200 ***
envip	3.3956 ***	3.7754 **	4.2971 ***	2.0565 **	1.7353 *	0.8300 **
m	0.0405 ***	0.0429 ***	0.0465 ***	0.0246 ***	0.0195 ***	0.0089 ***

注：因空间所限，表中未列出系数估计值的 P 值或标准误；***、**、* 分别表示在 1%、5%、10% 显著性水平下通过统计检验。

续表 3 - 9　　绿色全要素生产率增长溢出效应的稳健性分析结果（SAC 模型）

变　量	总效应		
	经济反距离权重	0－1 邻接空间权重	经济距离权重
hc	− 0.0983 **	− 0.0471	− 0.0507
rd	0.2505 ***	0.3189 ***	0.2367 ***
fdi	0.0229 ***	0.0174 ***	0.0160 ***
import	− 0.6221 ***	− 0.5210 ***	− 0.4679 ***

续表

变　量	总效应		
	经济反距离权重	0－1 邻接空间权重	经济距离权重
export	0.8000 ***	1.0591 ***	0.7810 ***
intent	0.5162 ***	0.4349 ***	0.3379 ***
is	－ 0.1849 ***	－ 0.1351 **	－ 0.0845 **
pgdp	0.0673 ***	0.1083 ***	0.0841 ***
dlbal	－ 0.0086	－ 0.0432	－ 0.4137 *
vat	15.1788 ***	9.3787 ***	9.3968 ***
envip	5.4521 ***	5.5108 **	5.1270 ***
m	0.0651 ***	0.0624 ***	0.0553 ***

注：因空间所限，表中未列出系数估计值的 P 值或标准误；***、**、* 分别表示在 1%、5%、10% 显著性水平下通过统计检验。

五、主要结论

本节结合前面基于 BMA 的绿色全要素生产率增长的影响因素分析结论，运用空间计量模型对中国省份绿色全要素生产率增长的空间溢出效应进行了分析。结论表明，无论是采用综合考虑经济水平接近和地理距离邻近的经济反距离空间权重，还是只考虑经济距离权重或 0－1 邻接空间权重，最适宜的空间计量分析模型都是兼具空间滞后模型（SEM）和空间误差模型（SAR）的广义空间模型（SAC），而且不同空间权重选择思路下的计量分析结论高度一致，这主要体现在下述几个方面：

第一，中国省份绿色全要素生产率增长具有显著的空间溢出效应，这主要体现在两个方面：一是它本身存在显著的正向空间溢出效应，这与空间相关性检验结果一致；二是存在显著为负的随机冲击的空间依赖性，即邻近地区绿色全要素生产率受到的随机冲击，对本地区绿色全要素生产率增长具有显著的负向影响。

第二，在考虑空间因素的情况下，不同影响因素对绿色全要素生产率的影响有差异，但是它们的直接效应、间接效应和总效应的影响方向具有一致性。其中，人力资本、进口开放度、产业结构高级化对绿色全要素生产率变化具有显著而且为负向的空间溢出效应（间接效应）、直接效应和总效应；而研发资本、外商直接投资、出口开放度、信息化水平、经济发展水平、增值税强度、环境规制和市场化程度，对绿色全要素生产率变化具有显著而且为正向的空间溢出效应（间接效应）、直接效应和总效应；但是金融发展水平对绿色全要素生产率的影响并不显著，无论是直接效应、间接效应还是总效应分析中，它们的系数估计值即使在 10% 的显著性水平上也没有通过统计检验。

第三，中国省份绿色技术进步具有显著的空间溢出效应，其中绿色技术进步本身的空间溢出效应为正，而随机冲击的空间溢出效应为负，这与绿色全要素生产率的情况相同。

第四，不同因素对绿色技术进步的影响不同，而且它们对绿色技术进步的直接影响、间接影响（空间溢出效应）和总影响的方向一致，显著性程度也大致相当。其中，人力资本、进口开放度的直接影响、间接影响（空间溢出效应）和总影响都显著为负；研发资本、外商直接投资、出口开放度、信息化水平、经济发展水平、增值税强度、（命令控制型）环境规制对绿色技术进步的直接影响、间接影响和总影响显著为正；产业结构高级化、市场化程度和金融发展水平（存贷款余额占 GDP 比重）的直接影响、间接影响和总影响都不明显。

第五，中国省份绿色技术效率变化的空间依赖性不是很明显，不过部分影响因素对绿色技术效率变化具有显著的溢出效应。其中，外商直接投资和扩大出口具有显著的正向空间溢出效应；扩大进口具有显著的负向空间溢出效应；但是其他因素对绿色技术效率变化没有明显的空间溢出效应。

第六，不同因素对绿色技术效率的直接影响差异很大。其中，研发资本、信息化水平和市场化程度显著地促进绿色技术效率改善；产业结构高级化会对绿色技术效率变化产生直接的抑制作用；其他因素对绿色技术效率变化都没有直接的影响作用。

第七，不同因素对绿色技术效率的总影响差异也很大。其中，外商直接投资、出口开放度和市场化水平对绿色技术效率变化的总体影响是正向的；进口开放度、产业结构高级化、增值税强度对绿色技术效率变化具有显著的抑制作用；而其他变量对绿色技术效率的影响都不显著，它们的系数估计值即使在10% 的显著性水平上也没有通过统计检验。

上述这些结论表明，中国省份绿色全要素生产率增长具有显著的空间溢出效应，这意味着经验分析中将空间相关性纳入分析模型具有重要意义。实际上，与前面基于 BMA 的影响因素分析结论相比，部分潜在影响因素在绿色全要素生产率增长中的作用有所差异。其中，金融发展水平（存贷款余额占 GDP 比重）对绿色全要素生产率的影响不显著；产业结构高级化对绿色全要素生产率的影响是负向的；FDI 和出口对绿色全要素生产率的影响都显著为正。究其原因，这很大程度上是源于所运用的经验分析模型不同，尤其是此部分引入了空间相关性，而且分析结论表明，空间相关性是绿色全要素生产率增长中不可忽视的重要因素。因此，从这个意义上说，此部分对绿色全要素生产率的影响因素分析结论更具有现实意义，它们是对基于 BMA 分析结论的很好的补充。

第四节　中国省份绿色全要素生产率的趋同分析

一、文献综述

新古典经济增长理论认为，由于经济发展中存在资本边际报酬递减规律，从长期来看，落后经济体的经济增长速度会快于发达经济体，在这种增长"追赶"效应作用下，最终全球经济增长将出现趋同（亦称收敛）。然而，全球经济实践表明，国际经济发展差距却在逐渐拉大，这似乎与新古典经济增长理论得出的增长趋同结论相悖。为此，鲍莫尔（Baumol，1986）以 OECD 经济体为样本，尝试性地进行了增长趋同（或趋异）测试。增长趋同测试的初衷在于经验验证经济增长中是否存在后发国家（或地区）追赶发达国家（或地区）的经济增长现象，并据此检验新古典增长理论和新增长理论在阐释长期经济增长中的适用性。

近年来，趋同测试分析已在经济学、管理学、社会学、环境科学等众多学科领域得到了广泛的推广运用。其中，全要素生产率研究领域的趋同分析相对较少，现有研究主要是借鉴经济增长趋同研究中的 β 趋同和（或）θ 趋同测试模型，对国家（或地区）间生产率收敛的比较，如伯纳德和琼斯（Bernard and Jones，1996）、米勒和乌帕迪亚（Miller and Upadhyay，2002）、伊斯兰（Islam，2003）、彭国华（2005）、谢千里等（2008）研究了传统 TFP 收敛情况；吴军（2009）、田银华和贺胜兵（2010）、胡晓珍和杨龙（2011）、杨文举和龙睿赟（2012）、李玲（2012）等对环境约束下的地区间全要素生产率的收敛性进行了探讨等。

吴军（2009）对环境约束下中国地区工业全要素生产率增长的收敛性进行了经验分析。结果发现：全国整体上既存在绝对收敛也存在相对收敛；就不同地区来说，中国东、中、西部地区工业环境全要素生产率均存在条件 β 收敛，西部和东部地区显示出俱乐部收敛特征，而中部地区却显现出微弱的发散特征。田银华和贺胜兵（2010）采用当期 DEA 和序列 DEA 测算了 1998～2008 年中国各省份的 ML 生产率指数，并运用分布动态法探讨了其趋同问题。结果发现，环境约束下的省级累积相对 TFP 指数密度曲线的高度逐年降低，右尾的数据分布随时间推移而增加，虽然主体呈单峰分布，但右尾呈双峰、甚至三峰分布的态势愈来愈明显，这表明累积 TFP 指数的分布更趋分散，也就是说，各省份的绿色全要素生产率增长出现了一定程度的"俱乐部收敛"特征。胡晓珍和杨龙（2011）利用熵值法拟合环境污染综合指数，作为经济的非期望产出纳入非参数 DEA - Malmquist 指数模型，测度了中国 29 个省份的绿色全要素生产率指数及其时间演化趋势。分析结果表明：全国和中西部地区的绿色全要素生产率都不存在绝对收敛，只存在条件收敛；东部地区存在较明显的俱乐部收敛，中部地区整体呈发散趋势，而西部地区内部差距较大且呈日益扩大趋势；在控制投资率、从业人员增长率和环境保护力度等影响变量后，中国总体及东中西三大地区存在明显的条件收敛趋势。杨文举和龙睿赟（2012）结合方向性距离函数和跨期数据包络分析法，测度了中国地区工业绿色全要素生产率增长并探讨了其演变趋势。分析结果表明：工业发展水平对绿色全要素生产率增长的影响呈明显的倒 U 型趋势；中国省份工业绿色全要素生产率增长存在趋同现象；中国省份工业经济发展中的外资利用存在"污染天堂"假说。李玲（2012）分别使用 σ 收敛、绝对 β 收敛和条件 β 收敛检验中国工业绿色全要素生产率的收敛情况，结果发现：工业整体的生产率增长差距随时间的推移越来越大；三大组别中中间质量产业无论是绝对 β 收敛，还是条件 β 收敛，均呈收敛趋势，其产业内部间的生产率增长差距在样本期内逐步缩小；高质量产业在条件 β 收敛检验下呈收敛趋势，因而高质量产业和中间质量产业呈现明显的"俱乐部收敛"；以污染密集型产业为主体的低质量产业呈发散状态，产业内部生产率增长差距越来越大。

二、绿色全要素生产率趋同的理论分析

新增长理论认为，知识（或技术）具有非竞争性和部分排他性，它们可以

通过研发部门的生产来人为地创造，也可以通过"干中学"而无意识地获得。其中，研发活动具有消费者剩余效应（Consumer-surplus Effect，即知识使用者从知识消费中获得一定的消费者剩余）、商业窃取效应（Business-stealing Effect，即新技术的引进会使得旧技术黯然失色，从而对旧技术使用者带来不利影响）和研究开发效应（R&D Effect，即新知识被其他研发人员用于其他知识创造，以创造出更多知识）。也就是说，研发活动在创造新知识的过程中，既有正的外部效应，也有负的外部效应。不过，一般认为，新知识或新技术的诞生都需要较长的时间，加之知识及其创造过程的上述特征，这为那些无力开展知识创造活动而又有知识需求的经济体快速获取知识创造了条件。

20 世纪 30 年代，格申克龙提出了经济发展中的后发优势理论。该理论认为，技术创新需要耗费较长的时间，而且技术创新成果通过许可证交易、国际贸易、外商直接投资等多种方式可以在不同经济体中扩散。因此，落后国家可以通过技术购买等方式获得发达国家推出的先进技术，从而与发达国家相比，落后国家能够在更短的时间获得技术进步。众所周知，技术创新一般都遵循由易到难的过程。对于发达经济体而言，它们处于技术创新前沿，从而难以快速获得新的技术。与之相反的是，落后经济体的技术水平也落后很多，它们的技术进步空间很大，也很容易通过创新活动获得技术进步（即使是一些在发达经济体看来属于比较低端的技术）。随后，落后国家在技术进步方面所拥有的发达国家所没有的这种优势被学者们称之为经济发展中的后发优势。郭熙保（2004）则进一步将落后国家拥有的后发优势进行了拓展，具体包括技术进步、物质资本、人力资源、产业结构和制度五个方面的后发优势。其中，物质资本方面的后发优势源于物质资本的边际报酬递减规律；人力资源方面的后发优势建立在人力资本与经济增长正相关的现实基础上；产业结构方面的后发优势源于产业结构升级伴随着劳动生产率提升；而制度的后发优势则在于落后国家可以在短期内借鉴和吸收发达国家健全的制度体系。值得一提的是，落后经济体所具有的后发优势只是一种潜在的相对优势，而且这种优势在开发利用中具有递减特征。因此，后发优势理论并非意味着落后经济体一定会比发达经济体增长更快。

根据绿色全要素生产率的测度和分解框架，绿色全要素生产率的变化是绿色技术进步和绿色技术效率变化的联动结果。因此，绿色全要素生产率的趋同（或趋异）与它的两大源泉的演变息息相关。其中，根据后发优势理论，落后经济体的绿色技术进步也具有潜在的后发优势，从而在经济发展中存在趋同的可能。而关于绿色技术效率，它测度的是资源环境约束下经济增长中除投入要素积累和技术进步之外的所有源泉，主要包括资源配置效率、规模效率和纯技术使用效率等。前面基于 BMA 和空间计量模型的影响因素分析表明，绿色技术效率会受到人力资本、知识（或技术）资本、产业结构和制度质量等因素的影响。不过，这些因素对绿色技术效率的影响方向具有较大差异。因此，从理论上难以明确绿色技术效率的演变是否存在趋同（或趋异），这进而也可能会影响绿色全要素生产率的演变路径。

王裕瑾和于伟（2016）认为，绿色全要素生产率增长与发展软环境和区域知识基础等相关，它的收敛与否取决于学习效应、知识扩散和政府政策等多重力量的相对大小。一是学习效应会拉大经济体间的绿色全要素生产率差距。绿色全要素生产率初始值较高区域的学习能力较强，它们因此能够创造和吸收更多知识，从而会表现出知识边际报酬递增趋势，这进而会促进该地区的绿色全要素生产率增长。二是知识扩散有助于缩小绿色全要素生产率差距。一方面，投入要素在特定空间内的过度集聚（往往也是绿色全要素生产率相对较高区域）会引致"拥挤效应"，进而对环境产生下行压力，从而推动部分创新要素向比较利益更高的区域转移。另一方面，知识具有准公共品特征，它们可以通过"干中学""贸易中学"等多种方式产生溢出效应，这也有助于缩小经济体间的绿色全要素生产率差距。三是政府政策也会影响区域间的绿色全要素生产率差距。比如，国家对落后区域的倾斜性创新政策会推动创新要素向这些区域集聚，从而有助于绿色全要素生产率收敛，而向发达地区的倾斜性创新政策则会拉大绿色全要素生产率差距。

三、趋同测试模型的选取

现有的关于绿色全要素生产率的趋同分析，主要是借鉴经济增长趋同研究中的 β 趋同和（或）θ 趋同测试模型进行经验分析。夸赫（Quah，1996）指出，β 趋同测试结果存在缺陷：一是可能得出伪趋同结论，即在后发者以更快的速度增长并超越先发者时同样会得出趋同结论；二是该思路不能得出横截面个体间的水平差距在年际变化中是否逐步缩小的结论。经济增长理论表明，β 趋同检验的是经济增长速率是否出现了后发者比先发者更快的"追赶效应"，而 θ 趋同检验的是经济增长水平（如 GDP、收入水平等）是否出现了不同国家（或地区）间的差距逐步缩小现象；β 趋同是 θ 趋同的必要条件而非充要条件，这两种趋同测试模型在检验经济发展中是否存在趋同现象时是互为补充的。因此，为较真实地反映经济增长中是否存在趋同现象，有必要同时进行 β 趋同和 θ 趋同测试。

此部分借鉴威尔（Weill，2009）所采用的 β 趋同和 θ 趋同测试模型进行经验分析，测试模型见式（3-19）和式（3-20）。其中，β 趋同测试在于检验绿色全要素生产率的年际变化中，是否存在期初较低个体［此部分指中国（不包括港澳台）各个省份］的变化速率快于相对较高的个体，亦即绿色全要素生产率年际变化中是否存在追赶效应；θ 趋同测试在于检验绿色全要素生产率的年际变化中，是否存在个体间绿色全要素生产率差距逐步缩小现象。

$$ln\,ML_{i,t} - ln\,ML_{i,t-1} = \alpha + \beta ln\,ML_{i,t-1} + \varepsilon_{i,t} \qquad (3-19)$$

$$\Delta W_{i,t} = \alpha + \gamma W_{i,t-1} + \varepsilon_{i,t} \qquad (3-20)$$

式（3-19）和式（3-20）中，$ln\,ML_{i,t}$ 表示第 i 个省份第 t 年绿色全要素生产率的自然对数；$W_{i,t}$ 表示第 i 个省份第 t 年绿色全要素生产率的自然对数与所有省份的平均值之差（$= ln\,ML_{i,t} - \dfrac{\sum_{i=1}^{N} ln\,ML_{i,t}}{N}$）；$\Delta W_{i,t}$ 表示相邻 2 个时期 $W_{i,t}$ 的差值；α、β 和 γ 为待估参数；$\varepsilon_{i,t}$ 为随机扰动项。

在式（3-19）中，如果经验分析结论中待估参数 β 为负并统计显著，就意味着绿色全要素生产率存在 β 趋同，即绿色全要素生产率初始值较低经济体的绿色全要素生产率增长速度更快，反之则不存在增长趋同现象。在式（3-20）中，如果 γ 为负并统计显著，则意味着绿色全要素生产率存在 θ 趋同，即不同经济体之间的绿色全要素生产率差距逐渐缩小，反之则不存在水平趋同现象。

四、实证分析

绿色全要素生产率趋同测试的主要目的在于经验探讨经济发展中是否存在绿色全要素生产率变化的追赶效应，并最终实现各经济体的绿色全要素生产率水平都趋于一致，这可为经济发展中相关政策制订提供决策参考。前面的分析结果表明，中国各省的绿色全要素生产率水平及其年际变化都具有较大差异，但是仅从这些分析数据并不能直观地得出中国省份绿色全要素生产率变化是否存在收敛或发散趋势。为对此进行分析，这里分别采用式（3-19）和式（3-20）所

示的 β 和 θ 趋同测试模型来经验验证中国省份绿色全要素生产率是否存在趋同现象，回归估计结果见表 3 - 10。

表 3 - 10　　　　　绿色全要素生产率及其构成因子的趋同测试结果

测试变量	测试模型	观测值	β	γ	$Prob > F$	$Adj. R^2$
绿色全要素生产率	β 趋同	390	-0.7136^{***} (0.0504)		0.0000	0.3388
	θ 趋同	390		-0.6856^{***} (0.0510)	0.0000	0.3161
绿色技术进步	β 趋同	390	-0.6248^{***} (0.0526)		0.0000	0.2649
	θ 趋同	390		-0.4498^{***} (0.0520)	0.0000	0.1594
绿色技术效率	β 趋同	390	-0.8397^{***} (0.0490)		0.0000	0.4292
	θ 趋同	390		-0.8708^{***} (0.0489)	0.0000	0.4486
绿色纯技术效率	β 趋同	390	-0.8923^{***} (0.0486)		0.0000	0.4638
	θ 趋同	390		-0.6205^{***} (0.0536)	0.0000	0.2549
绿色规模效率	β 趋同	390	-0.8043^{***} (0.0488)		0.0000	0.4100
	θ 趋同	390		-0.8032^{***} (0.0489)	0.0000	0.4086

注：表中所有数据为作者计算得出。*** 表示待估参数值在 1% 的显著性水平上通过 T 检验，括号内为标准误。

表 3 - 10 中的结果显示，在绿色全要素生产率及其构成因子的增长趋同测试模型中，待估参数 β 的估计值都小于 0，而且都至少在 1% 的显著性水平上统计显著。这表明在 2003 ~ 2017 年间，中国省份绿色全要素生产率变化、绿色技术进步、绿色技术效率变化、绿色纯技术效率变化和绿色规模效率变化都经历了增长趋同。也就是说，那些在 2003 年绿色全要素生产率（或绿色技术进步、绿色技术效率、绿色纯技术效率、绿色规模效率）越低的省份，它们在分析期间内绿色全要素生产率（或绿色技术进步、绿色技术效率、绿色纯技术效率、绿色规模效率）的提高速度越快，反之则反是。

另外，在绿色全要素生产率及其构成因子的水平趋同测试模型中，待估参数 γ 也都小于 0 且在 1% 显著性水平上通过了 T 检验。这表明在分析期间，中国绿色全要素生产率变化、绿色技术进步、绿色技术效率变化、绿色纯技术效率变化和绿色规模效率变化都经历了水平趋同，也就是说，绿色全要素生产率及其构成因子的省际水平差距在分析期间逐步缩小了。显然，上述经验分析结论表明，无论是水平趋同测试还是增长趋同测试，都表明在 2003～2017 年间，中国省份绿色全要素生产率及其构成因子的差距在逐渐缩小。

五、主要结论

此部分的绿色全要素生产率趋同测试结果充分表明，中国省份层面存在着明显的绿色全要素生产率趋同现象，这也进一步表明绿色全要素生产率的趋同性也是导致中国各省绿色全要素生产率变化差异较大的原因之一。也就是说，由于绿色全要素生产率增长中发生了追赶效应，从而各省绿色全要素生产率变化情况并非一致，也就是说存在较大差异。同时，这些结论在中国的生态文明建设和区域经济协调发展中具有重要的政策含义。我们认为，与经济增长趋同需要建立在一系列条件之上一样，国内地区间的绿色全要素生产率趋同至少也要具备下述条件：一是各地区的绿色全要素生产率水平存在差异，这样才可能出现所谓的绿色全要素生产率变化的追赶效应；二是各地区的行业结构基本相似，从而各省份在经济发展中才可能采用一些相似生产技术进行生产活动；三是技术转移渠道比较畅通，这样先进的环保型技术才可能被推广和运用。因此，为进一步改善绿色全要素生产率，我们应广泛搭建技术转移平台，以促进先进生产技术的顺利推广；同时要不断提高落后地区的技术能力水平，以提高它们对先进技术的充分使用；还要充分挖掘经济发展中的其他潜在后发优势，不断改善资源配置效率。

第五节 本章小结

本章在梳理（绿色）全要素生产率影响因素的相关研究基础上，结合贝叶斯模型平均法（BMA）、空间计量分析法和经济增长趋同（或趋异）测试方法，以中国省份面板数据为分析样本，经验分析了中国省份绿色全要素生产率增长的影响因素和演变路径，主要研究结论如下：

第一，要素禀赋、技术扩散、产业结构、经济发展、经济调控、环境规制和制度质量等，几乎都与绿色全要素生产率或它的源泉构成（绿色技术进步和绿色技术效率）相关。显然，这些影响因素都与经济发展的供给侧紧密相关，其中部分因素还涉及供给侧的结构性方面，它们或通过影响绿色技术进步因子，或通过影响绿色技术效率因子，或通过对两者的共同作用来影响绿色全要素生产率的变化。

第二，中国省份绿色全要素生产率增长存在显著的空间溢出效应，这既表现为绿色全要素生产率增长本身的正向空间相关性，也表现为它受到的随机冲击的负向空间相关性，绿色技术进步亦如此。绿色技术效率变化的空间溢出效应不明显，但是外商直接投资、进口和出口对绿色技术效率的影响却存在显著的空间溢出效应。

第三，中国省份层面存在着明显的绿色全要素生产率趋同现象。这不仅体现在它们的增长率的省际差距具有逐步缩小趋势，而且还体现在它们的水平值的省际差距也在逐步缩小。与此同时，绿色全要素生产率增长的细分源泉构成也经历了省际趋同，包括绿色技术进步、绿色技术效率及其细分源泉（绿色纯技术效率和绿色规模效率）。

这些经验分析至少具有下述两个方面的政策含义：一方面，推动供给侧结构性改革，会影响绿色全要素生产率的变化，这不仅来源于各省份自身的供给侧结构性改革，而且还受到邻近省份的改革的影响；另一方面，由于绿色全要素生产率变化存在省际趋同趋势，经济发展中还可以选择相应的举措（如供给侧结构性改革）来促进省际绿色全要素生产率差距缩小，进而促进区域经济协调发展。那么，从理论上来说，供给侧结构性改革如何影响绿色全要素生产率的变化呢？接下来的一章将对其中的影响机制进行理论探讨。

第四章
供给侧结构性改革影响绿色
全要素生产率的理论分析

第一节　供给侧结构性改革的理论基础

一、理论溯源

"供给侧结构性改革"一词正式进入公众视野，至少可以追溯至 2015 年 11 月召开的中央财经领导小组第 11 次会议。习近平在这次大会上指出，"在适度扩大总需求的同时，着力加强供给侧结构性改革，着力提高供给体系质量和效率，增强经济持续增长动力，推动中国社会生产力水平实现整体跃升"。[①] 这标志着中国经济改革从更加重视需求侧转向了更加重视供给侧，同时也掀起了学术界对供给侧结构性改革的理论源头的广泛探讨，但是研究结论却并非一致。其中，代表性的观点主要有：邓新华（2015）、许小年（2015）、盛洪（2016）等认为，供给侧结构性改革的理论源头可以追溯至 19 世纪初的萨伊定律；逄锦聚（2016）、洪银兴（2016）、金碚（2016）等认为，供给侧结构性改革的理论基础源于马克思主义政治经济学；从经济学说史和经济史来看，供给理论而非需求理论在历史上居于主导地位，它与整个经济学的成长相伴随（李佐军，2016）；方福前（2017）则进一步指出，古典经济学是供给经济学或侧重于供给分析的经济学体系，它是供给理论的理论源头；等等。

任何理论的形成都不是空穴来风，而是要经历一番过程并有其特定源头，

---

① 习近平治国理政"100 句话"之：着力加强供给侧结构性改革［EB/OL］. 央广网，http://politics. people. com. cn/n1/2016/0114/c1001 - 28054268. html，2016 - 01 - 14.

但是理论源头并非等同于理论基础或理论本身，而是理论的初始形式和最初来源（方福前，2017）。"推进供给侧结构性改革，是以习近平同志为核心的党中央在综合分析世界经济长周期和中国发展阶段性特征及其相互作用的基础上，集中全党和全国人民的智慧，不断进行理论和实践探索的结晶。"[①] 这与中国自改革开放以来历次施行的重大改革方略一样，基本上都没有可资复制的前车之鉴。尽管如此，我们仍然能够从古典经济学、马克思主义政治经济学、增长与发展经济学、新制度经济学等学科理论中，或多或少地捕捉到供给侧结构性改革的思想源泉。不过，从供给侧结构性改革的理论源头来看，本研究认同方福前（2017）的研究结论，即供给侧结构性改革的理论源头是古典经济学。他指出，"研究一个经济的总供给能力（产能）及其增长之决定因素的理论，即为（总）供给理论。……供给侧结构性改革理论是在供给理论的基础上，研究如何通过经济体制改革、经济结构调整和优化，促进总供给能力增长、总供给质量提高，以及总供给在规模和结构上与总需求相适应、相匹配的问题。……供给侧结构性改革理论与供给理论有联系，有交叉，但是供给理论不等于就是供给侧结构性改革理论。……供给侧结构性改革的理论源头，可以追溯到供给理论的源头。"[②] 他进一步指出，古典经济学就是供给经济学或侧重于供给分析的经济学体系，它是供给理论和供给侧结构性改革理论的源头。

二、理论依据

（一）古典经济学中的供给理论思想

以威廉·配第、李嘉图、斯密、罗雪尔等为代表的古典经济学家，对供给理论中的要素积累、技术进步、分工与专业化、制度创新等都进行了丰富的阐述。其中，斯密是古典经济学的集大成者，他在《国富论》中对经济增长的决定因素进行了尤为丰富而深入的论证，许多观点至今都具有极强的生命力，具体可参见方福前（2017）的研究。这些研究结论对于供给侧结构性改革都不乏理论借鉴价值，主要体现在下述几个方面：（1）强调了土地、劳动、资本等传统的供给侧投入要素在经济增长中的重要性；（2）认识到科技进步、创新、劳动技能提高在经济增长中具有重要作用；（3）强调了劳动分工（或资源配置）

---

① 龚雯等. 七问供给侧结构性改革——权威人士谈当前经济怎么看怎么干 ［N］. 人民日报, 2016（1）, 26.

② 方福前: 寻找供给侧结构性改革的理论源头 ［J］. 中国社会科学, 2017（7）, 50.

在提高生产率、降低生产成本和增加供给与收入中的作用，并认为分工的发展取决于市场范围扩大；（4）意识到制造业的发展在国民经济发展、国际经济发展和城市化中的重要性；（5）认为人的自利动机、经济增长的约束（或保护）机制、自由竞争的制度体系尤其是"看不见的手"等在促进经济增长中的重要性。显然，古典经济学对经济发展供给侧的研究，不仅论证了投入要素层面的重要性，还对其中的产业层面和制度层面的重要作用都进行了深入分析，这在供给侧结构性改革中具有重要的借鉴价值。其中尤为重要的是，供给侧结构性改革不能仅仅关注于要素、产业或制度层面，而是要从不同层面入手进行系统推进。另外，在推进制度改革时，应结合经济结构和制度结构的实际情况，着力完善市场和政府之间的关系，借此充分调动不同经济主体的积极性，重塑经济发展动力。

（二）马克思主义政治经济学对供给理论的系统化

英法古典经济学之后，以马克思为代表的马克思主义政治经济学家，对供求理论，价值规律，劳动价值论，社会总产品实现原理，生产力与生产关系的相互关系，以及生产、分配、交换和消费之间的关系等方面，都做了详细深刻的论述，而且对其中的供给结构理论进行了系统化，它们为供给侧结构性改革提供了重要的理论支撑。（1）马克思主义政治经济学论述了供求均衡的实现，它们为推进供给侧结构性改革提供了重要理论支撑（金碚，2016）。供给侧结构性改革是要把货币经济需求和实体经济供给有机结合起来，需要分析社会生产是否处于均衡状态。当前，中国经济呈现总供给大于总需求的同时，需求潜力巨大且尚未得到满足（简新华和余江，2016），这可以归结为有效供给不足，需要从供给侧矛盾性问题入手，解决好供需失衡的问题。（2）马克思主义政治经济学中的价值理论为供给侧结构性改革提供指引（洪银兴，2016；王朝明和张海浪，2018）。价值的形成与创造阐明了供给侧在社会经济活动中起到的作用，价值流通和实现则是供给侧结构性改革成效体现的检验标尺，通过价值理论可以引导判别供给侧结构性改革的实践成果。（3）马克思主义政治经济学深入论述了社会分工在经济发展中的重要作用，尤其是关于生产、分配、交换、消费四大环节的关系探讨，以及产业组织理论分析对供给侧结构性改革都具有指导作用（逄锦聚，2016；陶启智等，2017）。社会分工作为联结生产力和生产关系的纽带，在经济生产活动中具有重要的作用。通过社会分工理论的指导，可以促进旧的分工体系向新的分工体系演进，而这正是供给侧结构性改革所要着力解决的问题之一。(4) 马克思主义政治经济学详细论述了经济发展中的要素结构、产品结构、收入分配结构和制度供给结构，并论证了总供给结构必须与总需求结构相适应及相匹配的条件，而且认为供给结构调整应通过市场竞争机制来实现（方福前，2017）。这为供给侧结构性改革中立足于结构性改革，通过健全市场机制来实现资源优化配置，促进供需均衡提供了重要的理论依据。(5) 马克思主义政治经济学关于生产力与生产关系的互动关系、社会再生产的论述，为供给侧结构性改革中推进制度改革提供了理论依据。马克思主义经济学认为，生产力决定生产关系，而生产关系又反作用于生产力；适合生产力发展状况的生产关系能够推动生产力不断进步，反之则会阻碍生产力进步；社会再生产是生产关系的再生产，需要破除旧的生产关系（王昌林等，2017）。由此可以看出，破除体制机制约束是推进供给侧结构性改革中的应有之义，只有与时俱进地实施制度改革，才可能不断地推动生产力发展和经济发展。

（三）其他相关学科（学派）的理论借鉴

在整个经济发展思想史和经济发展史中，供给经济学、增长与发展经济学、新制度经济学等学科理论（或思想），在供给侧结构性改革中也具有一定的借鉴意义。(1) 供给学派理论（供给经济学）引发人们对经济发展中供给侧的重新重视。20 世纪 70 年代，在长期遵循凯恩斯主义的需求管理下，美国等西方资本主义国家发生了严重的"滞涨"现象，这催生了人们再次将经济发展的关注点回到供给侧领域。其中，以蒙代尔、拉弗、吉尔德等为代表的供给学派（或供给经济学）在重新肯定萨伊定律的基础上，认为经济增长决定于生产要素的供给和有效利用，尤其是资本至关重要，并据此提出了降低税率、取消国家对经济的过多干预、消减福利支出、实行货币管理等供给侧管理观点。虽然这些观点最终以"里根经济学"在实践中的失败而告终，但是供给学派将经济学研究和实践的重点由需求侧拉回到供给侧，尤其是通过放松管制以促进市场竞争的市场化改革等观点，在供给侧结构性改革中都具有一定的借鉴意义。(2) 经济增长与发展理论对发展要素、结构转换、制度变迁和可持续发展等方面的研究，为供给侧结构性改革的方向提供了丰富的理论支撑。比如，"哈罗德—多马模型"对发展中国家资本积累至关重要的论证；舒尔茨（Theodore W. Schultz）、卢卡斯（Robert E. Lucas Jr.）、贝克尔（Gary S. Becker）等对经济发展中人力资本重要性的强调；丹尼森（Edward Fulton Denison）、乔根森（Dale W. Jorgenson）等借助于索洛增长核算，对"余值增长"源于全要素生产率提升的分析；柯林·克拉克（Colin G Clark）将技术知识的增进和规模报酬递增看作是决定经济进步（经济发展）的主要源泉的观点；罗默（Paul M. Romer）、阿洪（Philippe M. Aghion）、豪威特（Peter W. Howitt）等对专业化知识（知识资本）的重要性及内生技术进步的理论分析；环境库兹涅茨曲线假说为保护生态环境所做出的理论支撑；工业化、城镇化理论对不同部门之间、不同区域之间的结构转换分析；阿西莫格鲁（Daron Acemoglu）、克拉格（Christopher Clague）、森（Amartya Sen）等在吸收新制度经济学的基础上，对经济发展中制度变迁重要性的论述；等等。（3）新制度经济学对经济发展中制度至关重要的论证，为供给侧结构性改革中实施制度创新提供了理论借鉴。诺斯（Douglass C. North）指出，"制度是一个社会的游戏规则，更规范地说，它们是为决定人们的相互关系而人为设定的一些制约。制度构造了人们在政治、社会或经济方面发生交换的激励结构，制度变迁则决定了社会演进的方式，因此，它是理解历史的关键"。[①] 他和托马斯（R. Thomas）等新制度经济学家还认为，与其说要素积累或全要素生产率增长是经济增长的原因，倒不如说它们是经济增长本身，制度才是经济增长的根本性原因。以科斯（Ronald Coase）、威廉姆森（Oliver E. Williamson）、舒尔茨为代表的一批学者则进一步指出，制度之所以能够推动经济发展，是因为它具有降低交易成本和提供激励的经济功能。显然，通过交易费用理论的运用，可以洞悉企业交易成本的来源和解决办法，从而实现企业减负，提高企业生产经营效率。解决企业交易成本过高问题是供给侧结构性改革的主要任务，交易费用理论在其中发挥着关键作用。

三、三个层面

（一）总量生产函数

根据生产函数理论，任何经济体（如企业）的产出都是劳动力、资本、土地等投入要素的函数。其中，投入要素的数量积累只是引致产出增加的部分源泉，其余是不能用投入要素数量扩张解释的"余值"部分，它衡量了所有投入要素的产出效率即全要素生产率，见式（4-1）。

$$Y = A \cdot f(L, K, R, \cdots) \tag{4-1}$$

式（4-1）中，Y 为经济中的产出变量；L、K、R 和 $\cdots$ 分别代表劳动力、

---

① 郭熙保. 发展经济学 [M]. 北京：高等教育出版社，2011，393.

资本、土地和其他投入要素；A 为全要素生产率。经济增长核算理论表明，全要素生产率变化的源泉包括技术进步和效率变化，效率变化又可进一步细分为纯技术效率变化、规模效率变化或配置效率变化等。全要素生产率与单要素或多要素生产率一样，都是衡量投入要素的产出效率，它会受到多种因素的影响，如要素禀赋、技术扩散、产业结构、经济发展、经济调控、环境规制和制度质量等多个方面。显然，经济中投入数量即使不发生变化，产出规模也可能发生变化，其源头就在于全要素生产率会发生变化。众所周知，投入要素的数量往往难以长期持续扩大，因此提升全要素生产率才是推动经济持续增长的根本源泉。

一个国家（或地区）的经济总产出是由无数个经济活动单元（如企业）的产出之和构成。因此从理论上来说，对经济中所有个体（企业）的产出函数加总，就可以得到经济体的总产出，见式（4-2）。

$$\sum_{i=1}^{N} Y_i = \sum_{i=1}^{N} A_i f(L_i, K_i, R_i, \cdots) \tag{4-2}$$

式（4-2）中，N 表示经济中的个体数（如企业数量），i 为单个个体（如企业）。不过，在这种自下而上的总产出加总思路下，只能得出不同个体根据市场价格衡量的产出加总量，这显然忽略了经济个体的异质性。现实情况是，经济中的微观主体（企业）不仅涉及不同的行业部门，而且即使是隶属于同一行业部门的不同个体甚至是相同个体，它们生产的产品在种类、质量等方面都存在或多或少的差异。也就是说，经济中总供给的构成必然具有异质性的结构特征，而式（4-2）并不能真实地反映经济中的供给结构属性。

不过，我们可以对式（4-2）进行拓展以体现总供给的结构性。由于产品具有种类、质量等方面的异质性特点，不同个体生产的产品对市场需求变化的适应性或满足程度也是有差异的。而经济中的有效供给是满足市场需求的供给，它不仅具有数量属性，还具有质量属性，如供给结构因素等（产品的种类、质量等）。因此，从有效供给视角来确定经济中的总供给时，必须考虑不同产品对市场需求的适应性或满足程度，并据此确定它们对国民经济发展的重要性。为此，在加总微观生产函数来得到总量生产函数时，需要引入一个权重指标（W）来测度不同产品在国民经济的有效供给中的重要性，见式（4-3）。

$$Y = \sum_{i=1}^{N} W_i Y_i = \sum_{i=1}^{N} W_i A_i f(L_i, K_i, R_i, \cdots) \tag{4-3}$$

式（4-3）中，W 为权重指标，它测度的是第 i 个个体的产出在国民经济中的重要性，Y 则为国民经济中的有效供给总量。① 由此，与有效供给相对应的总量生产函数，不仅揭示了经济中投入与产出之间的数量关系，而且也刻画了经济中最终产品和服务的供给能力（包括供给总量和供给结构等供给质量方面的能力）。这样，总量生产函数的变化实际上就刻画了经济中有效的总供给变化。从中可以看出，总量生产函数涉及的所有领域都是供给侧管理的内容，这涵盖了投入要素和最终产出的数量方面，以及它们的结构方面。因此，供给侧结构性改革涉及投入要素层面的结构性改革、产品（或产业）层面的结构性改革，以及影响投入和产出的各种制度的结构性改革。

（二）要素层面

投入要素是产生总供给的基础来源，因此投入要素层面的结构性改革必然属于供给侧结构性改革的内容，这主要包括投入要素的配置优化和质量升级等两个方面。一是从资源配置优化角度来看，经济中劳动力、资本、土地等不同要素的数量比例通常有一个最优比例，只要偏离这个最优比例就有改进空间，从而总供给能力就有提升空间。因此，改进投入要素的比例结构（含生产要素中具有不同或相同质量的要素比例结构）都是供给侧结构性改革的重要内容。比如，根据禀赋结构、市场需求等优化投入要素比例结构就有助于增加总供给；不断提高技能劳动者的占比还有助于增加高质量的产品供给；采用清洁能源就会降低"三废"排放量，进而会促进绿色发展；等等。二是从要素升级来看，主要是包括生产技术革新、劳动力素质提升和突破瓶颈（或新兴）要素约束等。其中，改进生产技术或生产工艺是推动技术进步的重要手段，进而会促进全要素生产率增长，这同样会增加总供给。不仅如此，将传统技术向绿色技术方向的革新，还会降低污染性能耗和非期望产出规模，进而会促进绿色发展。提升劳动力素质则会从两个渠道推动全要素生产率增长和供给增加，即高素质劳动力的规模扩大为加大研发人才投入创造前提，这进而会推动技术进步，而且劳动者技能提升会提高技术—技能的匹配度，进而改善技术效率。另外，突破瓶颈（或新兴）要素约束，不仅有助于增加产品供给，而且还有助于改善供

---

① 这里假定同一个体（如企业）生产的产品都是同质的。实际情况是，部分企业同时生产不同类别或不同质量的产品，此时可以将不同的产品供给变相地看作是不同企业的产品供给。另外，投入要素也存在异质性问题。不过为简便起见，这里的总量生产函数中并没有对此进行刻画，在分析中也可以采取类似的思路进行处理。

给结构。

（三）产品层面

最终产品和服务是总供给的根本内容，也是衡量经济发展实力的关键所在。理论和实践表明，只有适应总需求的总供给，才是经济发展中的有效供给。因此，供给侧结构性改革的直接目的必然是增加经济中的有效供给量，以推动总供给和总需求在量上走向均衡，这既要求根据市场需求适时调整产品和服务的供给数量，也要求根据市场需求适时调整产品和服务的供给结构。为此，对于经济中与市场需求不相适应的产品和服务，如低端产品、劣质产品、污染性产品等非期望产出，应大力减少甚至终止供给，而对于那些与市场需求一致的产品和劳务，尤其是中高端期望产出，则应不断增加供给。与此相对应的是，提供这些最终产品和服务的企业（或行业），也应该根据市场需求进行相应的规模和结构调整。

（四）制度层面

制度是一个社会的游戏规则，它的基本功能是为经济发展提供服务，它具有降低交易成本和提供激励的经济功能。基于生产函数的经济发展理论表明，全要素生产率增长是总产出增长的重要源泉，更是推动总产出可持续增长的唯一来源。制度作为影响全要素生产率的重要因素，它的供给数量和质量必然会影响经济中的总供给。不仅如此，要推动要素和产品层面的供给侧结构性改革，都离不开制度创新。比如，要优化资源配置，就应该发挥好市场机制和宏观调控在资源配置中的作用，而要处理好资源配置的这两大工具之间的关系，就必须从制度层面入手进行改革创新，加快推进要素市场一体化。再如，要增加有效供给，就必须立足市场需求，对产业政策、环境法规等进行科学调整，以淘汰落后产能、化解过剩产能，并增加优质产能，进而促进供给结构优化。另外，要扩大有效供给和推动供需均衡，还必须畅通生产、分配、交换和消费四大环节的有机衔接，这不可避免地会涉及调整所有制结构、完善收入分配制度、优化营商环境、健全市场体制机制、强化环境规制等，而这些都是制度建设的重要内容。因此，制度创新也是供给侧结构性改革的基本内容。

总之，要素、产品和制度三个层面的改革共同构成供给侧结构性改革的逻辑框架。其中，产品层面的改革成效是检验供给侧结构性改革成效的直接依据；要素层面的改革是决定产品层面改革成效的前提；而制度层面的改革贯穿于要素层面和产品层面的改革，它在供给侧结构性改革中具有决定性作用。冯志峰（2016）以及《供给侧结构性改革研究的基本理论与政策框架》课题组（2017）亦得出了类似结论：前者认为"供给侧"包括产业、要素和制度三个层面的供给，分别对应"转型、创新、改革"，其中"供给侧"是改革的切入点，"结构性"是改革的方式，而"改革"才是核心命题；后者认为，供给侧结构性改革需要从要素供给、产品供给和制度供给三个层次出发，解决经济发展中的供给问题，其中通过体制机制改革形成新的制度供给是供给侧结构性改革的重中之重。

第二节　供给侧结构性改革的基本框架

一、基本内涵

自 2015 年 11 月中央财经领导小组第十一次会议上提出供给侧结构性改革以来，究竟什么是供给侧结构性改革，一直是学术界聚焦的学术热点之一。迄今为止，学术界对中国供给侧结构性改革的内涵认识进行了多角度解读，主要涉及下述六大视角。一是认为供给侧结构性改革的核心在于提升全要素生产率，比如刘世锦（2016）认为，供给侧结构性改革的重点在于采取实质性改革措施进一步开放要素市场，打通要素流通渠道，优化资源配置。二是认为供给侧结构性改革的本质在于正确处理好政府和市场的关系，比如高长武（2016）认为，供给侧结构性改革的根本目的是进一步优化资源配置，矫正过去过多依靠行政手段来配置资源所致的要素扭曲。三是认为供给侧结构性改革的根本内容在于重塑经济发展方式，比如吴敬琏（2016）认为，供给侧结构性改革的核心和实质在于实现经济发展方式从投资驱动向效率驱动转型。四是认为供给侧结构性改革的关键在于实现供需平衡，比如王一鸣等（2016）认为，供给侧结构性改革就是要用改革的办法矫正供需结构错配和要素配置扭曲，减少无效和低端供给，扩大有效和中高端供给，促进要素流动和优化配置，实现更高水平的供需平衡。五是认为供给侧结构性改革的重点在于体制机制改革，比如贾康（2016）认为，供给侧结构性改革就是通过制度供给，提升整个供给体系的质量和效率。六是从综合视角认为中国供给侧结构性改革应从"供给侧 + 结构性＋改革"这一公式进行理解。2016 年 1 月 4 日《人民日报》刊发的《七问供给侧结构性改革——权威人士谈当前经济怎么看怎么干》中指出，供给侧结构性改革就是"从提高供给质量出发，用改革的办法推进结构调整，矫正要素配置扭曲，扩大有效供给，提高供给结构对需求变化的适应性和灵活性，提高全要素生产率，更好满足广大人民群众的需要，促进经济社会持续健康发展"。其中，"供给侧"包括生产要素、生产者和产业三个逐次递进的层次；"结构性"指生产要素、企业和产业的配置比例；"改革"指通过体制机制创新来调整生产关系，以优化要素、企业和产业的数量比例并提升它们的供给质量（王昌林等，2017）。

目前，基于综合视角的供给侧结构性改革的内涵解读已为社会各界所公认，并已收入《习近平新时代中国特色社会主义思想基本问题》一书，其核心要义主要体现在下述几个方面：

第一，供给侧结构性改革的最终目的是满足社会需要。2016 年 5 月 16 日，习近平在中央财经领导小组第十三次会议上的讲话中指出，"供给侧结构性改革的根本目的是提高供给质量满足需要，使供给能力更好满足人民日益增长的物质文化需要"。① 无论是西方主流经济学还是马克思主义经济学都认为，供给和需求是经济发展中不可或缺的两个方面，两者相互对立又内在统一。其中，供给是满足需求的前提和基础，而需求反过来又影响供给的方向和规模，两者的交互作用推动市场不断走向新的均衡，进而实现经济不断发展。马克思指出，生产、分配、交换和消费是社会再生产的四大环节，而消费是其中的最终环节，也是经济活动的最终目的。供给侧结构性改革作为中国推动经济高质量发展的重大举措，就是要适应不断升级的消费需求，不断提高有效供给，以更好地满足社会需要。

第二，供给侧结构性改革的主攻方向是提升供给体系的质量和运行效率。要素、产品和企业分别是生产活动的投入方、产出方和实施主体，它们都是供给体系不可或缺的构成要素。优质、高效的供给体系能够以最低成本提供社会需要的产品，不仅能够持续保障经济总量均衡和结构合理，而且能够有效应对各种负面冲击，如自然资源和生态环境约束、海外供应链中断等。从理论上来

---

① 南方时论：坚定不移把供给侧结构性改革向前推进 ［EB/OL］. 新华网，http：//www. xinhuanet. com/politics/2016 − 05/18/c_1118884930. htm，2016 − 05 − 18.

看，供给体系的质量和运行效率不高主要体现在下述几个方面：（1）要素、企业和产品之间的无效（或低效）配置，这表现在三者之间的配置比例没有达到最优状态，从而导致产品供给数量和质量不适应经济发展需求，结果是经济中出现"僵尸"企业、产品滞销、要素短缺、重复建设、高端产品短缺等现实问题。（2）要素、企业和产品各自内部的无效（或低效）配置。其中，要素包括劳动力、资本、土地、技术等生产性投入，而且每种投入又涉及不同类别（如技能型劳动力和非技能型劳动力，低端技术、中端技术和高端技术等），它们之间的低效（或无效）配置无疑会影响生产活动的产出端，尤其是会导致经济中的中高端产品供给不足而低端产品供给过剩，进而引致供需非均衡。（3）要素、企业和产品中的核心单元缺乏，尤其是卡脖子技术（或资源）缺乏，会导致适应社会发展需要的高端产品或关键产品无法供给，在全球化逆行的大环境下，这将极大地制约经济社会发展。因此，供给体系的质量和运行效率是供给侧影响供需均衡和经济可持续发展的关键所在。为实现经济发展满足社会需要的目的，必须着力改善供给体系的质量和运行效率，从根本上改善供需错位、缺位和不可持续等经济非均衡问题。

第三，供给侧结构性改革的根本途径是深化改革。马克思主义政治经济学认为，生产力决定生产关系，生产关系又反作用于生产力；适合生产力发展状况的生产关系能够推动生产力不断进步，反之则会阻碍生产力进步。马克思也强调，社会再生产是生产关系的再生产，是制度体制的再生产，需要破除旧的生产关系（王昌林等，2017）。中国自改革开放以来，经历了举世瞩目的高速经济增长。然而，这种高速增长是以资源过度消耗和环境污染为代价的，而自然资源和生态环境在短期内难以再生，因此这种高投入、高排放、高污染的粗放型经济增长模式是不可持续的。与此同时，中国人民的生活水平在不断提高，他们对产品的多样化、高质化要求也越来越高。然而，中国粗放型经济增长带来的更多是中低端产品的数量扩张，而在高端产品供给方面却存在明显不足。随着2008年美国次债危机引发的全球经济增长衰退来袭，全球供应链、产业链都遭受到了巨大冲击，这对中国供给体系也带来了较大冲击。另外，伴随着经济快速增长和人口老龄化日趋严峻，中国综合要素成本也在不断提升，而且全球新一轮科技革命和产业变革也正逐渐兴起，它们都导致中国在国际分工中的低成本优势正快速弱化。上述种种迹象表明，中国原有的生产关系已不适应生产力的发展需求，必须从根本上破除各种体制机制约束，以解放和发展社会生产力。习近平明确指出，供给侧结构性改革，重点是解放和发展社会生产力，用改革的办法推进结构调整，减少无效和低端供给，扩大有效和中高端供给，增强供给结构对需求变化的适应性和灵活性，提高全要素生产率。本书关于供给侧结构性改革的三个层次的分析亦表明，制度层面的改革贯穿于要素和产品层面，它在供给侧结构性改革中具有决定性作用。显然，要推进供给侧结构性改革，就必须要从制度层面入手深化改革，健全与生产力发展需要相适应的生产关系。

二、实施目标

供给侧结构性改革，就是从提高供给质量出发，用改革的办法推进结构调整，矫正要素配置扭曲，扩大有效供给，提高供给结构对需求变化的适应性和灵活性，提高全要素生产率，更好地满足广大人民群众的需要，促进经济社会持续健康发展，其主要目的包括以下四个方面：

第一，促进经济高质量发展。与过去长期提倡的需求侧刺激经济发展方式不同，供给侧结构性改革强调供给侧主动调整，适应新的发展变化，与需求侧实现紧密对接。通过供给侧结构性改革，可以改变以往单一追求增长速度而导致的供需结构性失衡，促进经济走向高质量发展的道路。实施供给侧结构性改革，是实现中国经济由总量追赶型向质量和效益追赶型转变的关键（沈坤荣和赵倩，2016）。从这个意义上看，供给侧结构性改革意味着一种经济发展方式的变革，把经济发展的重心放在提升质量上面，依靠经济高质量建设，进一步夯实经济发展的产业基础，推动经济稳定增长。

第二，优化要素资源配置效率，提升全要素生产率。从以往的经验来看，经济增长主要依靠要素投入提供动力，资源利用效率普遍不高。为了避免囿于低效率发展的困境，必须要解决要素资源的市场配置问题。供给侧结构性改革就是通过要素在市场中自由流通，将要素资源配置到最能发挥效率的地方（胡鞍钢等，2016）。通过供给侧结构性改革，可以使国民经济体系中的不同产业之间重新配置资源，亦可使不同区域之间协调和合理流动要素，最终在市场作用机制的调控下，使要素资源流向效率最高的地方。与此同时，通过科技创新、技术引进等多种渠道，不断优化技术结构，提升科技进步在经济发展中的相对贡献。这样，经济增长不再是简单的要素堆砌，而是转变为更好地发挥投入要素的使用效率，从根本上转变粗放型经济增长模式，推动经济发展的质量变革、效率变革和动力变革，最终实现经济高质量发展的目的。

第三，促进市场供需达到均衡。实施供给侧结构性改革，是着眼于当前中国经济供给与需求之间存在结构性失衡的一项举措。开展供给侧结构性改革工作，政府可以利用公共及管理的有关政策，实现总供给与总需求的均衡（刘伟和蔡志洲，2016）。考虑到需求侧刺激计划的作用具有的局限性，在供给侧发力进行主动调整，能够有效对接不同层次市场需求，不仅在总量上实现供需均衡，同时也在不同产品结构层次上实现供需均衡。通过供给侧结构性改革，促进市场供给和需求达到均衡，有效满足市场需求的同时，也做到供给端的优化调整，从而顺利实现经济再生产的转变，确保经济活动平稳运行。

第四，实施有效的宏观调控政策。除了发挥市场机制作用之外，保证经济稳定发展还有赖于政府的宏观调控。供给侧结构性改革以供给侧为出发点，改革为落脚点，是利用财政和货币政策等短期政策的改革（余斌和吴振宇，2017）。通过实施供给侧结构性改革，扩展进行宏观经济调控的财政措施和货币手段的种类，包括：明确财政支持经济发展的投入范围，合理量化货币政策调整的范围，依靠财政和货币政策双向调控解决经济发展中的短板问题等。因此，推进供给侧结构性改革，是要实施有效宏观调控政策，主要通过对供给侧的调控，来解决市场经济自发形成的一些问题，促进经济合理发展。

三、重点任务

2015 年，针对中国经济运行面临的系列重大结构性失衡，党中央做出了推进供给侧结构性改革的重大决策。五年来，围绕"破"（破除无效供给）、"立"（培育新动能）、"降"（降低实体经济成本）三个方面的重点任务，深入推进了以"三去一降一补"为重点的供给侧结构性改革，这主要体现在下述五个方面：

第一，去产能。化解过剩产能的目的在于把宝贵的资源要素从产能过剩和发展潜力有限的产业中释放出来，为新兴产业发展提供资源要素。强化技术创新、制度创新、产品创新、工艺创新和商业模式创新，实现新兴产业的快速发展，能够利用新增的优势产能挤出过剩的产能，达到去产能的目的。同时，重视对已有存量产能的消化，通过进一步扩大市场开放力度，加快与世界产业体系融合发展，依靠国际市场达到过剩产能的消化。

第二，"去库存"。房地产库存过大问题已然成为制约中国经济发展的不利因素，须通过消化现有存量房产，释放出经济发展的新动能。"去库存"任务的主要突破口在于控制房地产过快增长，促进房地产业持续发展，关键点在于做好推进户籍人口城市化工作，吸引更多数量的城市常住人口，从而加快房地产库存的清理。不仅如此，其他行业或多或少也存在有库存过大的问题，根本上还是应该通过合理引导对库存产品的清理，达到激活经济发展动力的目的。

第三，"去杠杆"。杠杆率过高容易引发经济系统运行中的风险性问题，保持经济长期稳定增长的关键是要逐步去除过高的金融杠杆。针对当前存在较多隐性债务，债务增长偏快的问题，控制金融杠杆的主要任务，是要有效重组和化解债务，防范系统性的金融风险。把负债控制在一个合理的范围内，既能避免经济发展过程中的"过热"现象，又能减轻经营主体企业的负担，将更多的资源调配到创新发展上去。为此，供给侧结构性改革要切实降低各个经济主体的杠杆率。

第四，"降成本"。高昂的运营成本是阻碍企业创新发展的主要因素，供给侧结构性改革的任务就是要降低企业经营成本，解放和发展生产力。当前，企业生产经营面临很多制度性成本的约束，这些交易成本的存在减缓了企业的发展步伐，导致企业没有能力去改善供给质量和水平，提高供给效率。对此，降低企业成本的任务主要是简政放权，减少无效率的监管和不必要的收费，尽量降低企业生产的税费负担，通过改革和制度创新，放活企业竞争能力。

第五，"补短板"。"补短板"作为供给侧结构性改革的"加法"，根本任务是要增加经济发展新动能，保障经济持续增长。解决经济社会发展过程中的"短板"问题。对于居民，要弥补民生短板，扩大有效供给，满足人民对美好生活的需要。对于企业，要支持企业技术改造和设备更新，加快公共基础设施建设步伐，促进新产业新业态的快速生成和发展。通过坚持不懈的补短板工作，逐步创造良好的宏观经济发展环境，改善供给质量。

"十三五"期间，中国不断深化供给侧结构性改革，在"破、立、降"三个方面都取得了明显成效，经济实力、科技实力和综合国力都得到了大幅跃升。实践证明，深化供给侧结构性改革，是中国改善供给结构、提高经济发展质量和效益的正确选择。然而，当前国际形势仍然不容乐观，国内发展不平衡不充分问题依然突出，国民经济发展的制约因素也还涵盖了需求侧和供给侧因素。因此，必须在适度扩大总需求的同时，按照"巩固、增强、提升、畅通"八字方针，继续深化供给侧结构性改革，即进一步巩固"三去一降一补"成果、激发各类市场主体活力、提升产业链供应链现代化水平、畅通国民经济循环。同时，应面向经济可持续发展和高质量发展，逐步拓展"三去一降一补"的相关领域，着力营造良好的政策环境和制度环境，推动经济发展的质量变革、效率变革、动力变革，使发展成果更好地惠及全体人民，不断实现人民对美好生活的向往。

第三节　供给侧结构性改革对绿色全要素生产率的影响机制

绿色全要素生产率增长是资源环境约束下所有投入要素的投入产出效率提升，这既源于绿色技术水平的提高，也源于绿色技术效率的改善。生产函数理论表明，经济中的有效供给离不开要素供给、产品供给和制度供给，而且这三大层次的供给是不可分割的统一体。从供给侧结构性改革来看，在新发展理念下（尤其是绿色发展理念），这三个层次上的结构性改革都会影响绿色全要素生产率增长，它们分别通过要素升级、结构优化和制度创新来影响绿色技术进步或绿色技术效率改善，进而影响绿色全要素生产率增长，而且这三大机制还是相互影响的。

一、要素升级与绿色全要素生产率增长

（一）要素升级的内涵

投入要素是经济活动供给侧的输入端，它们的规模扩大和质量提升都很重要，从长期来看后者更为重要。波特在"钻石理论"中指出，天然资源、气候、地理位置、非技术工人、资金等是初级生产要素，它们在经济发展中的重要性越来越低；现代通信、信息、交通等基础设施，以及受过高等教育的人力、研究机构等为高级生产要素，它们在经济发展中尤其是在获取竞争优势时日益重要，而且高级生产要素必须靠自己的投资创造。也就是说，不同等级的生产要素在经济发展的不同阶段具有不同程度的重要性，其中高级生产要素越来越重要，而且可以通过人为的投资获取。这意味着经济发展中应不断地从低级生产要素向高级生产要素转变。李佐军（2015）则进一步指出，生产要素"质的

124

提升"就是要素升级，它与土地、资源、资金、劳动力等要素投入量的增加有所不同，具体表现为技术进步、人的素质提高、土壤品质改良和土壤肥力上升、资金运用效率提高、基础设施升级和要素的信息化改造。匡小明（2019）亦得出了类似观点，他认为要素升级的具体形式包括推进技术进步、提升人力资本、促进知识资本和推进信息化四个方面。

众所周知，不同类别的生产要素（如劳动力、资本、土地、能源、大数据、技术等）在经济发展中不仅具有不同的重要性和部分程度的可替代性，而且同一类别的生产要素还可以进一步细分，如劳动力有熟练劳动力和非熟练劳动力之分，技术也有低端技术、中端技术和高端技术之别等。另外，中国正处于迈向高质量发展阶段，经济发展应兼顾经济增长和生态环境保护，这要求投入要素升级不仅要能够促进期望产出增加，而且还要有利于生态保护和环境治理。为此我们认为，要素升级就是为适应经济不断发展的需要，人们不断地对现有生产要素进行改造，甚至创造出一些新的生产要素，以提升投入要素在经济发展中的作用。其中，对现有生产要素的改造的目的就是要提升同类生产要素的质量，此即李佐军（2015）和匡小明（2019）所指的生产要素升级；而创造新的生产要素则主要是寻找现有生产要素的替代品，如用清洁能源替代化石能源，用高端技术替代低端技术等，亦即要素替代。因此，本书所指的要素升级是广义上的要素质量提升，它既包括传统要素的质量提升，也包括用新的、高质量的要素替代传统的低质量要素。

（二）要素升级对绿色全要素生产率的影响机制

要素升级是投入要素层面的供给侧结构性改革的部分内容，而绿色全要素生产率增长是绿色技术进步和绿色技术效率改善的共同结果。从理论上来说，以要素升级为目的供给侧结构性改革，可以通过促进绿色技术进步、改善绿色技术效率来提升绿色全要素生产率（见图4-1）。

一是要素升级能够提高研发能力，从而有助于绿色技术进步。研发活动是创造新知识、新技术（含对传统技术的改造）、新工艺的人类活动，劳动力、物质资本、知识、能源等生产要素都是研发活动的投入要素。从生产函数理论来看，在研发活动中使用更高技能的劳动者、更高质量的机器设备、更前沿的科学知识，都会提高研发活动的产出水平，结果会引致技术水平的跃升，这在第二章的图2-1中表现为生产前沿 $P(x)$ 的向上移动。另外，利用大数据、清洁能源、先进技术等新兴要素来替代传统要素，不仅可以提高其他投入要素的

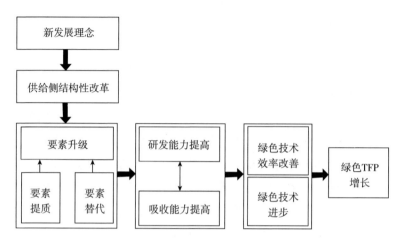

图 4－1　要素升级对绿色 TFP 的影响机制

产出效率，而且还有助于保护生态环境，它们也是推动技术进步的重要手段。根据本书对绿色技术进步的界定，它是考虑资源环境约束下的技术进步，亦即遵循绿色发展理念的技术进步。因此，只要要素升级的方向与绿色发展理念相一致，它们都能够促进绿色技术进步。

二是要素升级能够提升技术吸收能力，从而有助于改善绿色技术效率。通常来说，技术效率变化包括纯技术效率变化、规模效率变化或资源配置效率变化。其中，纯技术效率变化衡量的是现有技术的有效使用程度，它往往与技术吸收能力正相关，即经济中存在最佳的技术—技能匹配度，偏离这个最优状态的技术使用就是低效率或无效率的。因此，通过提高技术使用者的技术吸收能力就有助于提高先进技术与其使用者的技能之间的匹配度，从而有助于提高纯技术效率。一般来说，技术吸收能力会随着人力资本、技术水平、基础设施状况等投入要素的质量升级而提高。从这个意义上讲，提高技术吸收能力的要素升级，能够提高绿色纯技术效率。另外，采用更清洁的技术和能源，还能够在不降低期望产出的情况下减少非期望产出，经济活动单元就更接近生产前沿，从而促进绿色技术效率改善。以第二章图 2－1 中 C 点对应的经济单元为例，这种情况下它就会向左平行移动（非期望产出减少但是期望产出不变）或向左上方移动（非期望产出减少而且期望产出增加），结果是 C 点与生产前沿的距离降低，相应地，绿色技术效率提高。

上述两大机制并非是相互独立的，而是相互影响的，这主要体现在研发能力提升与技术吸收能力提升的相互影响上。一方面，研发能力提升源于多个方面，其中人力资本存量、技术知识等都是影响技术吸收能力的重要因素，因此研发能力提高有可能促进技术吸收能力提高，进而促进绿色技术效率改善。另一方面，在技术扩散不受限制的情况下，技术吸收能力提高会扩大先进技术的引进、消化和再创新，这会提高经济中的技术知识存量，进而有助于绿色技术进步。

二、结构优化与绿色全要素生产率增长

（一）结构优化的内涵

经济结构是国民经济的组成和构造，是一个由许多系统构成的多层次、多因素的复合体。一般来说，经济结构主要具有下述多重含义：（1）从制度层面来看，它主要体现为不同的生产资料所有制经济成分的比例构成，以及不同类别的制度发展情况，如收入分配制度、社保制度、税收制度、金融制度、生态环境保护制度等；（2）从投入端来看，它体现为不同类别的投入要素比例构成，以及同一类别但是质量各异的投入要素的比例构成；（3）从产出端来看，它体现为国民经济中不同类别产品的比例构成，以及不同质量的同类产品比例构成，相应地又体现为生产不同产品的企业、行业的比例构成；（4）从区域层面来看，经济结构则体现为异质的区域构成情况，如中国的东部地区、中部地区、西部地区和东北地区分别由经济发展水平相近的省份构成，但是它们之间的发展水平却又存在显著差距；（5）从市场结构来看，它又体现为同质或异质的要素市场、产品市场；（6）从需求来看，经济结构则体现为需求方对不同要素、不同产品的需求类别和需求数量的比例构成。

上述列举的各种经济结构都有一个共同特点，即它们各自内部都具有异质性特点。在经济发展中，不同的经济结构对经济发展的影响是有差异的。比如，一般来说，公有制经济的资源配置效率要低于其他所有制经济的情况，高技术的要素禀赋结构更有利于技术进步和投入产出效率提升，市场化程度越高越有助于资源配置效率改善，非农产业比农业具有更高的劳动生产率，等等。因此，我们可以根据经济发展的需要来调整经济结构，并把这种经济结构调整称为结构优化。

（二）结构优化对绿色全要素生产率的影响机制

供给侧结构性改革提出的初衷之一就在于调整总供给结构以与总需求结构相适应，这要求对要素结构、产品结构、制度结构和产业结构等进行调整，这与忽视"结构性"问题的"里根经济学"有巨大区别。供给侧结构优化的实质，就是调整经济中各种结构中的比例构成，如要素结构、产品结构、企业（或产业）结构等，以使这些结构的比例构成处于最佳配置状况。因此，推动以结构优化为直接目的的供给侧结构性改革，主要是通过改善绿色技术效率来提升绿色全要素生产率。当然，结构优化也会影响绿色技术进步。比如，更加注重高新技术产业、绿色产业的产业结构调整，更加注重研发活动的要素投入结构调整，就会推动经济增长方式从粗放型向集约型转变，这会引导技术创新转向知识密集型和绿色化，进而促进绿色技术进步。

绿色规模效率、绿色配置效率都是绿色技术效率的构成部分之一，前者衡量的是经济活动是否处于最优经济规模，后者衡量的是资源配置比例是否处于最佳状况，它们都受结构优化的影响。一是在不增加投入要素数量的情况下，通过去除冗余要素等方式来调整不同投入要素的比例构成，可以起到提高资源配置效率的作用。二是通过增加或引入一些高质量要素（如高技能劳动者）、瓶颈要素（如光刻机、高功率发动机等卡脖子技术）或新兴要素（如大数据、清洁能源），还有助于将生产规模向最佳状态调整从而提升规模效率。三是混合所有制改革为代表的所有制结构优化，能够降低交易成本并形成正向激励，从而引导经济体更好地使用资源，进而改善资源配置效率。四是产品或产业层面的结构优化，以及收入分配等制度结构优化，还会倒逼要素层面的结构优化，这也会促进资源配置效率或规模效率改善，如去产能、去库存表面上是在产品供给层面进行结构调整，其实质则是引导要素更有效的流动和配置。

正如前面提到的那样，经济中的结构类型多样，因此结构优化总体来说涉及要素、产品、产业和制度等多个层面。一方面，这些不同层面的结构优化会直接影响经济中的资源配置和生产规模（严格来说，生产规模优化也是资源配置优化的结果），如以去产能为代表的结构调整就会直接改善资源配置效率和规模效率；另一方面，它们之间还会相互影响，比如制度层面的结构调整会影响要素、产品和产业层面的结构调整，产业结构调整的结果会直接表现为产品结构变化，等等。不过，作为供给侧的投入端，投入要素的结构变化在影响资源配置和生产规模时具有决定性作用。也就是说，不同层面的结构化，最终都是通过影响投入要素结构来影响经济中的资源配置和生产规模，进而影响绿色技术效率和绿色全要素生产率（见图4-2）。

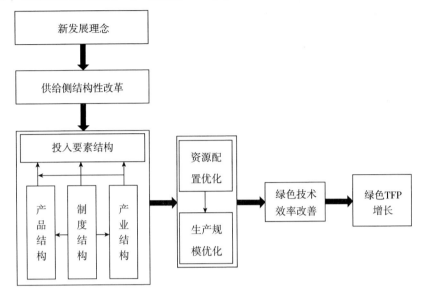

图4-2　结构优化对绿色 TFP 的影响机制

三、制度创新与绿色全要素生产率增长

（一）制度创新的内涵

创新概念源于熊彼特（1990），他认为创新就是把一种新的生产要素和生产条件的"新结合"引入生产体系，包括引入新产品、引入新的生产方法、开辟新的市场、获得原材料或半成品的新的供应来源和新的组织形式，这既包括技术性变化的科技创新，也包括非技术性变化的组织创新。制度则是一个社会的游戏规则总和（青木昌彦，2001），它由正式的规则和非正式的约束以及它们的实施特征构成（诺思，2014）。制度创新指的是能够使创新者获得追加或额外利益的、对现存制度（指金融组织、银行制度、公司制度、工会制度、税收制度、教育制度等政治经济制度）的变革（戴维和诺斯，1971），以推动制度这一产品的供给与需求在动态变化中达到均衡。

制度经济学理论认为，促成制度创新的因素包括市场规模变化、生产技术发展，以及它们引致的一些社会集团或个人对自己收入预期的变化。其中，市场规模的变动会改变制度安排的收益和成本、情报获取成本和排斥局外企业的成本，但是这些成本不会随着交易额增加而增加；生产技术的发展会改变现存制度条件下的成本与收益的相对大小，这会引起制度创新的需求；而社会集团对自己收入的预期变化，会引致他们对现存制度条件下的成本和收益的相关规定等进行修正。

（二）制度创新对绿色全要素生产率的影响机制

制度的基本功能是为经济发展提供服务，它们有助于降低交易成本、提供经济激励和实现规模效益。供给侧结构性改革就是要以经济发展需求为导向，其根本途径就是通过对现存低效、无效制度进行革新，或引入新的制度，通过选择最优经济规模、降低交易成本和提供有效激励，以去除无效供给，扩大有效供给，提高供给体系的质量和效率，推动经济发展走向更高层次的供需平衡。从供给侧结构性改革的三个层次来看，制度创新是制度层面的供给侧结构性改革，同时它还作用于要素和产品（或产业）层面的供给侧结构性改革，能够推动技术进步和效率改善，是促进绿色全要素生产率增长的重要源泉。

一是制度创新有助于形成技术创新的激励机制，进而推动绿色技术进步。新制度经济学认为，有效的制度和制度变迁决定着技术进步，而无效的制度和制度变迁会阻碍技术进步；甚至认为技术因素就是增长本身，而且技术进步的源泉是制度因素（诺斯，1991）。经济发展中的制度创新涉及多个领域，如所有制改革、科技投入政策、知识产权保护、科技推广、生态环境保护、户籍管理、要素市场一体化、金融监管、减税降负、官员晋升、社会保障、产业规制，等等。这些制度在新技术的形成和扩散中都起着重要作用，比如强化科技投入的政策、减税降费、要素市场化等会降低研发活动的交易成本，从而有助于新技术的形成，而科技推广体系、专利保护制度等则为新技术的有效扩散提供了便利和安全保障。实际上，制度创新不仅以这种外生变量的角色推动新发明、新工艺、新设计等"硬技术"进步，它们还会作为内生变量来直接推动组织结构、管理创新、产业政策等"软技术"的进步（朱锡平，2000）。在新发展理念下，不管是"硬技术"还是"软技术"，它们都必须遵循绿色发展理念。相应地，与此相符的制度创新有助于推动经济发展需要的绿色技术进步。

二是制度创新能够降低交易成本和实现规模效益，这有助于改善绿色技术效率。制度创新能够通过构建合理的组织结构来实现规模效益，还可以通过降低交易费用来提高要素的生产性和流动性，进而提高资源配置效率。在经济发展实践中，条块分割的户籍制度、劳动力市场、土地市场，以及不合理的科技转化运用政策等，它们制约了生产要素的合理流动，导致僵尸企业、冗余产能、恶性竞争等广泛存在，不仅阻碍了资源配置效率提升，而且还会导致有效供给不足。与此同时，一旦产业政策、科技政策无视生态环境保护，还会引致过多的化石能源消耗和污染物排放，不利于经济可持续发展。经济发展中之所以广泛存在这些无效、低效的制度安排，其原因在于向市场经济转型过程中，市场机制还不健全，它在推动资源优化配置中还没有真正地起到决定性作用。因此，为消除资源错配进而提升技术效率，必须通过制度革新或引入新制度，来消除这些无效和低效制度对经济发展的约束（见图4-3）。

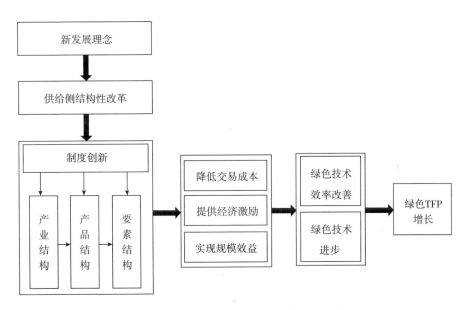

图4-3　制度创新对绿色TFP的影响机制

四、制度创新、要素升级和结构优化的互动关系

前面的分析表明，要素升级、结构优化和制度创新都是供给侧结构性改革的切入点，它们都会影响绿色全要素生产率的变化。不过，三者之间并非相互割离的关系，而是相互影响的统一体。总体来看，在新发展理念下推进供给侧结构性改革，主要是通过制度创新、要素升级和结构优化的共同作用，在资源和环境双

重约束下推动技术进步和技术效率改善，进而推动绿色全要素生产率增长。

第一，制度创新是要素升级和结构优化的前置条件。无论是生产要素的质量提升、新旧更替，还是经济结构的优化调整，都需要建立在相应的制度创新基础之上。比如，要顺利实现要素升级，就要对要素市场培育、科技创新、收入分配、社会保障和生态环境保护等领域的规章制度进行变革，以引导、规范要素升级的方向和强度，以避免要素升级中出现要素闲置（如机器替代劳动而导致短期失业增加）、要素无序流动（如形形色色的抢人大战）等突出问题。再如，为顺利实现产业结构优化升级，就必须对产业转型升级、产业优化布局、战略性新兴产业培育、环境规制等领域的指导性政策进行调整，以明确产业结构优化升级的方向、重点和目标。也就是说，要素升级、结构优化都必须有相应的制度创新做支撑，否则它们的实施效果就会大打折扣。

第二，要素升级和结构优化会诱致制度创新。制度变迁有强制制度变迁和诱致制度变迁两种。经济制度的功能就是为经济发展服务，它们的变迁方向都是因应经济发展需求的结果，这属于诱致制度变迁。而在要素升级和结构优化过程中，不可避免地会产生一些新的变化，这反过来会催生新的制度创新。比如，近年来中国在大力提升人力资本水平的同时，人口老龄化问题逐步凸显，这无疑会诱致延迟退休政策的加快施行。再如，中国近年来在深化供给侧结构性改革之时，恰好遇到了"新冠"肺炎疫情和随之而来的全球经济大衰退，这进而推动了疫情防控制度建设和加快形成双循环新发展格局的系列制度建设。

第三，要素升级会影响结构优化，而结构优化反过来也会影响要素升级。一方面，要素是生产活动的投入端，它们的质量提升尤其是新材料、新技术、瓶颈要素的引入，为高端产品、新产品的供给奠定了基础，这进而会促进产品结构和产业结构的优化。比如，液晶显示屏生产技术的引入，就改变了显示屏的产品结构和相应的产业结构；另一方面，结构优化以市场需求为导向，它们为生产活动提供指引，从而也为要素升级指明了方向，这进而会诱致要素升级。比如，近年来中国在绿色发展理念下的产业结构调整，就加快了汽车行业中新能源对化石能源的替代（见图4-4）。

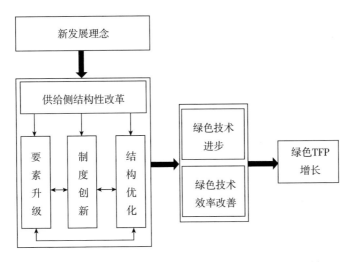

图 4 – 4　要素升级、制度创新、结构优化与绿色 TFP 增长

第四节　本章小结

本章在系统梳理供给侧结构性改革的理论基础和基本框架基础上，探讨了供给侧结构性改革影响绿色全要素生产率的作用机制，主要研究结论如下：

第一，供给侧结构性改革具有多学科理论依据。作为因应新的发展形势而提出的经济发展战略，供给侧结构性改革与"里根经济学"的供给侧改革存在本质不同。从经济学说史来看，它与供给经济学一样，它们的理论源泉都可以上溯至古典经济学。另外，马克思主义经济学、增长与发展经济学、新制度经济学等学科理论从不同视角出发，为供给侧结构性改革提供了相关的理论依据。

第二，供给侧结构性改革的领域是与需求侧相对的供给侧，它涵盖了要素供给、产品（或产业）供给和制度供给三个层面的改革。其中，产品层面的改革成效是检验供给侧结构性改革成效的直接依据；要素层面的改革是决定产品（或产业）层面改革成效的前提；而制度层面的改革贯穿于要素层面和产品（产业）层面的改革，它在供给侧结构性改革中具有决定性作用。

第三，供给侧结构性改革影响绿色全要素生产率的机制主要包括要素升级、结构优化和制度创新，而且它们之间是相互影响的关系。其中，制度创新是要素升级和结构优化的前置条件；要素升级和结构优化会诱致制度创新；要素升级会影响结构优化，而且结构优化反过来也会影响要素升级。

第五章

供给侧结构性改革与绿色全要素生产率增长：典型政策分析

供给侧与需求侧共同构成经济发展不可或缺的两大方面。其中，人类对供给侧的关注则更加源远流长，几乎与人类发展史同框。相比之下，学术界对结构性问题的关注则要晚得多，20世纪中叶发展经济学的兴起可谓其步入鼎盛时期的标志。随后，国内外学术界关于经济结构转型的研究一直比较活跃，而且国内在供给侧相关领域的结构性改革实践也并不鲜见。比如，发端于中共十一届三中全会的改革开放实践，就涉及国内所有制结构、产品结构、要素结构、城乡结构等供给侧领域的结构性改革。也就是说，虽然"供给侧结构性改革"一词的正式提出始于2015年11月，即习近平总书记在中央财经领导小组第十一次会议上首次提出的"着力加强供给侧结构性改革"，但是供给侧结构性改革实践在国内经济发展历程中并非新鲜事物。因此从理论上来说，通过实证研究来探讨供给侧结构性改革的相关举措对绿色全要素生产率增长的影响是可行的。不过，考虑到供给侧结构性改革是一项系统工程，它所涉及的许多领域都缺乏可供实证研究采用的经验数据，从而难以在此全面评估它对绿色全要素生产率的影响绩效。为此，本章内容在满足相关研究数据可获得的前提下，运用科学的政策绩效评估方法，对近年来施行的一些代表性供给侧结构性改革政策进行评估，探讨它们是否影响了绿色全要素生产率增长（或其源泉），以为国内深化供给侧结构性改革提供经验支持和决策参考。

第一节　基于双重差分法的政策绩效评估模型

一、双重差分法的基准模型

政策绩效评估是推进国家治理体系和治理能力现代化中的重要环节，它不仅可以掌握政策实施后是否起到了应用效果，也有助于政策的深化拓展或纠偏，从而更好地指导经济社会发展。其中，双重差分法（Differences – in – Differences，DID，又称为倍差法、差中差）最早由阿森费尔特（Ashenfelter，1978）引入经济学研究，近年来在国内外经济学界受到越来越多人的青睐。作为一种估计因果效应的计量方法，双重差分法的基本思想是通过比较受影响群体（处理组，亦称为实验组）和未受到影响的群体（对照组，亦称为控制组）的差异，来评估政策实施效果。

运用双重差分法来进行政策绩效评估包括三个步骤：（1）将一项政策实施视为一个（准）自然实验，并根据分析对象是否受到政策作用而分为受政策影响的处理组和不受政策影响的对照组；（2）计算政策实施前后两个组别关注变量的变化量即第一次差分，以消除个体不随时间变化的异质性；（3）计算两个组别关注变量的变化量之差即第二次差分，以消除随时间变化的增量，从而得到政策实施影响关注变量的净效应。由于该思路在政策绩效评估时进行了两次差分，该方法也因此而被称为双重差分法。基准的双重差分估计模型见式（5 – 1）。

$$y_{i,t} = \alpha_0 + \alpha_1\, du_i + \alpha_2\, dt_t + \alpha_3 du \cdot dt + \boldsymbol{\beta}'\, \boldsymbol{X}_{i,t} + \varepsilon_{i,t} \qquad (5-1)$$

式（5 – 1）中，y 为研究者关注的可能受政策影响的结果变量，i 代表分析对象，t 代表时间。du 为组别虚拟变量，如果个体 i 属于处理组，则 du 取值为 1，否则它属于对照组，du 取值为 0。dt 为政策实施虚拟变量，政策实施之前 dt 取值 0，政策实施当年及之后 dt 取值 1。$du \cdot dt$ 为交互项，它前面的待估参数 α_3 就是反映政策实施的净效应，也称为双重差分估计量，这从表 5 – 1 和图 5 – 1 可以很容易地看出来。$\boldsymbol{X}_{i,t}$ 和 $\boldsymbol{\beta}'$ 分别为其他控制变量组成的矩阵及相应的待估参数向量。其中，如果净效应 α_3 明显异于 0（图 5 – 1 中刻画的情况为大于 0，但有的政策实施会降低关注变量的取值从而它也会小于 0），则表明该政策实施对所关注的变量具有明显影响，否则该政策的实施绩效不明显。

表 5 – 1   双重差分基准模型中的差分估计量

	政策实施前 $(dt=0)$	政策实施后 $(dt=1)$	差分估计量（政策实施前后）
处理组（$du=1$）	$\alpha_0 + \alpha_1$	$\alpha_0 + \alpha_1 + \alpha_2 + \alpha_3$	$\alpha_2 + \alpha_3$
对照组（$du=0$）	α_0	$\alpha_0 + \alpha_2$	α_2
差分估计量（不同组别）	α_1	$\alpha_1 + \alpha_3$	α_3

注：作者根据相关文献整理得出。

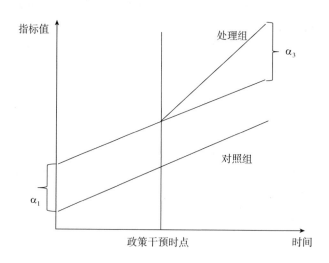

图 5 – 1   双重差分原理示意

注：作者根据相关文献整理得出。

由于 DID 基准模型采用的是面板数据，加之基于 DID 的政策绩效评估模型所关注的是交互项的参数估计，因此除了可以用 OLS 来估计表 5 – 1 中的相关参数之外，还可以直接采用"双向固定效应模型"（Two – way Fixed Effects）来进行估计，具体参见式（5 – 2）。其中，μ_i 和 γ_t 分别为个体固定效应和时间固定效应。

$$y_{i,t} = \alpha_0 + \mu_i + \gamma_t + \alpha_3\, du_i \cdot dt_t + \boldsymbol{\beta}' \boldsymbol{X}_{i,t} + \varepsilon_{i,t} \qquad (5-2)$$

一般认为，双重差分法在政策绩效评估中具有传统分析方法不可比拟的优势，这主要有如下几个方面的原因：第一，传统方法下评估政策效应，主要是通过设置一个政策发生与否的虚拟变量然后进行回归分析，比较而言，基于双重差分法的模型设置更加科学，能更加准确地估计出政策效应。第二，双重差分法的原理和模型设置简单，容易理解和运用，并不像空间计量等方法那样让人望而生畏。第三，它可以很大程度上避免内生性问题的困扰。政策相对于微观经济主体而言一般是外生的，因而不存在逆向因果问题。此外，使用固定效应估计一定程度上也缓解了遗漏变量偏误问题。第四，尽管双重差分模型估计的本质是基于面板数据的固定效应估计，但是 DID 给人的感觉比最小二乘法、固定效应模型等"时尚高端"，因此也更受学者们欢迎。

二、双重差分法的检验

（一）假设前提检验

为得到经典双重差分方法的一致性估计量，该模型运用时至少需要满足以下三个条件（胡日东和林明裕，2018）：（1）平行趋势（Common trends）条件，亦称为平行趋势假设、同质性假设，即处理组和对照组在没有政策干预的情况下，所关注的结果变量具有相同的演变趋势。（2）个体处理稳定性假设（The Stable Unit Treatment Value Assumption，即 SUTVA 条件），亦称为随机性假设，即政策干预只影响处理组，而不会对对照组产生交互影响，或者政策干预不会产生外溢效应。（3）线性形式条件，即潜在结果变量同处理变量和时间变量满足线性关系。

然而，在实践操作中，上述三大假设前提未必都会满足，从而不加处理的双重差分法结论很可能偏离了真实情况。因此，在经验分析中有必要对上述相关假设前提进行检验。其中，最关键之处在于平行趋势检验，即检验在政策实施之前，研究者所关注的结果变量在处理组和对照组中是否具有一样的变化趋势。如果检验结果表明不存在平行趋势，则基于基准模型的分析结果的政策绩效评估没有任何参考价值。值得一提的是，在经验分析中如果只有 2 年的面板数据，平行趋势假设是无法进行检验的，这也是众多相关文献没有做平行趋势检验的原因。一旦研究数据是涉及多年的面板数据，则可以通过画图分析和回归分析进行平行趋势检验。

第一，基于画图分析的平行趋势检验。具体思路为：画出所关注的结果变量在政策实施时点之前，处理组和对照组的演变趋势，根据两者的演变趋势情况来直接进行判断。其中，如果趋势线完全或基本一致，则表明平行趋势得到验证，否则不存在平行趋势。

137

第二，基于回归分析的平行趋势检验。具体思路为：对政策实施前的年份分别设置时间虚拟变量 dt_t（下标 t 表示年份；如果分析期间为 2003~2017 年，政策实施时点为 2010 年，则从 2003~2009 年设置 7 个年份虚拟变量），分组虚拟变量 du_i 不变，将它们一并纳入式（5-1）并进行回归分析，具体参见式（5-3）。如果回归分析结果中所有交互项 $du_i \cdot dt_t$ 的系数估计值都不显著（具体实践中只要不是全部显著即可，因为可能存在预期效应而导致部分年份对应的交互项系数估计值显著地异于 0），则说明政策实施前实验组和对照组不存在明显差别，从而通过平行趋势检验。

$$y_{i,t} = \alpha_0 + \alpha_1 du_i + \alpha_j \sum_{j=2003}^{2009} dt_j + \alpha_t du_i \cdot \sum_{t=2003}^{2009} dt_t + \boldsymbol{\beta}' \boldsymbol{X}_{i,t} + \varepsilon_{i,t} \quad (5-3)$$

（二）稳健性检验

平行趋势检验是为了分析双重差分模型在政策评估时是否适用，但是它并不能说明基准分析结果是否稳健。比如，即使处理组和对照组在政策实施之前具有相同趋势，仍可能存在影响趋势变化的其他政策。也就是说，研究人员关注变量在政策干预时点之后的处理组和对照组的演变趋势，可能并不是由该政策导致的，而是同时期其他政策实施的结果。因此，对基准分析结果进行稳健性检验十分必要。目前，相关的稳健性检验方法主要有下述几种：

第一，安慰剂检验，即通过虚构处理组或政策实施时间进行双重差分分析。比如，将政策实施年份前移，同时将研究的时间跨度前移，然后进行相应的双重差分分析。再如，选取已知的并不受政策实施影响的个体作为处理组进行双重差分分析。如果不同虚构方式下双重差分估计量的系数估计值都不显著，则表明基准分析的估计结果是稳健的，否则就很可能存在偏误。

第二，选择不同的对照组进行双重差分分析。根据双重差分的基本思路，政策实施只会对处理组产生影响。因此，在进行双重差分时，选择与基准分析中不同的对照组，通过对比结果来判断基准分析结果的稳健性。如果在不同对照组的情形下并满足平行趋势假设，双重差分估计量的系数估计值仍然统计显著，则说明基准分析结果稳健，否则可能存在偏误。

第三，选择与政策无关的因变量进行回归分析。如果政策实施对所关注的结果变量影响是唯一的（这也是双重差分模型希望得到的结果），那么选择其他与此毫无关系的变量作为因变量进行回归分析时将得出不同的结论。因此，研究者也可以通过该思路来判断基准分析结果是否稳健。如果此时双重差分时交互项的系数估计值统计不显著，则表明基准分析结果稳健，否则就可能出现了偏误。

三、双重差分法的拓展

（一）滞后效应与预期效应分析

前面介绍的双重差分法基准分析模型中，结果变量的估计值只是政策实施对结果变量产生影响的一个平均效应。在经济发展实践中，政策效应的显现往往具有时滞性。对于决策者而言，他们也希望掌握这个时滞效应的具体情况，以利于掌握政策实施的动态效应，从而有助于更科学地修正政策，同时也有助于相关经济体在实施相同政策时选择恰当的实施时点。另外，预期因素在政策实施中也具有重要影响。其中，许多政策在出台之前可能会暴露出一些蛛丝马迹，这会引致相关主体对政策实施产生预期，从而会提前做出反应，此即政策实施的预期效应。比如，汽车限号政策实施前就可能引发消费者提前选号购车，房产税实施前就可能影响房地产市场交易，等等。

因此，在经验分析中考察政策实施的滞后效应和预期效应都具有重要的决策参考价值。其中，为考察政策实施的预期效应（假定分析期间仍为 2003～2017 年，政策实施年份为 2010 年），我们只需要检验式（5-3）中，2009 年的交互项是否显著，如果显著则可能存在预期效应（或 2009 年及之前的年份，但不能是之前所有年份，因为所有年份都显著则意味着不满足平行趋势假设）。为考察政策实施的滞后效应，则需要将式（5-3）中的年份替换为政策实施之后（即 2011～2017 年），如果回归结果中交互项统计显著，则说明政策实施存在滞后效应。

（二）异时（渐进）双重差分法

前面介绍的双重差分法的基准模型设定中，处理组中所有个体受到政策冲击的时间完全相同。然而，经济发展现实中许多政策实施都是通过先试点然后逐步推广的方式，从而直接运用上述基准模型并不能对政策实施效果进行评价。在这种情况下，我们需要对上述基准模型进行修正，以体现不同个体政策实施时点不一致的情况。此时，只需将式（5-2）中的 dt_t 调整为 $dt_{i,t}$，此即为异时 DID（Heterogeneous timing DID），也称为渐进 DID（Time-varying DID）、多期 DID，具体参见式（5-4）。

$$y_{i,t} = \alpha_0 + \mu_i + \gamma_t + \alpha_3 \, du_i \cdot dt_{i,t} + \boldsymbol{\beta}' \, \boldsymbol{X}_{i,t} + \varepsilon_{i,t} \qquad (5-4)$$

（三）广义双重差分法

双重差分法的基准模型以及前述拓展模型都假设政策实施只针对部分个体（处理组）。然而，现实中一些政策是同时对所有个体实施的。因此，我们不能根据前述思路来界定处理组和对照组，从而也不能直接运用前述模型来进行政策绩效评估。目前，一些研究对双重差分的基准模型进行了拓展，以适应这种情况下的政策绩效评估，此即广义 DID（Generalized DID）。广义 DID 的重要前提是，虽然所有个体同时受到政策冲击，但是不同个体受到的影响程度不同，并用 $intensity_i$ 来表示第 i 个体受政策影响的强度大小。白和贾（Bai and Jia，2016）据此进行了一项代表性研究，他们探讨了中国清末废除科举制度对革命起义的影响。其中，科举制于 1911 年在全国废除，但由于各地科举配额存在巨大差异，废除科举对各地的影响力度差别很大，因此他们用科举配额占人口比重来度量 $intensity_i$。在政策绩效评估中，只要能够找到合适的政策影响强度变量，并用它来替代前述模型中的组别虚拟变量 du_i，即得到式（5 - 5）所示的广义 DID 模型。

$$y_{i,t} = \alpha_0 + \mu_i + \gamma_t + \alpha_3\ intensity_i \cdot dt_t + \boldsymbol{\beta}' \boldsymbol{X}_{i,t} + \varepsilon_{i,t} \qquad (5-5)$$

（四）异质性双重差分法

双重差分基准模型中假定所有个体的处理效应相同，即同质性处理效应（Homogeneous Treatment Effects），而现实情况中存在的往往是异质性处理效应（Heterogeneous Treatment Effects）。针对这种情况，我们可以运用异质性双重差分法（Heterogeneous DID）来进行政策绩效评估，它的核心仍然是对交互项进行调整。此时，根据经济理论将所有个体分为 N 组，并据此设立 $N-1$ 个组别虚拟变量 $g_{m,i}$（$m = 2$，3，…，N）。该虚拟变量与交互项相乘得到一个三重交互项，并用它来代替原来的交互项，即得到异质性 DID 的估计模型，具体参见式（5-6）。根据三重交互项的估计结果，即可判断政策绩效的异质性情况。

$$y_{i,t} = \alpha_0 + \mu_i + \gamma_t + \sum_{m=2}^{N} \beta_m \cdot du_i \cdot dt_t \cdot g_{m,i} + \boldsymbol{\beta}' \boldsymbol{X}_{i,t} + \varepsilon_{i,t} \qquad (5-6)$$

（五）基于倾向得分匹配的双重差分法

双重差分模型的关键假定是平行趋势假设，而现实中很可能不满足这一前置条件，从而前述模型都不能得出科学的分析结果。为解决这一现实问题，研究者可以事先运用倾向得分匹配法（Propensity Score Matching，PSM）将处理组和对照组进行匹配，以找出具有相似特征的个体并据此组建新的处理组和对照组，然后对它们进行双重差分分析（Hirano et al.，2003），此即基于倾向得分匹配的双重差分法（PSM‑DID）。值得注意的是，运用该思路进行政策绩效评估时，对样本量有一定要求，而且样本量越大所得结果越准确。

（六）三重差分法

在平行趋势假设不满足的情况下，基于倾向得分匹配的双重差分法是一种比较可行的政策绩效评估方法，但是该方法对样本量的需求大，否则所得结果可信度低。然而，在政策绩效评估实践中，很可能会遇到样本量较小的情况，此时采用基于倾向得分匹配的双重差分法就不可取，而三重差分法（Triple‑difference Method）则是一个可行的解决方案。三重差分法的基本思路是：由于处理组和对照组在政策实施前不具有平行趋势，为科学评价政策绩效，因时间趋势不同而带来的偏差需要从双重差分估计量中减去，下面以一个代表性例子对三重差分法的具体思路进行介绍。

假定要研究中国 A 省针对 60 岁以上的老年人实施的医保政策是否改善了 A 省老年人健康，并假定该政策的生效日期是 2008 年。从中可以看出，该政策绩效评估包含三个关键信息：在 A 省实行、针对 60 岁以上的老年人、生效日期是 2008 年。显然，如果采用双重差分模型无法实现该研究目的，因为双重差分模型仅适用于包含两个政策实施信息的情形，即政策生效时间和政策的作用对象。双重差分模型不适用于此的具体原因在于：一方面，即使分析样本只包括 A 省 60 岁以上的老年人，由于 2008 年爆发了金融危机，无法从分析结果中判断双重差分估计量究竟是源于该政策实施还是源于金融危机爆发；另一方面，如果将 A 省 60 岁以上人群（处理组）与 60 岁以下人群（对照组）的健康状况直接进行对比分析，这又无法识别该差异是否仅源于该政策的实施（老年人与年轻人的身体状况本身就存在系统性差异）。为此，我们需要将时间趋势不同而带来的偏差从双重差分估计量中扣除，见式（5‑7）所示的三重差分模型。

$$y_{i,j,t} = \alpha_0 + \alpha_1 P_j \cdot du_i \cdot dt_t + \alpha_2 P_j \cdot du_i + \alpha_3 P_j \cdot dt_t + \alpha_4 du_i \cdot dt_t$$
$$+ \gamma_1 P_j + \gamma_2 du_i + \gamma_3 dt_t + \varepsilon_{i,j,t} \tag{5‑7}$$

式（5‑7）中，P_j 为区域虚拟变量，A 省取值为 1，中国其他省份取值为 0；du_i 为年龄虚拟变量，60 岁及以上人口取值 1，否则为 0；dt_t 为时间虚拟变量，2008 年及之后取值 1，否则为 0。α_1 即为三重差分估计量，它的含义可以从表 5‑2 中得出。显然，该差分估计量 α_1 不仅排除了非医保政策因素对健康状况的影响（排除了不同省份的差异），同时也排除了年龄因素对健康状况的影响（排除了不同年龄人口健康状况的内在差异），从而它测度的仅是该医保政策对 A 省 60 岁以上人口的健康的影响。

表 5 – 2   三重差分模型中的差分估计量

	政策实施地区（$P=1$）		政策未实施地区（$P=0$）	
	处理组（$du=1$）	对照组（$du=0$）	处理组（$du=1$）	对照组（$du=0$）
实施后（$dt=1$）	$\alpha_0 + \alpha_1 + \alpha_2 + \alpha_3 + \alpha_4 + \gamma_1 + \gamma_2 + \gamma_3$	$\alpha_0 + \alpha_3 + \gamma_1 + \gamma_3$	$\alpha_0 + \alpha_4 + \gamma_2 + \gamma_3$	$\alpha_0 + \gamma_3$
实施前（$dt=0$）	$\alpha_0 + \alpha_2 + \gamma_1 + \gamma_2$	$\alpha_0 + \gamma_1$	$\alpha_0 + \gamma_2$	α_0
一次差分估计量	$\alpha_1 + \alpha_3 + \alpha_4 + \gamma_3$	$\alpha_3 + \gamma_3$	$\alpha_4 + \gamma_3$	γ_3
双重差分估计量	$\alpha_1 + \alpha_4$		α_4	
三重差分估计量	α_1			

注：一次差分估计量为相同地区的处理组或对照组在政策实施前后的因变量均值之差；双重差分估计量为相同地区的一次差分估计量之差；三重差分估计量为不同地区之间的双重差分估计量之差。

（七）合成控制法

在评估政策绩效时，处理组（A 地区）与对照组（可以是相似的 B 地区或 C 地区等）除受到政策影响之外，它们在其他方面未必完全一致，从而对照组的选择往往具有一定的主观随意性。为避免对照组的随意选择，阿巴迪和加德亚萨瓦尔（Abadie and Gardeazabal，2003）提出了"合成控制法"（Synthetic Control Method）。该方法的基本思想是：虽然无法找到处理组 A 的最佳对照组（B 或 C 或 D 等），但是通常可以对若干个备选的对照组成员（B、C、D 等）进行适当的线性组合，以构造一个更为优秀的"合成控制地区"（Synthetic control region），并将"真实的 A 地区"与"合成的 A 地区"进行对比，并据此判断政策实施绩效，故名"合成控制法"。显然，该方法实际上也是双重差分法的一个拓展，主要区别在于该方法下的对照组是虚拟的"合成控制地区"而不是真实的 B 地区或 C 地区等。

合成控制法的主要优势在于：第一，由于"合成控制地区"的生成过程是根据数据（Data – driven）来选择线性组合的最优权重，这有效避免了研究者主观选择对照组的随意性。第二，通过对多个控制对象加权来模拟目标对象政策实施前的情况，不仅可以清晰地反映每个控制对象对"反事实"事件的贡献，同时也避免了过分外推导致的偏误。第三，它可以对每一个研究个体提供与之对应的合成控制对象，避免了平均化的评价。

第二节　去产能与中国工业行业绿色全要素生产率增长

一、文献综述

改革开放四十多年来，中国经济实现了高速增长。与此同时，大规模的产能扩张也引发了日益突出的经济结构性矛盾，尤其是经济发展中的产能过剩与有效供给不足共存的结构性问题比较突出，这已成为制约中国经济健康发展的主要原因之一。针对始于 20 世纪 90 年代的钢铁、煤炭等传统工业行业的产能过剩问题，21 世纪初政府就针对性地实施了减产治理，但是这些行业产能过剩问题并没有得到根本性治理。随后，中央又陆续推出了系列去产能举措，如2006 年发布的《关于加快产能过剩行业结构调整的通知》、2013 年发布的《关于化解产能严重过剩矛盾的指导意见》，以及 2017 年 2 月 28 日习近平在中央财经领导小组第十五次会议上的重要指示对此进行了再次强调，即深入推进去产能，要抓住处置"僵尸企业"这个"牛鼻子"，等等。诚如冯伟（2017）指出的那样，当前中国治理产能过剩的产业政策，它们的宗旨都在于以提升全要素生产率为核心，最终实现经济的稳步增长和高质量发展。那么，产能过剩与全要素生产率增长之间的关系究竟如何？这些去产能政策的施行是否取得了预期效果？

近年来，学术界涌现了一批研究成果，它们对中国经济发展中的产能过剩问题给予了较为广泛的关注，主要涉及产能过剩的内涵与测度、经济影响、形成原因、治理对策及治理效果等方面，具体可参见付保宗（2011）、张林（2016）、程俊杰（2017）等综述性研究文献。这些研究普遍认为，产能过剩对经济发展的影响更多地表现为负面影响。比如，它不仅会加剧企业之间的竞争程度，而且会扰乱正常的市场秩序（高晓娜和兰宜生，2016）。企业一旦发生产能过剩，它们从组织外部获取资源的难度将变大，进而会降低研发投入；加之盈利能力和经营绩效下降，它们面临的资金约束也会被强化（刘军，2016）。由此我们似乎可以推论，企业产能过剩与全要素生产率之间存在某种内在联系。然而，现有研究对该领域的相关研究相对较少。其中，一组研究从资源配置效率、技术进步或技术创新视角出发，间接地探讨了产能过剩（或去产能）与全要素生产率之间的关系，也有部分研究直接探讨了两者之间的内在关系，下面对此进行简要回顾。

（一）有关产能过剩与资源配置效率的关系研究

一是认为产能过剩会引致资源配置效率下降。杨立勋（2017）认为，全要素视域下要素投入非均衡会引致全面性产能过剩，产业政策引导下要素配置非均衡会引致结构性产能过剩，而技术进步诱骗下的要素效率非均衡会引致技术性产能过剩。他同时指出，过度投资带来的产能过剩意味着资源配置效率和要素生产率低下，这在导致资源闲置与休克的同时阻碍了产业转型升级中的创造性破坏进程，进而降低了全要素生产率。王立国和赵婉妤（2019）基于2012年中国企业调查微观数据的研究发现，产能过剩造成了信贷资源配置扭曲，尤其是在政企关系紧密、产能过剩行业和金融生态环境较差地区更为突出。

二是认为资源配置效率低会引致产能过剩。步晓宁等（2019）以2001~2011年中国省份细分工业行业数据为分析样本，探讨了资源配置效率对产能过剩及其周期性波动的影响，研究结论表明，资本配置效率提升有利于化解产能过剩并抑制其周期性波动，而劳动配置效率与它不存在稳定关系。王韧等（2019）基于1998~2013年中国工业企业微观调查数据库的研究发现，银行信贷扭曲严重干扰了钢铁企业的投资决策和投资行为，并主导了低质量的产能扩张，助推了产能过剩形成。白雪洁和于志强（2018）认为，市场机制不健全导致要素配置效率和技术创新效率低，进而会引发产能过剩，中国光伏行业的经验分析亦表明，产能利用率的提高有赖于生产和创新双重资源配置效率提升。步丹露等（2017）基于2012年世界银行对中国企业的调查数据的研究表明，地方官员对信贷资源配置的不当干预，会降低信贷资源配置效率，进而会导致产能过剩。

（二）有关产能过剩与技术进步（或技术创新）的关系研究

一是认为资本偏向型技术进步会引致产能过剩。杨振兵（2016）、吕敏蓉（2017）基于中国工业行业数据的经验分析发现，资本偏向型技术进步会引发过量投资，前者还对其中的影响机制进行了分析，即技术进步的资本偏向会导致生产侧的技术效率下降和消费侧的供大于求，两者都会恶化产能过剩。韩国高和张倩（2019）的研究也发现，技术进步的资本偏向会导致产能过剩，即资本偏向的工业技术进步通过投资、需求、研发和资本配置效率加剧了产能过剩的形成。刘航和孙早（2017）的研究也得出类似结论，他们认为过早偏向资本的技术进步为适应劳动力相对充裕的禀赋结构，会导致产能过剩。

二是认为技术进步会抑制产能过剩。肖怡清和陈宪（2018）基于 2012～2016 年 A 股制造业上市公司数据的研究表明，技术进步会显著抑制产能过剩，而且它在过度投资影响产能过剩中的中介作用在国有企业中不明显，但是在非国有企业中显著。李后建（2017）的研究发现，信息通信技术的应用有助于提升企业的产能利用率，其影响机制包括直接提高企业生产率、推动企业创新和强化信息共享三个方面。马轶群（2017）基于中国 28 个细分行业的数据研究表明，技术进步显著地促进制造业产能利用率提升，但是具有行业异质性，其中对中技术行业的促进作用最大，低技术行业次之，高技术行业最小。王立国和高越青（2012）的研究表明，技术水平落后与产能过剩之间是相关联的，其中在产能过剩的形成阶段，落后技术会影响投资决策，引发和加剧重复建设，进而导致产能过剩；在治理产能过剩阶段，落后技术会形成淘汰落后产能和产品"走出去"的障碍，导致大量闲置产能。马红旗和申广军（2021）的研究表明，中国钢铁企业的规模扩张是一个创造性破坏过程，这有助于获取前沿产能和提升产能利用率，但不利于传统产能的革新和淘汰，进而会降低产能利用率。

三是认为去产能政策有助于提升企业创新水平。王桂军（2019）以 2011～2016 年中国 A 股上市公司为研究对象，以 2013 年颁布的《关于化解产能严重过剩矛盾的指导意见》为切入点，利用双重差分法探讨了"抑制型"产业政策对企业创新的影响。研究结论表明，以防止过剩产能行业盲目扩张为目的的"抑制型"产业政策有助于提升的企业创新水平，这主要是通过提高去产能企业研发资金配置效率来提高它们的创新效率，进而提高它们的创新产出。另外，同期实施的"一带一路"倡议、去杠杆政策在其中也起到了正向调节作用。

（三）有关产能过剩与全要素生产率的关系研究

一是认为产能过剩会抑制全要素生产率增长，而去产能有助于提升全要素生产率。张皓等（2018）基于世界银行 2005 年在中国 120 个城市 1.24 万家企业的生产经营调查数据研究表明，产能利用率对企业 TFP 具有显著的促进作用。也就是说，企业产能过剩会显著地抑制它的 TFP 增长。其中，这种抑制作用在国企中要大于民企，内资企业大于外资企业；而且企业规模越大抑制作用越大，东部、中部、西部和东北地区，以及一线、二线、三线、四线城市的抑制作用都依次递增。余典范等（2020）基于1998~2013年中国工业企业数据的经验研究表明，清理固定资产、精简雇员等去产能手段，有利于提升"僵尸企业"的生产率，它们是当前促进"僵尸企业"复活的重要途径。

二是认为提升全要素生产率有助于化解产能过剩。王莉娜和童星（2017）则探讨了全要素生产率对产能过剩的影响，他们基于2005~2015年45家钢铁上市公司的数据研究发现，钢铁企业全要素生产率增长有助于缓解该行业的产能过剩。李瑞杰和郑超愚（2019）认为，在技术创新和要素配置效率作用下，全要素生产率与产能利用率形成内在交互逻辑和特殊的一致分布，2002~2017年中国省份工业的实证分析亦表明，两者都与中国区域经济不平衡增长格局一致。

三是认为提升产能利用率会强化它与全要素生产率之间的负向关系。冯伟（2017）基于2001~2014年中国制造业行业数据的研究表明，中国制造业的产能利用率提升不仅并没有引致它们的全要素生产率增长，而是强化了两者的负相关关系，并称之为"产能利用率悖论"。究其原因，他认为在于中国在产能利用率提升过程中，存在政府的不当干预和低效率的人力资本等因素，它们束缚了产能利用率提升对全要素生产率的促进作用，而且设备利用率低、对外开放度不高等也导致产能利用率的提升难以有效提升全要素生产率。

（四）简评

前面回顾的这些研究表明，产能过剩与全要素生产率或其主要源泉（如资源配置效率、技术进步等）都存在或多或少的关系。然而，这些研究至少存在下述几个方面不足：（1）相关研究结论差异较大，甚至结论相反，如冯伟（2017）与其他相关研究结论就完全相反；（2）它们更多的是从产能过剩的形成原因出发来探讨两者之间的关系，仅有少数研究探讨了产能过剩对全要素生产率或其主要源泉的影响；（3）鲜有研究在考虑环境约束的前提下探讨两者之间的关系。

根据绿色全要素生产率的定义，它作为资源环境双重约束下衡量投入产出效率的综合指标，同时兼顾了经济效益和生态环境效益，并能够进一步分解为绿色技术进步、绿色技术效率，这比全要素生产率或其主要源泉都能够更为全面和科学地量化产业政策的实施效果。而且，一些研究表明产能过剩会导致环境污染。比如刘晨跃等（2020）认为，产能过剩是影响中国环境污染的重要原因，其中偏向于污染密集型行业的产能过剩主要通过能源结构锁定效应和产业结构固化效应加剧环境污染，偏向于国有企业的产能过剩则主要通过技术结构低端化效应来影响环境污染。刘成跃和徐盈之（2019）的研究也显示，结构性产能过剩是影响中国环境污染的重要原因。陆远权和朱小会（2016）亦得出了产能过剩引致环境污染的结论。那么，产能过剩或去产能政策是否会影响绿色全要素生产率增长？为此，此部分拟从2013年颁布的《国务院关于化解产能严重过剩矛盾的指导意见》为切入点，探究去产能政策对中国工业行业绿色全要素生产率及其源泉的影响。

二、去产能政策背景与研究假设

（一）政策背景

2015年年底，中央经济工作会议重点部署了供给侧结构性改革，将去产能作为推进供给侧结构性改革的五大任务之首。但这并非国家首次提出去产能相关举措，早在20世纪80年代，中国就陆续出台了相关缓解产能过剩的政策措施，如1981年和1989年国务院曾两次下文关停一批小钢铁厂，随后于2006年、2009年和2010年分别出台了《国务院关于加快推进产能过剩行业结构调整的通知》《关于抑制部分行业产能过剩和重复建设引导产业健康发展的若干意见》和《国务院关于进一步加强淘汰落后产能工作的通知》。尽管中国在缓解过剩产能方面采取了许多具体的措施，但收到的成效与预期目标仍有较大差距。再加上受到2008年金融危机的影响，国际市场持续低迷，国内需求增速趋缓，中国部分产业供过于求矛盾日益凸显，传统制造业产能普遍过剩，特别是钢铁、水泥、电解铝等高消耗、高排放行业尤为突出。截至2012年年底，中国钢铁、水泥、电解铝、平板玻璃、船舶行业产能利用率分别仅为72%、73.7%、71.9%、73.1%和75%，均低于国际产能利用率的正常水平（79%～82%）。充分认识到化解产能严重过剩矛盾的重要性和紧迫性后，2013年国务院颁布了《国务院关于化解产能严重过剩矛盾的指导意见》（以下简称《指导意见》），根据行业特点，分别提出了钢铁、水泥、电解铝、平板玻璃、船舶等行业分业施策意见，并确定了当前化解产能严重过剩矛盾的8项主要任务，这标志着中国针对产能严重过剩行业进行的更大力度整改。

（二）研究假设

根据《指导意见》，实施去产能政策就是要"坚决遏制产能盲目扩张，严禁建设新增产能项目，清理整顿建成违规产能，淘汰和退出落后产能"。从理论上来看，实施去产能政策会从多方面消减企业投入（含研发投入），进而影响研发活动和技术水平。第一，在短期内，实施去产能政策会取缔或降低落后产能、低效产能和无效产能，这会导致这类企业原有的研发投入水平受到直接影响，它们会降低甚至终止这些"老技术"的研发投入，进而不利于技术水平提升。第二，技术创新需要较长的时间，短期内几乎不可能达到预期结果。即使是通过技术引进来提高技术水平，这也离不开较长时间的劳动力技能训练，以学会使用这些"新技术"，而这依赖于经济中的人力资本投入。在投融资约束被强化的情况下，这些去产能政策的实施对象难以在短期内通过人力资本投资来提升劳动力的技能水平。结果是，短期内出现"老技术"和"新技术"都没有投入运营的尴尬状况，结果是技术水平停滞甚至倒退。第三，"僵尸企业"、落后产能等去产能对象，在去产能政策影响下，它们的投资、融资面临较大约束，这也会对企业研发投入决策产生较大的负面冲击。不过，从长期来看，实施去产能政策将诱导经济中的技术变迁方向，从而推动企业加大绿色、低碳、高效的绿色技术创新力度，进而促进绿色技术进步。

《指导意见》还指出，要"推进企业兼并重组，优化产业空间布局，积极扩展对外发展空间"。企业兼并重组、产业布局优化和拓展对外发展空间都是资源优化配置的重要途径，它们都有助于改善经济中的资源配置效率。第一，企业兼并重组之后，不同类别、不同质量的生产资源在新的、更大规模的企业内部得以重新整合，与重组之前的小范围的资源配置相比，这扩大了生产资源的潜在利用空间，有助于它们在企业内部更高效率地使用。第二，优化产业空间布局是在遵循比较优势原则下，为解决产业链、供应链在空间上的短链、断链甚至缺链问题，而推动产业在不同地区之间的重组布局，这为不同地区提高资源利用效率提供了载体，同时也推动了产业集聚和规模扩张，从而有助于提升资源配置效率和规模效率。第三，鼓励优势企业"走出去"，在全球范围内开展资源和价值链整合，这实际上是在全球产业链上的分工合作，不仅有助于资源使用效率提升，而且还有助于学习和消化吸收国外的先进技术和生产方法。

前面的分析表明，实施去产能政策会影响企业的研发活动和资源配置，而且这种影响还存在时间滞后效应。其中，从短期来看，实施去产能政策对研发活动抑制作用明显，同时也会优化资源配置，这在资源环境约束下也不例外。也就是说，实施去产能政策会影响经济中的绿色技术进步和绿色技术效率。另外，考虑到政策执行、信息传递以及企业行为调整等因素，去产能政策可能存在滞后效应，而且政策的影响还可能随着时间的推移而逐步增加，即实施去产能政策对绿色全要素生产率及其增长源泉的影响具有长期性和渐进性。为此，本书提出如下研究假设：

$H1a$：实施去产能政策通过影响绿色技术进步和绿色技术效率来影响绿色全要素生产率；其中，短期内它对绿色全要素生产率的影响取决于它抑制绿色技术进步和改善绿色技术效率的相对大小。

$H2a$：实施去产能政策对绿色全要素生产率及其增长源泉的影响存在时间滞后效应。

三、研究设计

（一）实证分析模型选择

此部分的研究目的是，将 2013 年 9 月颁布的《国务院关于化解产能严重过剩矛盾的指导意见》看作一次准自然实验，并据此检验去产能政策实施对绿色全要素生产率的影响。由于该政策颁布时间为 2013 年下半年，考虑到政策实施效果可能在当年无法显现，所以将政策冲击时间设定为 2014 年。不过，由于不同行业之间存在较大异质性，很难保证所有行业的绿色全要素生产率演变都具有平行趋势，从而可能出现样本选择偏差引起的内生性问题。为此，此部分选择第一节介绍的倾向得分匹配（PSM）和双重差分（DID）相结合的政策绩效评估方法来实现此部分的研究目的，具体的估计方法采用其中的双向固定效应模型，见式（5－8）（重写如下）。另外，绿色技术进步和绿色技术效率变化是绿色全要素生产率增长的两大源泉，通过检验去产能政策对它们的影响，有助于进一步厘清该政策的作用机制。因此，在此部分也运用 PSM－DID 模型来探讨去产能政策对它们的影响。

$$y_{i,t} = \alpha_0 + \mu_i + \gamma_t + \alpha_3\, du_i \cdot dt_t + \boldsymbol{\beta}'\, \boldsymbol{X}_{i,t} + \varepsilon_{i,t} \qquad (5-8)$$

式（5－8）中，下标 i 表示行业，t 为年份，γ_t 代表时间固定效应，μ_i 代表行业固定效应，$\varepsilon_{i,t}$ 为随机扰动项，$\boldsymbol{X}_{i,t}$ 为一系列的控制变量。被解释变量 $y_{i,t}$ 根据研究目的不同，分别取绿色全要素生产率、绿色技术进步和绿色技术效率。交互项为受政策影响的行业虚拟变量（du_i）和政策时间虚拟变量（dt_t）的乘积，其系数 α_3 捕获的是受政策影响行业在政策期间相对于没有受到政策影响行业的绿色全要素生产率或其源泉的平均变化。如果系数 α_3 显著为正或负，则表明 2014 年实施的去产能政策对绿色全要素生产率或其源泉有不同程度的影响，假设 $H1a$ 即可得到验证。

（二）变量和数据

1. 因变量

为探讨去产能政策对绿色全要素生产率（$gtfp$）的影响，此处与第三章中的影响因素分析部分一样，仍然采用分析期间内累积的绿色全要素生产率变化来近似地测度绿色全要素生产率的水平值。为进一步探讨其中的影响机制，考虑到绿色技术进步（gtc）和绿色技术效率变化（gec）是绿色全要素生产率变化的两大源泉，此部分也同时探讨去产能政策对绿色技术进步和绿色技术效率变化的影响，后者同样采用分析期间内的累积值来测度它们的水平值。

2. 核心解释变量

在探讨去产能政策有效性的双重差分模型中，组别虚拟变量（du_i）和政策实施时点虚拟变量（dt_t）的取值如下。《指导意见》明确指出，钢铁、煤炭、水泥、电解铝、平板玻璃和船舶6个行业需要大力化解产能过剩，它们涉及的两位数行业为：煤炭开采和洗选业、非金属矿物制品业（水泥、平板玻璃）、黑色金属冶炼和压延加工业（钢铁）、有色金属冶炼和压延加工业（电解铝）、交通运输设备制造业（船舶）。基于此，将受政策影响的5大行业定义为实验组（$du_i = 1$），其余行业定义为控制组（$du_i = 0$）；2014年之前的时间虚拟变量（dt_t）取值为0，2014年及其之后的时间虚拟变量（dt_t）取值为1。

3. 协变量

本文第三章基于BMA和空间计量模型的经验分析结论表明，绿色全要素生产率的影响因素涉及要素禀赋、技术扩散、产业结构、经济发展、经济调控、环境规制、制度质量等多个方面。但是，中国工业分行业数据中，上述部分变量难以找到合适的测度指标。因此，此处结合数据的可得性，将协变量确定如下：对外开放度（$open$），用出口交货值与工业销售产值的比值表示；所有制属性（$owner$），用国家资本与实收资本的比值表示；资产负债率（$debt$），用负债合计与资产总计的比值表示；要素禀赋（kl），用资本与劳动的比值表示；排放强度（yc），用二氧化碳排放量与总产出的比值表示。

4. 数据和样本

由于2017年及之后的数据中无法获取分行业就业数据，因此无法计算分行业的绿色全要素生产率，因此，此部分所用数据来自2006～2017年《中国统计年鉴》《中国工业统计年鉴》《中国科技统计年鉴》，数据时间跨度为2005～2016年。其中，考虑到2012年前后部分行业进行了调整，为确保统计口径一致，将具体的行业调整如下：将 2012 年前的"橡胶制品业"和"塑料制品业"归并为"橡胶和塑料制品业"，2012 年之后的"汽车制造业"与"铁路、船舶和航空航天和其他运输设备制造业"归并为"交通运输设备制造业"。调整后的工业行业包括 36 个工业行业，相关数据的一般统计描述见表 5 - 3。

表 5 - 3　　　　　　　　　　　变量的描述性统计

变量	样本数	均值	标准差	最小值	最大值
绿色全要生产率（gtfp）	432	1.196	0.310	0.836	3.186
绿色技术进步（gtc）	432	1.252	0.343	1.000	3.186
绿色技术效率变化（gec）	432	0.965	0.102	0.504	1.252
对外开放度（open）	432	0.123	0.174	0.000	2.060
所有制（owner）	432	0.168	0.179	0.001	0.857
资产负债率（debt）	432	0.541	0.079	0.215	0.695
要素禀赋（kl）	432	21.610	27.980	0.721	194.900
排放强度（yc）	432	0.008	0.021	0.000	0.160

注：表中数据为作者根据历年《中国统计年鉴》《中国工业统计年鉴》《中国科技统计年鉴》整理得出。

四、实证分析

（一）去产能政策实施绩效的基准分析

1. 倾向得分匹配

双重差分法的使用前提是结果变量在政策实施前满足平行趋势假设。为考察去产能政策对工业行业绿色全要素生产率的影响，理想的做法是比较同一个行业在受到政策影响和不受到政策影响情况下的绿色全要素生产率差异。然而，现实中无法同时观测到该行业的这两种状态。基于此，此处通过倾向得分匹配法（PSM）来构造"反事实"样本，以确保匹配后的样本满足平行趋势假设。

为满足平行趋势假设，将非重合区域的样本删除后（其中控制组删除了 14 个观测值，处理组未删除），进行匹配变量的平衡性检验（见表 5 - 4）。从匹配平衡性检验结果可以发现，匹配后处理组与控制组各主要变量的标准偏差值均小于 10%，其中多数小于 5%，T 检验表明匹配后的两组样本在匹配变量上均不存在显著差异。其他检验指标中，B 值等于 12%，小于 25%；R 值为 0.63，落于 [0.5，2] 之间，总体上说明匹配变量选取较为合理，匹配后的估计结果有效可靠。这从样本匹配前后倾向得分的核密度图也可以直观地看出来（见图5-2）。其中，匹配前处理组与控制组 PS 值的核密度存在一定的差异，匹配后两组样本的核密度曲线非常相似，两组样本行业在特征变量上较为相近。因此，匹配后的两组样本满足平行趋势建设，为双重差分回归筛选了较为理想的数据样本，更有助于获得去产能政策的真实效果。

表5-4　　　　　　　　　　　匹配样本平衡性检验结果

变量	样本	平均值		标准偏差（%）	T 检验	
		处理组	控制组		T 值	P 值
open	匹配前	0.1055	0.1254	-12.60	-0.82	0.412
	匹配后	0.1055	0.1053	0.10	0.01	0.995
owner	匹配前	0.1659	0.1680	-1.10	-0.09	0.932
	匹配后	0.1659	0.1629	1.70	0.09	0.927
debt	匹配前	0.5364	0.5412	-5.90	-0.44	0.662
	匹配后	0.5364	0.5355	1.10	0.06	0.952
kl	匹配前	20.1630	21.8430	-6.40	-0.43	0.667
	匹配后	20.1630	19.6090	2.10	0.13	0.899
yc	匹配前	0.0066	0.0079	-7.00	-0.45	0.651
	匹配后	0.0066	0.0078	-6.50	-0.41	0.679

注：表中数据为作者运用 Stata15.1 计算得出。

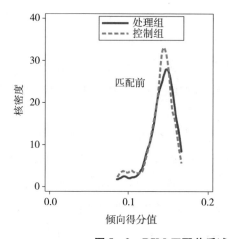

图5-2　PSM 匹配前后试点组与对照组的倾向得分对比

注：左图为匹配前处理组和控制组的倾向得分核密度对比图，右图为匹配后处理组和对照组的倾向得分核密度对比图。

2. 双重差分分析

根据前面的实证分析模型选择，利用前面的倾向得分匹配后的样本，对式（5－2）所示的 DID 模型进行估计，具体采用 Stata15.1 的双向固定效应估计方法进行，结果见表 5－5，从中可以得出下述结论：

表 5－5　　　　　　去产能政策的 PSM－DID 估计结果：2004～2016 年

变量	绿色全要素生产率		绿色技术进步		绿色技术效率	
	系数	标准误	系数	标准误	系数	标准误
$du \cdot dt$	-0.0489	0.387	-0.1508***	0.0578	0.0564***	0.0186
$open$	-0.0553	0.0814	0.0161	0.0835	-0.0264	0.0269
$owner$	0.0649	0.0946	0.1003	0.0970	-0.0249	0.0312
$debt$	-0.1269	0.1570	-0.1554	0.1611	0.0024	0.0518
kl	-0.0002	0.0007	0.0003	0.0007	-0.0002	0.0002
yc	0.2970	0.6093	0.4178	0.6249	-0.0530	0.2009
常数项	1.0761***	0.0979	1.0645***	0.1004	1.0144	0.0323
行业固定	是		是		是	
时间固定	是		是		是	
样本数	418		418		418	
R^2	0.1327		0.2092		0.0736	

注：***、*分别表示1%、10%的显著性水平上通过 T 检验。

第一，去产能政策显著地抑制了绿色技术进步。表 5－5 中显示的估计结果表明，绿色技术进步模型中，双重差分变量的系数估计值为 -0.1508，并在 1% 的显著性水平上通过了统计检验。这说明短期内去产能政策的实施显著地抑制了中国工业行业的绿色技术水平提升，这与前面的理论分析结论是一致的。实际上，实施去产能政策在短期内会降低这些企业的研发投入，而且还可能存在"一刀切"式的政策实施，进而导致"洗澡水和孩子被一起倒掉"，它们在短期内对研发活动、"干中学"等提高技术水平的行为都具有明显的负向冲击，从而短期内抑制了绿色技术进步。一般来说，技术进步的时间较长，而且政策实施也具有时间滞后效应，加之数据截至 2016 年，本研究无法检验该政策实施对绿色技术进步的长期影响。

第二，去产能政策显著地改善了绿色技术效率。表 5－5 中显示的估计结果表明，绿色技术效率模型中，双重差分变量的系数估计值为 0.0564，而且在 1% 的显著性水平上通过了统计检验。这说明去产能政策的实施显著地促进了绿色技术效率改善，这与前面的理论分析结论是一致的。其中，绿色技术效率的改善主要来源于三个方面：对先进适宜技术的更充分使用即绿色纯技术效率水平的提升，资源配置优化引起的资源配置效率提升，以及生产规模优化所致的绿色规模效率提升（严格来说这是资源优化配置的一个方面）。

第三，去产能政策对工业行业绿色全要素生产率的影响总体来说并不显著。在表 5 - 5 的绿色全要生产率模型估计结果中，双重差分变量的系数估计值为 -0.0489，但是即使在 10% 的显著性水平上也没有通过统计检验。这说明中国在 2013 年下半年开始实施的去产能政策，对中国工业行业的绿色全要素生产率总体来说没有产生显著的抑制或促进作用。其中，之所以没有产生显著影响，原因在于实施去产能政策对绿色全要素生产率变化的两大源泉具有显著不同的影响方向，即显著地抑制了绿色技术进步而又显著地改善了绿色技术效率，由于两股对立力量的相对大小差异不是很明显，从而对绿色全要素生产率的影响不显著。

第四，其他控制变量对绿色全要素生产率及其增长源泉的影响不显著。在三个模型的估计结果中，行业的国有化程度、对外开放度、资产负债率、资本强度和碳排放强度的系数估计值，即使在 10% 的显著性水平上都没有通过统计检验，这说明在行业层面，这些因素对绿色全要素生产率及其增长源泉都没有显著的影响作用。然而，这并不能充分说明它们对绿色全要素生产率及其增长源泉没有影响。这里不显著的原因可能在于，行业层面的这些数据没有较好地刻画这些变量的真实含义，比如出口交货值与出口额并不等同，从而这里的开放度的衡量实际上是有偏差的。另外，由于数据无法获取，绿色全要素生产率的其他潜在影响因素没有纳入分析模型，致使这里遗漏了一些关键变量，这从很低的可决系数（位于 0.0736 和 0.2092 之间）可见一斑，不过这并不影响此部分的关键结论。

上述分析表明，去产能政策对中国工业行业绿色全要素生产率变化的源泉具有显著不同的影响，但是总体来说它对绿色技术进步的抑制作用远大于它对绿色技术效率的促进作用，从而最终对绿色全要素生产率增长的影响并不显著。也就是说，去产能政策对绿色全要素生产率变化的影响，是通过影响绿色技术进步和绿色技术效率变化来实现的，研究假设 $H1a$ 得到了验证。由此可以看出，探讨去产能政策对绿色全要素生产率的影响时，有必要对绿色全要素生产

率变化的源泉进行探讨，否则就可能得出错误结论，即实施去产能政策对绿色
全要素生产率的变化无影响。

（二）去产能政策实施绩效的动态效应

前面的基准分析只评估了去产能政策对绿色全要素生产率及其源泉的平均
作用，并没有反映该政策在不同年份的绩效差异。为检验去产能政策对工业行
业绿色全要素生产率及其源泉的动态效应即研究假设 $H2a$，此部分在基准模型
的基础上，结合事件研究法（Event Study Approach，ESA）对政策实施中的绿
色全要素生产率、绿色技术进步和绿色技术效率分别进行平行趋势检验，结果
见表 5 - 6 和图 5 - 3。

表 5 - 6　　　　　去产能政策影响绿色 TFP 的平行趋势检验结果

影响因素		绿色全要素生产率		绿色技术进步		绿色技术效率	
类别	变量	系数	标准误	系数	标准误	系数	标准误
政策实施 时点变量	$t-3$	-0.0560	0.0910	-0.1040	0.0927	0.0244	0.0301
	$t-2$	-0.0950	0.0904	-0.1494	0.0921	0.0278	0.0299
	$t-1$	-0.1670*	0.0925	-0.2452***	0.0942	0.0328	0.0306
	t	-0.0902	0.0915	-0.1893**	0.0933	0.0529*	0.0303
	$t+1$	-0.0772	0.0904	-0.2110**	0.0921	0.0728**	0.0299
	$t+2$	-0.0807	0.0909	-0.2118**	0.0926	0.0708**	0.0300
控制变量		是		是		是	
时间固定		是		是		是	
行业固定		是		是		是	
R^2		0.1392		0.2189		0.0739	

注：表中数据为笔者运用 Stata15.1 计算得出，表中用 *、**、*** 表示在 10%、5%、1% 的显著性水
平上通过 T 检验。$t-3 \sim t+2$（t 例外，为政策实施当年）为反事实的政策实施时点虚拟变量，如 t 为政
策实施当年，$t-1$ 和 $t+1$ 分别为政策实施前一年和后一年。

第一，无论是绿色全要素生产率，还是绿色技术进步或绿色技术效率，在去
产能政策实施之前都满足平行趋势假设，但是实施去产能政策对绿色全要素生产
率和绿色技术进步具有预期效应。在表 5 - 6 中的三个模型估计结果中，表征政策
实施之前的三个反事实的政策实施时间—个体虚拟变量 $t-3$、$t-2$ 和 $t-1$，即使
在 10% 的显著性水平上，它们的系数估计值都没有同时通过统计检验。这意味

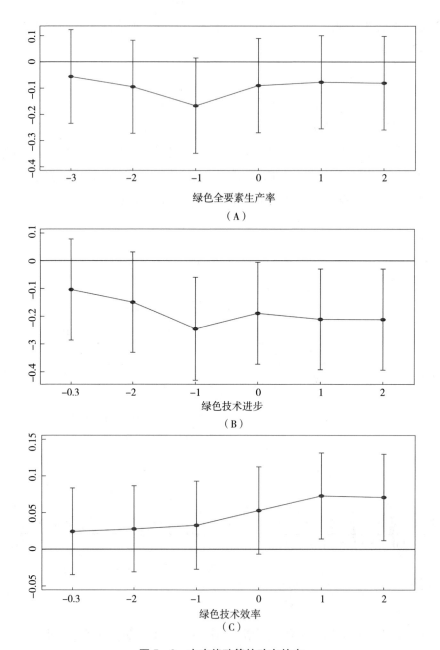

图 5 - 3 去产能政策的动态效应

　　注：图中横轴为时间变量，其中 0 为政策实施当年，-1 为政策实施的前 1 年，1 为政策实施的后一年，其他依此类推。图（A）、（B）和（C）分别为实施去产能政策影响绿色全要素生产率、绿色技术进步和绿色技术效率的动态效应检验结果图。

着在去产能政策实施之前，就政策处理组和对照组而言，它们的绿色全要素生产率、绿色技术进步和绿色技术效率的演变趋势都是一致的，也即它们满足平行趋势假设，此部分双重差分估计结果是有效的。另外，在绿色全要素生产率和绿色技术进步模型估计结果中，由于政策实施前一年的估计结果分别在10%和1%的显著性水平上通过统计检验，这同时意味着实施去产能政策对绿色全要素生产率和绿色技术进步的影响都具有预期效应。不过，绿色技术效率模型估计结果显示，实施去产能政策对绿色技术效率的影响却不存在预期效应。其中，绿色技术进步和绿色全要素生产率变化的政策预期效应，表明去产能政策实施前，由于多种因素导致相关经济主体提前得到了去产能信号，从而他们提前对过剩产能、落后产能等进行了清理。

第二，实施去产能政策对绿色技术进步和绿色技术效率变化的影响都具有显著的时滞效应。在绿色技术进步和绿色技术效率模型的估计结果中，反事实的政策时点虚拟变量 $t+1$ 和 $t+2$ 的系数估计值都在5%的显著性水平上通过 T 检验，这表明实施去产能政策对绿色技术进步和绿色技术效率的影响都具有显著的时间滞后效应。

第三，实施去产能政策对绿色全要素生产率的影响不具有明显的时滞效应。在表5-6显示的绿色全要素生产率模型估计结果中，反事实的政策时点虚拟变量 $t+1$ 和 $t+2$ 的系数估计值即使在10%的显著性水平上也没有通过 T 检验，这表明实施去产能政策对绿色全要素生产率的影响总体来说不具有滞后效应。然而，我们不能仅仅根据这个结果来解释实施去产能政策的时滞效应。第二点结论表明，实施去产能政策对绿色技术进步和绿色技术效率变化都存在显著的时滞效应，而且它们的影响是相反的。也就是说，实施去产能政策对绿色全要素生产率变化的影响实际上是有时滞效应的，只不过它表现为两种影响方向相反的时滞效应。这印证了前面的分析，即探讨去产能政策对绿色全要素生产率的影响时，忽略其源泉的探讨可能得出错误结论。

（三）稳健性检验：安慰剂检验

前面的双重差分估计结果表明，去产能政策的实施抑制了中国工业行业的绿色技术进步，但是促进了绿色技术效率改善，而对绿色全要素生产率增长的影响总体来说并不显著，但是这还不能充分证明该结果不受同期其他因素的影响，亦即前面的分析并不能保证不存在遗漏变量偏误。为此，此部分运用安慰剂检验方法，分别通过虚构政策时间（这里首先将数据按照行业分组，然后在每个行业组内的时间变量中随机抽取一个年份作为其政策时间）和虚构处理组来进行稳健性分析。为确保安慰剂检验结果更具一般性，在虚构政策实施时间和处理组时，分别对原始样本进行 500 次随机抽样，然后运用式（5-2）进行双重差分分析，结果见图 5-4。

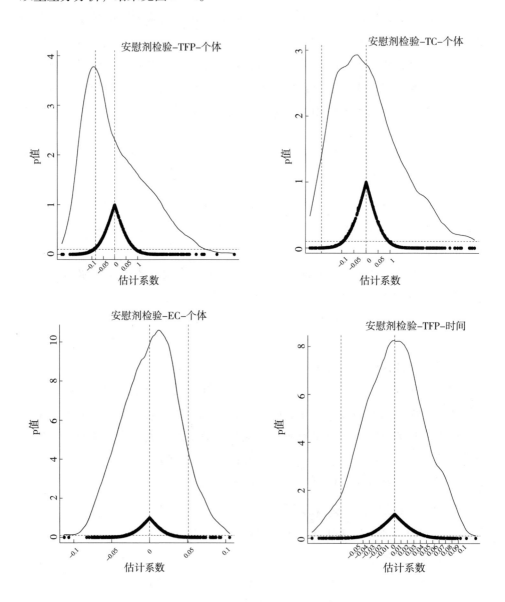

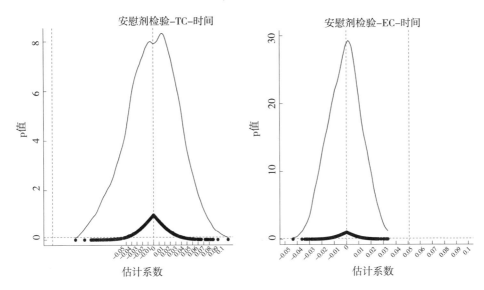

图 5 - 4　安慰剂检验结果

注：图示为分别对政策实施的时间和个体随机抽样 500 次情况下，虚拟的双重差分变量的系数估计值的核密度图。其中，纵轴为概率值，横轴为系数估计值；实线为系数估计值的核密度，下方中空曲线为系数估计值对应的 P 值；最左（右）边的垂直虚线为真实的双重差分变量的系数估计值。

从图 5 - 4 中可以看出，无论是虚构政策实施时间，还是虚构处理组，对于反事实的双重差分估计量的系数估计值（图中下方的中空曲线），它们对应的 P 值多数都位于 0.1（图中平行于横轴的虚线）以上，这表明这些反事实的双重差分变量的系数估计值即使在 10% 的显著性水平上也未能通过统计检验。与此同时，双重差分变量的系数估计值的真实值（图中左侧虚线对应的横坐标值，绿色技术效率模型中为最右侧的垂直虚线）在反事实的估计值中属于"异常值"，亦即随机抽样下的双重差分变量的系数估计值基本上都与真实估计值有非常明显的差异。这些估计结果一致表明，前面的双重差分基准模型估计结果没有因为变量遗漏导致严重偏误，从而基准模型估计结果具有稳健性，研究假设 *H1a* 进一步得到验证。

五、主要结论

本书基于 2005～2016 年 36 个工业行业的面板数据，检验了去产能政策对中国工业行业绿色全要素生产率及其源泉的影响。主要研究结论如下：

第一，实施去产能政策对中国工业行业的绿色全要素变化总体来说没有显著影响，但是这并不意味着该政策的实施在工业行业绿色全要素生产率演变中没有任何影响。实际情况是，实施去产能政策会显著地改善绿色技术效率，并抑制绿色技术进步，这两股相反的力量产生了对冲效应，从而对绿色全要素生产率变化的抑制作用不显著。

第二，实施去产能政策对绿色全要素生产率的影响不存在时滞效应，但是存在较明显的预期效应。动态效应检验结果表明，实施去产能政策的当年和之后，该政策对绿色全要素生产率没有显著影响，但是在之前的一年里有比较显著的预期效应，而且总体来说是抑制作用。

第三，实施去产能政策对绿色全要素生产率演变的两大源泉的影响都存在显著的时滞效应。其中，该政策的实施对绿色全技术进步还有显著的预期效应（抑制作用），但是对绿色技术效率变化的影响不存在显著的预期效应。

第三节　自贸区建设与中国省份绿色全要素生产率增长

一、文献综述

2020 年 5 月 14 日，中共中央政治局常委会会议首次提出"深化供给侧结构性改革，充分发挥中国超大规模市场优势和内需潜力，构建国内国际双循环相互促进的新发展格局"。随后召开的中共十九届五中全会中明确提出，"加快构建以国内大循环为主体、国内国际双循环相互促进的新发展格局"。要推动形成"双循环"新发展格局，既要以国内大循环为主体畅通生产、分配、交换和消费四大环节，也要畅通国际大循环以充分发掘对外发展的市场空间。1978 年中共十一届三中全会召开以来，中国对外开放格局不断升级，经济社会发展也取得了日新月异的突破性变化，对外开放已成为中国经济转型升级的重要引擎。"十四五"时期，中国发展仍处于重要战略机遇期，超级全球化进入下半场，冲突对抗风险上升，建设社会主义现代化国家新征程将全面开启。进一步扩大对外开放，将是深化供给侧结构性改革、畅通国际大循环的重要抓手。目前，自由贸易试验区建设已成为中国扩大对外开放的重要举措。2013 年 8 月，党中央和国务院决定成立中国（上海）自由贸易试验区。随后，中国自由贸易试验区建设按照"由点到线，由线及面"的全方位布局，已形成"东中西协调，南北统筹兼顾，江海陆边联动"的高水平对外开放新格局。近年来，一组研究对自由贸易试验区（简称"自贸区"）驱动经济发展进行了比较丰富的研究，下面对相关研究成果进行简要回顾。

（一）有关自贸区建设对经济增长的影响研究

相关研究一致认为，自由贸易试验区建设会促进经济增长，但是这些研究中的影响渠道多样。赵亮和陈淑梅（2016）认为，自由贸易试验区可以通过多种渠道促进经济增长，包括静态的贸易红利、福利效应，以及动态的投资效应、规模效应、竞争效应和技术效应。张阿成和于业芹（2020）认为，自由贸易试验区设立可以通过促进资本流动、技术创新、市场化改革等，驱动经济增长；他们运用PSM－DID实证分析发现，自由贸易试验区设立促进了经济增长，其中主要是通过资本流动和技术创新来促进经济增长，而市场化改革渠道尚未得到证实。卡斯蒂略等（Castilho et al.，2018）基于玛瑙斯自由贸易试验区的实证分析表明，自由贸易试验区内特殊的财政激励机制刺激了中间产品生产，增加了居民收入。任再萍等（2020）、崔耕瑞（2020）、杨月涛（2020）、叶霖莉（2020）、张军等（2018）、赵亮（2014；2016）、赵亮和陈淑梅（2015）、谭娜等（2015）的经验分析也表明，自由贸易试验区建设会促进经济增长。其中，叶霖莉（2020）、张军等（2018）还探讨了自由贸易试验区设立促进经济增长的区域异质性，后者还发现自由贸易试验区的经济增长效应呈现出"U"型态势增长。

（二）有关自贸区建设对国际贸易的影响研究

相关研究一致认为，自由贸易试验区建设会影响国际贸易，但是具体的研究结论具有差异。维纳（Viner，1950）提出的"关税同盟理论"认为，关税减免具有贸易创造效应，即引起生产环节由低生产率成员国向高生产率成员国转移，从而创造了前者的出口和后者的进口，这会促进关税同盟成员国之间的资源优化配置和生产的帕累托改进。米德（Meade，1955）、蒙代尔（Mundell，1968）等进一步探讨了关税同盟的福利效应分析。罗布森（Robson，1980）在放松规模经济和完全竞争市场假设的基础上提出了自由贸易试验区理论。国外一些学者对自贸协议的贸易创造效应的定量评估方法也进行了探讨，如廷伯根

（Tinbergen，1962）的贸易引力方程，爱格（Egger，2000）进一步将该模型中引入虚拟变量来检验自由贸易试验区对双边贸易流量的净效应，赫特尔（Hertel，2002）则基于一般均衡思想构建了世界贸易分析模型（GTAP），对自贸区的贸易创造效应进行事前评估。国内众多研究则实证分析了自由贸易试验区建设与国际贸易发展的关系。徐芬和刘宏曼（2017）结合系统广义矩和反事实分析法探讨了多个自由贸易试验区对中国农产品进口的影响，结果发现，中国—东盟自由贸易试验区等多个自由贸易试验区都存在贸易创造效应，但是不存在贸易转移效应，而中国新加坡自由贸易试验区等既不存在贸易创造效应，也不存在贸易转移效应。原瑞玲和田志宏（2014）的研究发现，中国—东盟自由贸易试验区通过贸易创造，明显地促进了双边农产品贸易，但是区域内贸易没有以贸易转移为代价实现经济增长。殷华和高维和（2017）的研究发现，上海自由贸易试验区建设显著促进了上海市的进出口增长。项后军等（2016）发现，自由贸易试验区设立显著促进进口，但是对出口的影响不显著。

（三）有关自贸区建设对产业优化升级的影响研究

相关研究基本上都认为，自由贸易试验区建设会促进产业优化升级，但是也有个别研究得出不同的研究结论。以赫尔什曼（Hirshman）为代表的国外学者较早地探讨了自由贸易试验区对产业优化升级的影响，认为自由贸易试验区的设立打破了贸易壁垒，实现了生产要素、商品和服务的跨空间自由流动，最终会对区域内产业分工和区位选择产生显著影响（Krugman，1979）。梁双陆等（2020）认为，从理论上来说，自由贸易试验区主要通过影响投资结构、进出口贸易结构、经济增长和消费需求等路径来推动区域产业结构转型升级。他们运用合成控制法对北美、欧洲、东盟、中国—东盟、南美5个区域自由贸易试验区的经验分析发现，前4个自由贸易试验区的成立对产业结构转型升级具有显著影响，但是成立南美自由贸易试验区的产业结构转型升级效应不显著；就影响机制而言，进出口贸易结构路径被证实，而且在经济相对发达的欧美地区还存在消费需求路径，在经济相对落后的亚洲地区还存在投资结构路径。聂飞（2019）认为，自由贸易试验区是地区制造业结构升级的"政策红利"，并以上海、天津、福建和广东自由贸易试验区建设为准自然实验，基于2003～2017年省份面板数据的DID分析发现，自由贸易试验区建设通过贸易便利化的进口质量效应、投资便利化的专业化分工效应，优化了制造业结构的合理化程度。其中上海自由贸易试验区建设对制造业结构合理化的政策效果有3年持续期，而天津、福建和广东自由贸易试验区建设由于时滞效应而未显现出来。黎绍凯和李露一（2019）结合省级季度数据和合成控制法研究发现，上海自由贸易试验区设立显著地促进了产业结构高度化，但是对加工程度高度化的政策效应较弱，而且短期内它对其他省区市产业结构升级效应影响不明显，甚至有负向效应。

（四）有关自贸区建设对技术进步的影响研究

相关研究表明，自由贸易试验区的建设会促进技术进步。林珏等（2017）以北美自由贸易试验区的 3 个成员国和 35 个非成员国为样本的经验分析发现，北美自由贸易试验区的成立为各成员国的技术进步都带来了好处，而且经济互补性强的成员国比经济同构性强的成员国获利更多。张阿成和于业芹（2020）基于国内 7 个自由贸易试验区的双重差分分析表明，自由贸易试验区建设有助于技术创新，进而促进经济增长。刘秉镰和王钺（2018）基于合成控制法的经验分析表明，上海自由贸易试验区的设立显著地促进了上海市的创新水平提升。高增安和李肖萌（2019）结合省际面板数据和双重差分法的经验分析表明，自由贸易试验区的设立有效促进了区域创新发展，而且创新产出的净效应呈逐步上升趋势，并大于呈"U"型态势的创新投入的净效应。

（五）有关对外开放与环境污染的研究

近年来，全球愈发重视环境和生态因素在经济发展中的重要性，党中央和国务院也提出了新发展理念、生态文明建设和高质量发展等纲领性发展思路或战略，这对经济发展与生态环境改善实现辩证统一提出了更高要求，国内一些学者对对外开放与绿色发展也进行了深入探讨。彭水军等（2013）研究表明，贸易开放度的不断提高会带来污染避难所效应，但由于存在要素禀赋效应大于污染避难所效应，会在一定程度上有利于环境污染的改善而非恶化。盛斌等（2012）发现，对外贸易的开展及外商直接投资无论是在国民经济总体层面还是分行业层面上，由于技术引进与扩散带来较大的技术效应，将有利于减少中国工业污染排放。但李锴等（2011）研究表明，贸易开放加剧了中国二氧化碳排放量和碳强度，对外贸易对中国环境的影响是负面的。孔淑红等（2012）发现，随着开放程度的不断提高，出口贸易生产对环境造成了很大的负面效应，同时随着出口规模的扩张，会导致排污量增加以及资源耗费。袁一仁等（2020）通过测算企业传统生产效率与绿色生产效率发现，对外贸易对企业传统生产效率具有正向影响，但对绿色生产效率存在负向效应。

（六）简评

上述文献的研究结论表明，以自由贸易试验区建设为代表的对外开放发展有助于国际贸易发展、技术进步和产业结构优化升级，进而会促进经济增长。与此同时，一些研究表明，对外开放发展对生态环境的影响还存在争议性结论。然而，这些研究都没有探讨自贸区建设（或对外开放）对绿色全要素生产率或其增长源泉的影响。众所周知，绿色全要素生产率增长不仅要求经济发展中的投入产出效率提升，而且还要求经济效益和生态环境效益的共同兼顾。中国自由贸易试验区的设立是扩大对外开放的重要举措，也是深化供给侧结构性改革的重要手段。那么，中国的自贸区建设对绿色全要素生产率增长是否具有促进作用？不同省份自由贸易试验区建设的政策实施绩效是否一致？据作者所知，目前该领域尚未发现有公开发表的相关研究成果。为此，此部分拟针对上述问题，将中国的"自由贸易试验区设立"看作是一项准自然实验，并结合 2003 ~ 2017 年的省份层面面板数据和双重差分法、合成控制法等研究方法，对自由贸易试验区建设与绿色全要素生产率增长的关系进行经验分析。

二、国内自贸区的发展历程与研究假设

（一）发展历程

自由贸易试验区作为一项通过提升货物贸易自由化使某一国家实施多边/双边合作战略的区域性安排，在其设立 50 余年的历史中，发达国家或是发展中国家都将其视为一种重要的经济政策。从 2013 年至今，中国自由贸易试验区已扩展至 21 个省份，逐步形成"连点成线、连线成面"的对外开放战略格局，更好地服务陆海内外联动、东西双向互济的总体布局。伴随着中国对外开放的一步步升级，对外开放经济功能区经历了从保税区到自由贸易试验区，再到自由贸易港的演变历程，这将全方位发挥对中国经济的辐射带动作用。

1. 保税区的设立与发展：1990 ~ 2013 年

保税区是经国务院批准、由海关实施特殊监管的经济区域。保税仓储、出口加工、国际贸易是保税区的三大主要功能，商品展示为其辅助功能。1990年，国务院批准建立中国第一个保税区——上海外高桥保税区，随后至 1996 年先后设立了天津港、深圳福田、沙头角和盐田港、大连、广州、张家口、海口、厦门象屿、福州、宁波、青岛、汕头、珠海、合肥 15 个保税区。保税区的设立为促进中国进出口加工业发展、国际物流运作便捷化、实施简便海关管理手续，

提供了相对优惠的政策。伴随着中国 2001 年加入 WTO，弱化了中国保税区所享有的优惠政策，同时也意味着保税区要想在竞争中求生存，必须向国际通行的自由贸易试验区转型。

2. 自由贸易试验区的设立与发展：2013～2020 年

为应对国际贸易投资规则的变迁和国内经济新常态，2013 年 9 月 27 日，《国务院关于印发中国（上海）自由贸易实验区总体方案的通知》发布，标志着中国第一个自由贸易试验区的成立。中国（上海）自由贸易试验区涵盖外高桥保税区、外高桥保税物流园区、洋山保税港区和上海浦东机场综合保税区。按照党中央、国务院对自贸试验区"继续积极大胆闯、大胆试、自主改""探索不停步、深耕试验区"的要求，上海自由贸易试验区以深化完善负面清单管理为核心，充分发挥金融贸易、先进制造、科技创新等重点功能承载区的辐射带动作用，力争建设成为开放度最高的投资贸易便利、货币兑换自由、监管高效便捷、法制环境规范的自由贸易试验区。

随后，经过前期充分论证，2015 年 4 月 20 日，党中央、国务院印发了在广东、天津和福建新设立 3 个自由贸易试验区的总体方案。2017 年 3 月 31 日，又批准成立了辽宁、浙江、河南、湖北、重庆、四川、陕西 7 个自由贸易试验区。2018 年 10 月 16 日，在《国务院关于同意设立中国（海南）自由贸易试验区的批复》中，将海南全岛确定为自由贸易试验区。当年 11 月 23 日，国务院印发的《关于支持自由贸易试验区深化改革创新若干措施的通知》指出，建设自由贸易试验区是党中央、国务院在新形势下全面深化改革和扩大开放的战略举措。2019 年 8 月 26 日，《国务院关于同意新设 6 个自由贸易试验区的批复》印发，增设了山东、江苏、广西、河北、云南和黑龙江 5 个自由贸易试验区。2020 年 9 月 21 日，《国务院关于印发北京、湖南、安徽自由贸易试验区总体方案及浙江自由贸易试验区扩展区域方案的通知》发布，在北京、湖南、安徽 3 省市增设了自由贸易试验区。

至此，中国已在 21 个省份设立了自由贸易试验区，业已形成陆海内外联动、东西双向互济的开放格局，这将成为中国加快形成双循环新发展格局的重要抓手。从一开始较为简单构建开放型经济体制的自贸试验区制度创新，到触及敏感地带和管制红线的自贸试验区进一步改革，再到涉及全方位"放、管、服"的自贸试验区的创新要素跨进配置改革，逐步步入中国对外高水平开放的改革深水区。但自贸试验区不仅仅是划出一块区域来设立一个经济功能区的概念，更多的是强调中国制度的供给侧改革。

3. 自由贸易港的规划发展：2020 年至今

自由贸易港是指设在国家与地区境内、海关管理关卡之外的，允许境外货物、资金自由进出的港口区。自贸港对进出港区的全部或大部分货物免征关税，并且准许在自由港内，开展货物自由储存、展览、拆散、改装、重新包装、整理、加工和制造等业务活动。

2017 年 10 月 18 日，习近平总书记在中共十九大报告中指出，要赋予自由贸易试验区更大改革自主权，探索建设自由贸易港。2018 年 4 月 13 日，党中央决定支持海南逐步探索、稳步推进中国特色自由贸易港建设，分步骤、分阶段建立自由贸易港政策和制度体系。2020 年 6 月 1 日，中共中央、国务院印发了《海南自由贸易港建设总体方案》，明确了海南自由贸易港建设的路线图和时间表，标志着中国第一个自由贸易港的正式成立。2020 年 12 月 31 日，经国务院批准，国家发展改革委、商务部发布《海南自由贸易港外商投资准入特别管理措施（负面清单）（2020 年版）》，自 2021 年 2 月 1 日起施行。相对于自贸试验区而言，自贸港在汇率、投资、法律、营商环境等方面有更大的改革空间，以对标全球高标准自由贸易体系的制度创新为驱动，逐步向更高层次的市场要素开放体系转变。因此，自贸港的发展将有望推动中国对外开放达到又一新高度，助推中国抓住国际发展的重大历史机遇，并将成为中国保持高水平对外开放和高质量发展的动力源泉（见表 5 - 7）。

表 5 - 7 中国自由贸易试验区设立情况一览表

设立时间	设立省区市	省份累计数（个）
2013 年 9 月 27 日	上海	1
2015 年 4 月 20 日	广东、天津、福建	4
2017 年 3 月 31 日	辽宁、浙江、河南、湖北、重庆、四川、陕西	11
2018 年 10 月 16 日	海南	12
2019 年 8 月 26 日	山东、江苏、广西、河北、云南、黑龙江	18
2020 年 9 月 21 日	北京、湖南、安徽	21

资料来源：作者根据相关资料整理得出。

（二）研究假设

经济发展理论和实践表明，对外开放是推动经济发展的重要手段。一般而言，对外开放程度的提升不仅有助于国外新技术、新知识、新理念的国际扩散，而且有助于提高国际竞争程度和深化国际专业化分工与合作，它们都有助于开放经济体的经济社会发展。不过，在对外开放发展中，也存在一些不利影响。比如，一些经验分析表明，伴随着国际产业转移、外商直接投资，具有污染性、高能耗的产业或生产环节往往会由发达经济体向发展中经济体转移，结果是加重发展中经济体的能源消耗和环境污染，从而不利于可持续发展。中国设立自由贸易试验区，就是要通过构建对外开放新高地，来提升中国的对外开放程度，助推形成国内国际双循环新发展格局，使中国在全面开放新格局中实现更高水平、更高质量的发展。绿色全要素生产率增长是考虑资源环境双重约束下投入要素的产出效率提升，它是绿色技术进步和绿色技术效率改善的共同结果。从前述分析可以推论，设立自由贸易试验区将促进对外开放，既会通过促进国际技术扩散而影响绿色技术进步，也会通过资源优化配置而影响绿色技术效率。不过，鉴于对外开放对经济发展的影响具有两面性，因此设立自由贸易试验区对绿色全要素生产率及其构成因子的影响取决于两股对立力量的相对大小。

一般来说，政策从实施到产生相应的绩效都需要时间，即政策实施绩效具有时滞效应。自2013年9月国务院批复成立中国（上海）自由贸易试验区至今，中国自由贸易试验区的数量已增至21个，中国自由贸易试验区的运行经验得到了不断积累和推广。然而，由于不同省份自由贸易试验区建设的时间、对外贸易开放度、经济发展程度、地理位置等都存在一些差异，而且自由贸易试验区的建设从政府颁布相关实施细则到最后投入运营都需要时间，因此设立自由贸易试验区对经济发展的影响会存在滞后效应。一般来说，设立自由贸易试验区对经济发展的影响会随着时间推移和自由贸易试验区数量增加而逐渐扩大。在自由贸易试验区建成的初期，由于试验区较为稀少，它们对区域经济增长的影响有限，对区域内绿色全要素生产率的影响也较小。随着自由贸易试验区的数量和运营时间增加，国民经济发展中对外交流合作更加频繁，政策实施的效果也逐渐显现，从而对绿色全要素生产率的影响也会逐渐增大。

政策实施绩效往往还与政策实施对象的个体差异有关。中国不同省份在经济发展水平、要素禀赋结构、地理区位、绿色全要素生产率水平等方面都存在较大差异，这可能会导致设立自由贸易试验区在不同省份具有不同的作用效果。

另外，中国不同省份的自由贸易试验区的功能定位具有差异，这也可能导致设立自由贸易试验区具有不同的政策绩效。以沪闽粤津四大自由贸易试验区为例，其功能定位也不尽相同：上海自由贸易试验区将继续在推进投资贸易便利化、货币兑换自由化、监管高效便捷化、法制环境规范化等方面担任"领头羊"角色；福建自由贸易试验区立足于深化两岸经济的合作交流；广东自由贸易试验区立足于推动内地与港澳经济的深度合作；天津自由贸易试验区立足于推动京津冀地区的协同发展。综合上述分析，由于不同省份的地理环境、资源禀赋及经济特征的不同，会导致自由贸易试验区的设立对不同省份产生差异性的经济影响。

基于上述分析，本书在此提出以下 3 个研究假设：

H1b：自贸区建设通过影响绿色技术进步和绿色技术效率来影响绿色全要素生产率，不过这种影响具有两面性，从而最终的影响效果取决于其中的正向影响和负向影响的相对大小。

H2b：自贸区建设对绿色全要素生产率的影响存在时滞效应。

H3b：自贸区建设对绿色全要素生产率的影响存在区域异质性。

三、研究设计

（一）实证分析模型选择

中国省份自由贸易试验区的设立是一个逐步扩大试点省份的历程，当前仍处于试点阶段。其中，上海于 2013 年 9 月率先试点，然后广东、天津、福建 3 省市于 2015 年 4 月试点，而浙江、辽宁、河南、湖北、重庆和四川 6 个省份于 2017 年 3 月开始试点，海南等 10 个省份于 2018～2020 年逐步试点。因此，此部分的实证分析模型采用第一节介绍的异时 DID 模型的双向固定效应估计等式，见式（5 - 9）。

$$y_{i,t} = \alpha_0 + \mu_i + \gamma_t + \alpha_3\, du_i \cdot dt_{i,t} + \boldsymbol{\beta}' \boldsymbol{X}_{i,t} + \varepsilon_{i,t} \qquad (5-9)$$

式（5 - 9）中，参与试点省份为处理组（$du_i = 1$），其余为对照组（$du_i = 0$）。借鉴郭俊杰等（2019）等相关研究的做法，如果该政策是在 7 月 1 日之前施行，则 $dt_{i,t}$ 在当年及之后取值为 1，其余时间取值为 0；如果该政策是在 7 月 1 日及之后施行，则 $dt_{i,t}$ 在政策实施年份的第二年及之后取值为 1，其余时间取值为 0。μ_i 代表个体固定效应，表示影响省际绿色全要素生产率变化的个体异质性；γ_t 表示时间固定效应，代表随时间变化影响绿色全要素生产率的时间效应；

ε_{it}表示随机误差项。X_{it}是控制变量，表示一个省份随时间变化的社会经济特征和影响绿色全要素生产率的其他因素。

（二）变量、数据和样本选择

1. 因变量

为探讨自由贸易试验区设立对绿色全要素生产率的影响，此处与第三章中的影响因素分析部分一样，仍然采用分析期间内累积的绿色全要素生产率变化来近似地测度绿色全要素生产率的水平值。为进一步探讨其中的影响机制，考虑到绿色技术进步和绿色技术效率变化是绿色全要素生产率变化的两大源泉，此部分也同时探讨自由贸易试验区设立对绿色技术进步和绿色技术效率变化的影响，后者同样采用分析期间内的累积值来测度它们的水平值。

2. 核心解释变量

在探讨自由贸易试验区设立的渐进双重差分模型中，组别虚拟变量 du 和政策实施时点虚拟变量 dt 的取值如下。天津、上海、福建、广东处理组（年份限制为 2016 年以前），du 取值为 1，其余省份为对照组，du 取值 0。借鉴郭俊杰等（2019）等相关研究的做法，如果该政策是在上半年施行，则 dt 在当年及之后取值为 1，其余时间取值为 0；如果该政策是在下半年施行，则 dt 在政策实施年份的第二年及之后取值为 1，其余时间取值为 0。

3. 协变量

本书第三章基于 BMA 和空间计量模型的经验分析结论表明，绿色全要素生产率的影响因素涉及要素禀赋、技术扩散、产业结构、经济发展、经济调控、环境规制、制度质量等多个方面。鉴于此处的核心解释变量为测度自由贸易试验区设立的双重差分变量，即自由贸易试验区设立的政策处理组别虚拟变量与政策实施时间虚拟变量的乘积，实证分析时协变量中不再引入衡量对外开放程度的其他变量。因此，此处的协变量包括人力资本、知识资本、信息基础设施、产业结构高级化、地区经济发展水平、金融发展水平、税收政策和市场化程度。另外，一般认为外商直接投资会对绿色技术进步产生影响（第三章基于 BMA 的分析也证实了这一点），因此也将其纳入分析。所有协变量的具体测度指标见表 3 - 1。

4. 数据和样本

除测度自由贸易试验区的双重差分变量之外，此部分采用的所有数据均与第二章、第三章的一致，此处不再赘述。其中，由于本书观测值的最近年份数据源自 2017 年，而该年有 7 个省份开始自由贸易试验区试点。鉴于政策实施一般都有时滞效应，同时为尽可能采用观测值数量更多的样本进行经验分析，此部分将分析样的时间跨度确定为 2004 ~ 2016 年，省份为中国 30 个省份（不包含西藏自治区、香港特区、澳门特区和台湾地区）。

四、实证分析

（一）设立自贸区的政策绩效分析

1. 基准 DID 分析

表 5 - 8 列示了自由贸易试验区设立对中国省份绿色 TFP 影响的 DID 估计结果，其中第（3）、（4）列为加入了控制变量的绿色全要素生产率的双向固定效应模型估计结果，第（5）、（6）列为绿色技术进步模型的估计结果，第（7）、（8）列为绿色技术效率模型的估计结果。

表 5 - 8　　　　自贸区设立对绿色 TFP 的影响估计结果：2004 ~ 2016 年

影响因素	绿色全要素生产率		绿色技术进步		绿色技术效率	
	系数	标准误	系数	标准误	系数	标准误
$du \cdot dt$	0.0718 **	0.0346	0.0811 ***	0.0291	- 0.0146	0.0197
hc	- 0.0549 **	0.0271	- 0.0691 ***	0.0228	0.0087	0.0154
prd	0.2108 ***	0.0214	0.1461 ***	0.0180	0.0399 ***	0.0122
fdi	0.0024	0.0023	- 0.0002	0.0019	0.0015	0.0013
$intnet$	0.1507 ***	0.0566	0.0828 *	0.0476	0.0713 **	0.0322
is	- 0.0498	0.0340	0.0834 ***	0.0286	- 0.0995 ***	0.0193
$pgdp$	0.0526 ***	0.0145	0.0607 ***	0.0122	- 0.0040	0.0082
$dlbal$	- 0.0002	0.228	- 0.0001	0.0192	- 0.0004	0.0130
vat	7.3555 ***	2.0712	9.3748 ***	1.7439	- 0.3828	1.1785
m	0.0488 ***	1.6928	0.0241 **	1.4254	0.0235 ***	0.9632
$envip$	0.1413	0.121	1.6964	0.0102	- 1.1477	0.0069
常数项	0.8118 ***	0.1461	0.8752 ***	0.1230	0.9140 ***	0.0831
时间固定	是		是		是	
省份固定	是		是		是	
R^2	0.7981		0.8281		0.2051	

注：表中数据为作者运用 Stata15.1 计算得出，表中用 *、**、*** 分别表示在 10%、5%、1% 显著性水平上通过 T 检验。

第一，设立自由贸易试验区促进了中国省份绿色 TFP 增长。从基于绿色 TFP 模型的估计结果来看，双重差分变量的系数估计值为 0.0718，而且在 5% 的显著性水平上通过了统计检验，这说明自由贸易试验区的设立显著地提高了中国省份绿色 TFP。这同时也意味着，虽然设立自由贸易试验区可能对绿色 TFP 的影响具有两面性，但是它的正向效应大于负向效应，从而影响中国省份绿色 TFP 的"净效应"为正。

第二，设立自由贸易试验区促进绿色 TFP 增长的源泉在于它促进了绿色技术进步。从模型估计结果来看，在绿色技术进步模型中，双重差分变量的系数估计值为 0.0811，而且在 1% 的显著性水平上通过统计检验；在绿色技术效率模型中，双重差分变量的系数估计值即使在 10% 的显著性水平上也没有通过统计检验。这些结果表明，设立自由贸易试验区促进了中国省份绿色技术进步，但是对绿色技术效率的影响不显著，而且前者是其促进省份绿色 TFP 增长的源泉所在。

上述分析结论表明，自由贸易试验区的设立确实对中国省份绿色 TFP 产生了影响，而且影响方向为正向影响，但是对绿色技术进步和绿色技术效率的影响存在差异，这验证了假设 *H1b* 的部分内容。其中，估计结果表明，设立自由贸易试验区对绿色技术效率的影响不显著。值得一提的是，这并不能说明设立自由贸易试验区不会影响绿色技术效率变化，对它的更可能的解释是，设立自由贸易试验区对绿色技术效率的影响具有两面性，从而总体影响并不显著。从这个角度而言，这实际上在一定程度上印证了研究假设 *H1b* 的部分内容，即设立自由贸易试验区对绿色全要素生产率变化及其构成因子的影响具有两面性。

另外，其他控制变量对绿色全要素生产率的影响具有较大差异性，这与第三章的结论基本一致。不过，考虑到此部分与第三章的影响因素和空间一处分析模型中选择的控制变量并不完全相同，而且分析模型也具有较大差异，因此两部分的分析结论并不具有完全的可比性。即便如此，关于它们对绿色全要素生产率的影响，多数变量的分析结论是一致的。

2. 平行趋势检验

上述分析利用双重差分法估计了自由贸易试验区的设立对中国省份绿色全要素生产率的影响，但是上述分析结论还需要满足平行趋势假设，即在政策事件发生前，处理组和对照组的变化趋势应该是一致的。鉴于自由贸易试验区的设立时间是渐进的，此部分结合 ESA 方法来生成一系列政策实施时间虚拟变量，以分析关注变量在真实政策实施前后若干期的变化情况。由于设立自由贸易试验区的省份的第一年的时点是确定的，所以我们将当前年份与设立自由贸易试验区第一年的时点相比较，就可以得到设立自由贸易试验区前后 n 期的虚拟政策实施效果，从而可据此观察该政策的动态效果并进行平行趋势检验。因此，此部分使用双重差分法和 ESA 方法的结合来对政策实施中的绿色全要素生产率、绿色技术进步和绿色技术效率进行平行趋势检验，估计结果见表 5 - 9 和图 5 - 5。其中，若满足平行趋势假设，则政策实施前的时间段的估计系数应该都不显著，否则不满足平行趋势假设；如果政策实施后的政策虚拟变量的系数估计值显著地异于 0，则表明政策实施具有时滞效应，否则政策实施不存在时滞效应。

表 5 - 9　　　　　　**自贸区建设影响绿色 TFP 的平行趋势检验结果**

影响因素		绿色全要素生产率		绿色技术进步		绿色技术效率	
类别	变量	系数	标准误	系数	标准误	系数	标准误
政策实施时点变量	$t-2$	0.0349	0.0269	0.0196	0.0226	0.0100	0.0153
	$t-1$	0.0276	0.0279	0.0033	0.0235	0.0133	0.0159
	t	0.0041	0.0290	-0.0123	0.0244	0.0029	0.0165
	$t+1$	0.0946**	0.0465	0.0675*	0.0391	0.0075	0.0265
	$t+2$	0.0828*	0.0492	0.0934**	0.0414	-0.0226	0.0280
	$t+3$	0.1796	0.1091	0.1836**	0.0919	-0.0137	0.0622
控制变量		是		是		是	
时间固定		是		是		是	
省份固定		是		是		是	
R^2		0.810		0.870		0.281	

注：表中数据为作者运用 Stata15.1 计算得出，表中用 *、** 表示在 10%、5% 的显著性水平上通过 T 检验。$t-2 \sim t+3$ 为反事实的政策实施时点虚拟变量，如 t 为政策实施当年，$t-1$ 和 $t+1$ 分别为政策实施前一年和后一年。

第一，无论是绿色全要素生产率，还是绿色技术进步或绿色技术效率，在设立自由贸易试验区之前都满足平行趋势假设，而且都不具有预期效应。在表 5 - 9 中的三个模型估计结果中，表中政策实施之前的反事实的政策实施时间，即政策实施虚拟变量 $t-2$ 和 $t-1$，即使在 10% 的显著性水平上，它们的系数估计值都没

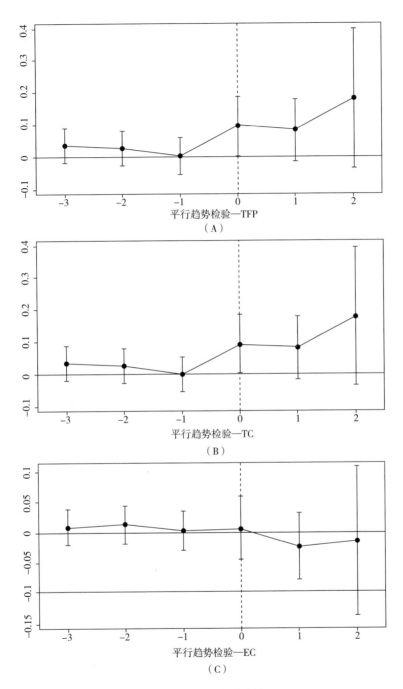

（A）

平行趋势检验—TFP

（B）

平行趋势检验—TC

（C）

平行趋势检验—EC

图 5－5 平行趋势检验结果

能通过统计检验。这意味着在自由贸易试验区设立之前，就政策处理组和对照组而言，它们的绿色全要素生产率、绿色技术进步和绿色技术效率的演变趋势都是一致的，也即前面基于双重差分基准模型的估计结果是有效的。另外，由于政策实施前所有年份的估计结果都未能通过统计检验，这同时也意味着，设立自由贸易试验区对绿色全要素生产率及其构成因子的影响都不具有预期效应。

第二，自由贸易试验区设立对绿色全要素生产率的影响具有明显的时滞效应，研究假设 $H2b$ 得以验证。在表 5 – 9 中显示的绿色全要素生产率模型估计结果中，反事实的政策时点虚拟变量 $t+1$ 和 $t+2$ 的系数估计值都至少在 10% 的显著性水平上通过 T 检验，这表明自由贸易试验区设立的当期没有对中国省份绿色 TFP 产生显著影响，但在设立后的第 1 期和第 2 期都对中国省份绿色 TFP 产生了显著的正向影响。这这说明设立自由贸易试验区对绿色全要素生产率的影响具有时滞效应，而且随着时间推移，该政策实施带来的正向效应会不断增加，即随着设立自由贸易试验区的优惠政策的落实，它的政策红利会随着时间发展而不断凸显。

第三，自由贸易试验区设立对绿色技术进步的影响也具有比较明显的时滞效应，但是对绿色技术效率的影响在分析期内却不具有时滞效应。前面的双重差分估计结果中，自由贸易试验区设立对绿色技术效率的影响不显著，此处的事件研究法也验证了这一点。其中，就绿色技术进步而言，设立自由贸易试验区对它的影响（正向促进作用）在政策实施后的 1、2、3 期都比较显著，而且显著性水平逐年提高。这意味着，随着自由贸易试验区政策实施的深化，中国不断通过国际技术扩散和知识外溢而获得了其他国家的先进技术，进而推动了中国绿色技术进步。

3. 稳健性分析：安慰剂检验

本书按照省份分组随机抽取一个省份作为其受到了设立自由贸易试验区的政策冲击，来虚构处理组进行估计，结果见图 5 – 6（A），同时按照虚构政策实施时间来进行相应估计，结果见图 5 – 6（B）。如果这种虚构方式下双重差分估计量的系数估计值依然显著，那么就说明原来的估计结果很有可能出现了偏误，亦即被解释变量的变动很有可能是受到了其他政策变革或者随机性因素的影响；反之则说明原来的估计结果是可信的。

图 5 – 6 的结果显示，无论是通过虚构处理组还是虚构政策实施时间，反事实的双重差分估计量的系数估计值大部分都是不显著的（ P 值大于 0.1 ），而且

这些系数估计值都明显地异于双重差分估计量的系数估计值的真实值（图中最左（右）边的垂直虚线所示）。这些结论表明，此部分基于双重差分基准模型的估计结果，没有因为变量遗漏而导致严重偏误，亦即前面的基准模型估计结果是稳健的。

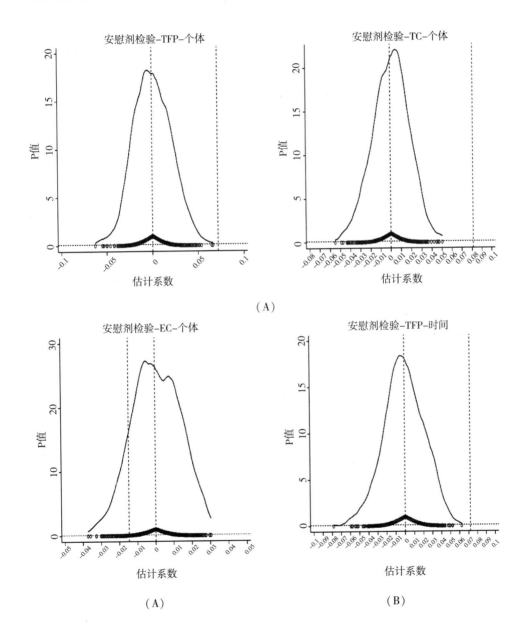

（A）

（A）　　　　　　　　　　（B）

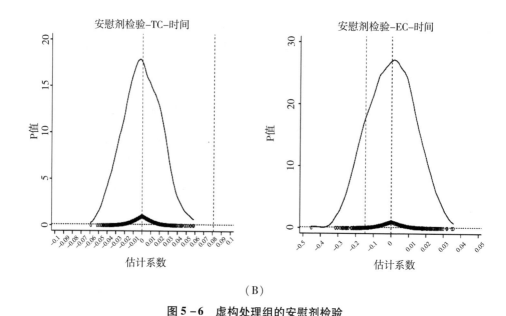

（B）

图 5 - 6　虚构处理组的安慰剂检验

注：图示为分别对政策实施的个体随机抽样 500 次的情况下，虚拟的双重差分变量的系数估计值的核密度图。其中，纵轴为概率值，横轴为系数估计值；实线为系数估计值的核密度；下方中空曲线为系数估计值对应的 P 值；最左（右）边的垂直虚线为真实的双重差分变量的系数估计值。

（二）区域异质性分析

由于中国地域辽阔，不同省份的环境特征、地理位置、资源禀赋都具有较大差异，这导致了地区间的经济特征存在差异。那么，对于各方面差异都比较明显的省份，设立自由贸易试验区的政策实施绩效是否也具有不同的效果呢？基于政策实施所带来的红利效应具有时滞性，此部分排除了 2017 年之后新设的自由贸易试验区，将设立时间较长的上海、福建、广东、天津 4 个自由贸易试验区作为实验组，运用合成控制法来评价四大自由贸易试验区的设立对绿色全要素生产率增长的异质性影响，同时运用安慰剂检验来验证估计结果是否存在偶然性和偏误。

1. 基于合成控制法的基准分析

图 5 - 7 中的（A）～（D）分别展示了 2004～2017 年上海、福建、广东、天津四大自由贸易试验区的绿色全要素生产率与其合成控制单元的演变趋势图。图中垂直虚线表示自由贸易试验区成立的年份。从（A）～（D）中可以看出，

在自由贸易试验区设立之前即虚线左侧部分所刻画省份的绿色全要素生产率真实路径与合成路径十分接近，表明政策实施省份与合成控制单元的拟合效果较好；而虚线右侧部分分别描绘了四大自由贸易试验区设立后各省绿色全要素生产率的真实路径与合成路径，两者之差则直观刻画了设立自由贸易试验区所带来的政策处理效应。同时，从图5-7可以明显看出，四大自由贸易试验区设立后即虚线右侧部分的政策处理效应是存在较明显的地区差异的，假设 *H3b* 初步得以验证。

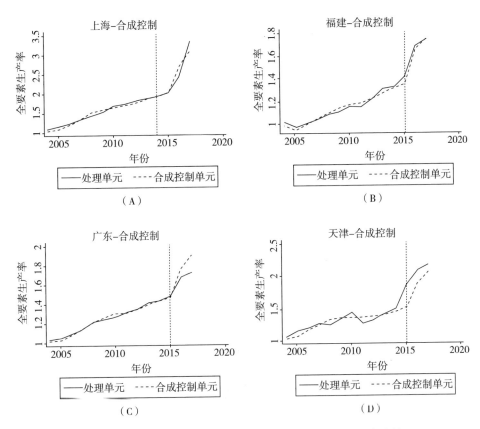

图5-7　沪粤闽津自由贸易试验区绿色全要素生产率演变趋势

实际上，通过绘制四大自由贸易试验区处理效应趋势图（图5-8）可以更直观地发现，设立自由贸易试验区对省份绿色全要素生产率的影响具有明显的区域异质性，这进一步验证了研究假设 *H3b*。其中，上海自由贸易试验区在

2013 年下半年设立后，其政策处理效应在 2015 年明显下降，而后得以迅速提升，且正向地促进了绿色全要素生产率增长；福建自由贸易试验区在 2015 年设立当年，对绿色全要素生产率的影响最大，2016 年明显下降，而后又不断回升；广东自由贸易试验区在 2015 年设立以后，对绿色全要素生产率增长一直具有抑制作用；天津自由贸易试验区在 2015 年设立后，对绿色全要素生产率的影响为正，但是相对大小在不断降低。

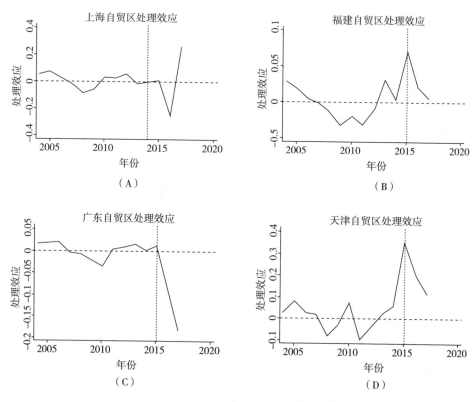

图 5-8　沪粤闽津设立自贸区的政策处理效应趋势

　　之所以出现上述差异性结论，这可能与各自由贸易试验区的功能定位和发展历程相关。其中，上海自由贸易试验区在设立后对该地区绿色全要素生产率的政策处理效应出现先降后升的情况，可能源于它的"领头羊"角色定位。作为国内自由贸易实验区建设领域"第一个吃螃蟹"的省份，它在建设初期不可避免地存在经验不足的情况，导致它在建设中对外开放水平提高的同时，也出现了一些抑制经济绿色发展的因素，从而初期的政策处理效应为负。不过随着2014年下半年颁布了《中国（上海）自由贸易试验区条例》，上海自由贸易试验区建设不断规范化、制度化、全面化，从而对该地区的绿色全要素生产率的影响出现了正向效应。广东自由贸易试验区设立后对绿色全要素生产率的政策处理效应明显下降且为负向影响，可能是由于广东具有得天独厚的面向西方发达国家和地区的区位优势和物流成本优势，引致了大量外商投资和国际产业转移，其中不乏污染较为严重的产业转移，从而抑制了绿色全要素生产率增长，这与"污染天堂假说"一致。福建、天津自由贸易试验区设立后对各自省份绿色全要素生产率的政策处理效应出现了明显的下降趋势。天津早在2006年就成立了东疆保税港区，该港区早已享受对外开放的优惠政策，接近于自由贸易试验区的要求，从而天津自由贸易试验区的设立的政策处理效应不明显。福建自由贸易试验区的定位是促进两岸经贸合作交流，由于闽台地区的潜力尚未激发，自由贸易试验区设立所带来的政策促进效应也没有得以显现。另外，福建、天津产业结构主要以第二产业为主，自由贸易试验区的设立更倾向于促进第二产业发展，而其中的制造业恰好是国民经济发展中能耗最高、污染最大的产业，从而在短期内加剧了该地区的环境污染，进而抑制了绿色全要素生产率增长。

　　2. 稳健性分析：安慰剂检验

　　为证实上述实证分析中关注变量绿色全要素生产率的差异确实是由于自由贸易试验区的设立带来的影响，而非其他一些未观测到的外在因素所致，这里采用阿巴迪等（Abadie et al.，2010）所提出的一种安慰剂检验进行稳健性分析。这一检验的核心思想是：假设所有控制组的省份在2014年或2015年开始设立自由贸易试验区，并采用合成控制法来构建相应的虚拟合成控制对象，并估计它们在虚拟情况下的政策处理效应，然后通过比较实际处理组和虚拟合成处理组的政策处理效应的差距。其中，如果两者的政策处理效应差异足够大，那么就有理由相信自由贸易试验区的设立所带来的政策效果是显著的。

　　图5-9分别刻画了上海、福建、广东及天津的实际控制单元与随机控制单元的预测残差分布排列检验结果。从图5-9中结果可以看出，上海、福建、天津的实线位于多数虚线之上，广东的实线明显位于多数虚线之下。这意味着如果随机选择一个控制单元进行自由贸易试验区设立的处理效应估计，要得到与实际控制单元一致的结果是小概率事件。其中，沪闽粤津的小概率分别为1/

27、1/24、1/24、1/24,① 都小于0.05，即在5%的显著水平下显著。这说明前面利用合成控制法来分别分析沪粤闽津设立自由贸易试验区的政策处理效应中，所得出的差异性结论是有效的，亦即设立自由贸易试验区对绿色全要素生产率的影响具有区域异质性这一结论具有较好的稳健性。

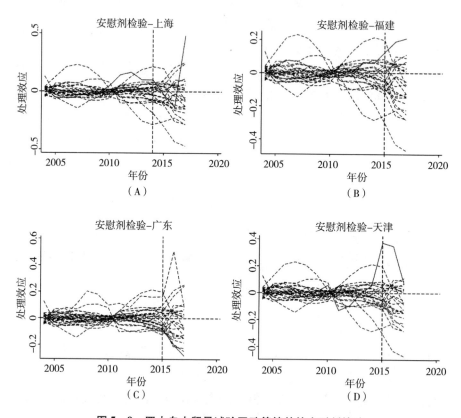

图5-9　四大自由贸易试验区政策绩效的安慰剂检验

注：图中实线代表实际处理单元的处理效应，即上海、福建、广东和天津与它们的合成对象的绿色全要素生产率之差；虚线代表随机控制单元的安慰剂效应，即虚拟的政策实施省份与它们的合成控制对象的绿色全要素生产率之差。

---

① 该方法要求一个省份的合成控制对象在政策实施前的拟合效果良好，所以这里排除了干预组及合成控制单元 RMSPE 值（均方预测误差的平方根）超出实际控制单元 RMSPE 值 2 倍的省份。

五、主要结论

此部分采用 2004～2017 年中国省际面板数据，利用双重差分法研究了自由贸易试验区的设立对中国省份绿色全要素生产率的影响，并进一步利用合成控制法分析了该影响的区域异质性。主要研究结论如下：

第一，自由贸易试验区的设立从整体上促进了中国省份绿色全要素生产增长，这主要是通过促进绿色技术进步所致，而对绿色技术效率的影响不显著。其中，之所以对绿色技术效率的影响不显著，其原因可能在于它的影响具有两面性。

第二，自由贸易试验区的设立对绿色全要素生产率增长和绿色技术进步的影响具有显著的时滞效应，但都不具有预期效应，对绿色技术效率不存在显著的时滞效应。

第三，自由贸易试验区的设立对绿色全要素生产率的影响存在着区域异质性。其中，上海、福建和天津自由贸易试验区的设立具有正向影响，而广东则可能由于存在"污染天堂假说"而表现为负向影响。

第四节　环境规制与中国省份绿色全要素生产率增长

一、文献综述

相关研究对环境影响经济社会发展的关注至少可以追溯至 1962 年出版的《寂静的春天》。自 1992 年世界可持续发展委员会上正式提出可持续发展概念以来，经济发展中对环境规制的重视日益深入人心。与此同时，转变经济发展方式，尤其是考虑资源和环境双重约束的全要素生产率即绿色全要素生产率领域的研究在国内外也逐步兴起。众所周知，全要素生产率测度的是所有投入的产出效率，绿色全要素生产率亦如此，只不过它在测度时在投入和产出变量中引入了与环境相关的因素。比如，在投入中引入能源消耗，在产出中引入"三废"等非期望产出。其中，部分研究直接将非期望产出作为投入变量处理，如陈诗一（2009）、杨文举（2015）等认为，非期望产出会对环境造成压力，因此它们也可以看成是经济发展中的一种投入成本。显然，从绿色全要素生产率的测度思路可以直观地进行下述推论，即只要采取环境规制来调控经济发展中的能源消耗量和非期望产出规模，就可能会影响绿色全要素生产率的变化。那么，事实是否如此呢？

迄今为止，学术界涌现了一大批探讨环境规制与经济发展的理论和经验研究文献。其中，环境规制影响绿色全要素生产率的机制研究主要有"遵循成本说"和"创新补偿说"（亦称为"波特假说"）两种。"遵循成本说"认为，环境规制直接导致企业的治污成本和环境服从成本增加，这进而会引起企业在生产、创新和组织管理等方面的投入减少，结果是产出减少并抑制绿色全要素生产率提升（Brian et al.，1994；Dean and Brown，1995；Gray and Shadbegian，2010）。"创新补偿说"认为，合理的环境规制有利于企业将外部成本内部化，进而激励企业进行技术创新，这在环境规制引致投入成本增加过程中具有部分或全部补偿作用，结果会促进绿色全要素生产率增长（Porter and Linde，1995；De Vries and Withagen，2005；Lanjouw and Mody，1996）。显然，从理论视角来看，"遵循成本说"和"创新补偿说"都可能存在。而在经济发展实践中，环境规制与绿色全要素生产率之间的关系则可能取决于这两大机制影响力的相对大小。近年来，国内涌现了一批经验研究文献，它们基于不同的分析样本和实证分析方法，探讨了环境规制与绿色全要素生产率之间的关系，但是研究结论却存在较大差异，下面对此进行简要回顾。

（一）有关环境规制促进绿色全要素生产率增长的研究

部分研究认为，环境规制有助于绿色全要素生产率增长，而且两者表现为显著的线性关系。其中，肖远飞等（2020）以中国2008~2017年11个资源型产业为样本，研究发现环境规制对绿色全要素生产率有显著的正向直接效应，基于细分行业的进一步分析也得出同样结论。刘祎等（2020）以中国31个工业行业为样本，研究发现环境规制对绿色全要素生产率的综合效应和直接效应都有显著的促进作用，而且通过自主创新和境外技术引进间接地促进了绿色全要素生产率增长，但是无法通过境内技术引进作用于绿色全要素生产率增长。倪瑛等（2020）基于中国省份面板数据的分析表明，纯粹的金融发展或环境规制都对绿色全要素生产率增长具有促进作用，但是当前"金融发展—环境规制"相结合的模式却抑制了绿色全要素生产率增长。李鹏升和陈艳莹（2019）以"环境统计报表制度"中工业污染源重点调查企业数据为基础，研究发现环境规制在长期内会促进绿色全要素生产率增长。王兵和刘光天（2015）的研究发现，普及节能减排理念和相关技术创新都可以提升绿色全要素生产率，但是区域异质性明显，其中东部和中部地区的促进作用明显，而西部地区延续高污染、高投入的粗放型经济发展方式导致了生态环境质量恶化和绿色全要素生产率偏低。张建华和李先枝（2017）基于省份面板数据的研究发现，环境规制水平对绿色全要素生产率具有促进作用，但是一旦超过临界值，这种促进作用就会减弱。王恕立等（2016）等也得出了环境规制有助于绿色全要素生产率增长的结论。

（二）有关环境规制抑制绿色全要素生产率增长的研究

部分研究认为，环境规制会抑制绿色全要素生产率增长。其中，李卫兵等（2019）将1998年提出的"两控区"政策作为一次准自然实验，采用PSM－DID分析了该政策对中国218个地级市绿色全要素生产率的影响，结果发现该政策显著抑制了绿色全要素生产率增长，其中该政策通过约束政府规模和促进技术进步对绿色全要素生产率具有正向影响，但是它又通过人力资本和能源消耗抑制了绿色全要素生产率增长，而且后者的影响程度更大。李鹏升和陈艳莹（2019）以"环境统计报表制度"中工业污染源重点调查企业数据为基础，研究发现环境规制在短期内会抑制绿色全要素生产率增长。雷明和虞晓雯（2013）基于中国省份面板数据和空间面板模型的研究表明，以工业污染治理投资完成额和排污费征收额来测度环境规制时，它们都会抑制绿色全要素生产率增长。

（三）有关环境规制与绿色全要素生产率增长的非线性关系研究

部分研究认为，环境规制与绿色全要素生产率之间存在非线性关系。李德山和张郑秋（2020）基于中国261个地级城市的面板数据，运用广义矩估计（GMM）和非可加性分位数回归模型的经验分析表明，环境规制与城市绿色全要素生产率之间不存在线性关系，而是存在着显著的倒U型关系，而且在不同分位点上，环境规制对绿色全要素生产率的影响存在明显的异质性，其中低分位点比高分位点的影响更大。龚梦琪等（2020）基于中国制造业行业面板数据和非线性回归分析（即引入环境规制变量的二次项）发现，环境规制（用各行业废气、废水治理运行费占工业销售产值比重来测度）与制造业绿色全要素生产率之间呈现出显著的倒U型关系，而且制造业的贸易比较优势不利于绿色全要素生产率增长，但是在环境规制的约束下贸易比较优势则具有促进作用。殷宝庆（2012）对中国制造业行业的研究表明，环境规制强度与绿色全要素生产率之间是 U 型关系，而且清洁型、污染密集型部门存在一定差异。李玲和陶锋（2012）也以中国制造业为分析样本，结果发现在轻度和中度污染的制造业中两者也存在 U 型关系，在重度污染行业环境规制会直接促进绿色全要素生产率增长。陈菁泉等（2016）也发现工业发展中两者具有 U 型关系，而且东部地区因拐点到来更早，环境规制的效果更强。韩晶等（2017）、陈路（2017）、陈超凡等（2018）的研究也发现两者存在 U 型关系。靳亚阁和常蕊（2016）则发现，环境规制强度与绿色全要素生产率之间是 N 型关系。

（四）有关环境规制影响绿色全要素生产率的异质性研究

部分研究认为，不同类型的（异质性）环境规制与绿色全要素生产率之间的关系也不相同。这些研究基本上都以中国省份面板数据为分析样本，探讨了异质性环境规制对绿色全要素生产率的影响，不过他们运用的研究方法和得出的研究结论都存在较大差异。其中，吴磊等（2020）基于面板 Tobit 模型的研究发现，公众自愿型、市场激励型环境规制在短期内抑制绿色全要素生产率增长，而在长期内有促进作用，但是命令控制型环境规制对绿色全要素生产率增长的影响不明显。赵立祥等（2020）基于静态和动态空间杜宾模型的研究发现，市场激励型和群众参与型环境规制对绿色全要素生产率增长有促进作用，命令控制型环境规制的竞次效应具有抑制作用，而且三类环境规制在超过门限值之后分别具有分化效应、加速效应和收敛效应。戴钱佳（2020）运用动态系统 GMM 模型的经验分析结论表明，命令控制型、经济激励型环境规制以技术创新为中介对绿色全要素生产率增长具有显著的负向影响，而公众参与型环境规制的作用却与此相反。高艺等（2020）运用空间杜宾模型的研究发现，命令控制型、经济激励型和治理投入型环境规制对绿色全要素生产率有负向调节作用，而公众参与型在其中具有正向促进作用；而且四种环境规制的空间溢出效应不同，其中经济激励型和公众参与型有正向空间溢出效应。张峰和宋晓娜（2019）通过非线性回归分析模型对此进行了探讨，结果发现中国高端制造业中，命令—控制型环境规制的促进作用不显著，市场激励型和公众参与型环境规制分别表现为显著的 U 型和倒 U 型影响，而且环境规制通过激发技术创新、产业集聚和外商直接投资对高端制造业绿色全要素生产率还具有间接的正向促进作用。刘和旺和左文婷（2016）基于省份面板数据也发现，市场型、命令控制型环境规制与绿色全要素生产率之间存在倒 U 型关系，但公众参与型环境规制的作用不明显。蔡乌赶和周小亮（2017）通过引入环境规制变量的二次项的非线性回归分析发现，命令控制型环境规制对绿色全要素生产率没有直接影响，市场激励型环境规制与之存在显著的倒 U 型关系，而自愿协议型环境规制与之呈现出 U 型关系。原毅军和谢荣辉（2016）对中国工业的研究发现，异质性环境政策对绿色全要素生产率的影响也有差异，其中增加生产费用的环境政策与绿色全要素生产率表现为 U 型关系，促进投资的环境政策不利于绿色全要素生产率增长。申晨等（2017）则从另一视角探讨了绿色全要素生产率与异质性环境规制的关系，结果发现它与命令型环境规制存在 U 型关系，而在市场激励型政策下，排污费征收具有促进作用，排污权交易则具有不确定性。

（五）简评

上面回顾的这些研究表明，国内对环境规制影响绿色全要素生产率的经验分析成果众多，但是相关研究结论的差异却很大，而且即使是采用相同的分析样本，研究结论也可能因为选择了差异性的环境规制指标或研究方法而有所不同。更为重要的是，除李卫兵等（2019）之外，上面回顾的这些研究都采用具体指标来测度环境规制强度，这至少存在三个方面的缺陷：（1）环境规制的测度指标差异较大，从而不可避免地引致不同的研究结论；（2）这些研究都无法规避环境规制与其他变量之间可能存在的内生性问题；（3）这些研究都没有讨论变量的内生性问题。因此，从这个角度上来说，运用具体指标来测度环境规制强度，并据此探讨环境规制与绿色全要素生产率之间的关系存在研究方法上的缺陷，从而相关研究结论也值得商榷。迄今为止，基于双重差分法（或三重差分法）的政策绩效评估思路却可以有效地避免这种变量内生性问题，李卫兵等（2019）也采用了这一方法，这对于此部分的经验研究具有很好的参考价值。不过，他们在绩效评估模型中确定控制变量时，只是根据现有研究结论和理论分析而只引入了政府规模、人力资本、FDI、技术水平和产业结构变量，这与本文第三章基于 BMA 的绿色全要素生产率的影响因素分析结论具有一定差异。另外，该文只讨论了"两控区"政策这一环境规制领域的准自然实验，而对于提高排污收费标准、开展碳排放权交易试点等准自然实验的政策实施效果没有进行相应的探讨。

为此，此部分将运用双重差分法，在确定控制变量时更全面地引入绿色全要素生产率的影响因素基础上，以中国省份面板数据为分析样本，对提高排污收费标准、开展碳排放权交易试点这两项环境规制政策的施行绩效进行经验分析，以期对该领域研究进行丰富和发展。

二、国内环境规制的制度变迁与研究假设

（一）排污收费制度变迁

排污收费制度是环境规制的一种重要手段。20 世纪 50 ~ 70 年代初，西方发达国家面临着日益严重的环境污染，它们也相继成立了环保机构，试图解决国内的污染排放问题。经济合作与发展组织于 1972 年首次提出了"污染者负担"原则，德国、荷兰等国家相继出台法律对排污行为进行征费，至此排污征费制度在国际上正式诞生。中国的排污收费制度在 1982 年才正式建立，随后历经两次大的变革之后，于 2018 年起被全面实行的环境保护税政策所替代。

1. 排污收费制度的建立阶段：1978 ~ 1982 年

中国的排污收费制度可以追溯至 1978 年的《环境保护工作汇报要点》，它首次提出了向排污单位实行排放污染物的收费制度。1979 年的《环境保护法（试行）》则明确规定，"超过国家规定的标准排放污染物，要按照排放污染物的数量和浓度，根据规定收取排污费"，这为中国设立排污收费制度提供了法律依据。随后国内多个省份逐步进行了排污收费试点工作，到 1981 年底试点省份达 27 个。1982 年 2 月国务院发布《征收排污费暂行办法》，详细界定了征收排污费的目的、对象、征收程序、收费标准、排污费管理、排污费使用等内容，这标志着中国正式建立起了排污收费制度。

2. 排污收费制度的完善阶段：1982 ~ 2003 年

1984 年，建设部、财政部联合发布《征收超标准排污费财务管理和会计核算办法》，统一了排污费资金预算管理、预算科目、收支结算和会计核算方法。1985 年国家环保局在全国排污收费工作第一次会议上提出了排污费资金有偿使用的改革设想。随后，在面临一系列环境新情况基础上，国内排污收费制度不断完善。其中，1988 年 7 月国务院批准并发布了《污染源治理专项基金有偿使用暂行办法》，将排污费由拨款改为贷款，这拉开了排污收费制度改革帷幕。1991 年 7 月召开的第二次全国排污收费工作会议总结并推广了沈阳市环保投资公司试点和马鞍山环境监理试点经验，其间颁布了《环境监理工作暂行办法》，并部署了 57 个城市和 100 个县级环境监理的扩大试点，逐步建立健全了统一的环境监理执法队伍。1992 年 9 月，广东、贵州两省和青岛、重庆等 9 个城市开展了二氧化硫排污收费试点。1993 年，国家计委和财政部联合发布《关于征收

污水排污费的通知》，对不超标的污水排放征收排污费，在排污收费中首次体现了总量控制的思想。1994年，全国排污收费十五周年总结表彰大会上提出了排污费制度改革的总体目标，要实现征收方式转变、排污收费标准原则、排污费资金实行有偿使用和加强环境监理队伍建设。1996年，将二氧化硫排污收费试点扩大到酸雨控制区和二氧化硫污染控制区（两控区）。1998年，在杭州、郑州、吉林3个城市进行了总量排污收费的试点。2000年4月，修订施行了《大气污染防治法》，从法律层面上确立了按"排放污染物的种类和数量征收排污费"的总量排污收费制度。

3. 总量排污费制度全面施行阶段：2003～2017年

2003年，国务院颁布《排污费征收使用管理条例》，明确规定按污染物排放总量和污染物排放标准相结合的方式征收排污费。2003年2月28日，原国家发展计划委员会、财政部、原国家环境保护总局和原国家经济贸易委员会发布《排污费征收标准管理办法》，要求二氧化硫排污费征收标准在2005年7月1日前提高到0.63元/千克。2003年3月20日，财政部、国家环境保护总局公布了《排污费征收使用管理条例》的配套办法，即《排污费资金收缴使用管理办法》。上述3个文件都在2003年7月1日施行，这标志着中国进入总量排污费收费制度全面施行阶段。2007年5月，国务院印发的发展改革委会同有关部门制定的《节能减排综合性工作方案》，要求各省份将二氧化硫排污费提高至1.26元/千克。随后，江苏率先于2007年7月1日调整了排污费标准，将二氧化硫排污费征收标准提高到1.26元/千克，其他16个省份也在2015年前相继提高了二氧化硫排污费征收标准，详见表5-10。2014年9月1日，国家发展和改革委、财政部和环保部联合发布《关于调整排污费征收标准等有关问题的通知》，要求各省份在2015年6月底前将二氧化硫排污费征收标准调整至不低于1.26元/千克，从而全国其他省份也陆续从2015年开始全面提高排污费标准。

表5-10　　　　2003～2014年中国省份排污收费标准上调情况　单位：元/千克

省份	调整时间	调整前价格	调整后价格
江苏	2007.7.1	0.63	1.26
安徽	2008.1.1	0.63	1.26
山西	2008.1.1	0.63	1.26

续表

省份	调整时间	调整前价格	调整后价格
河北	2008.7.1	0.63	1.26
山东	2008.7.1	0.63	1.26
内蒙古	2008.7.10	0.63	1.26
广西	2009.1.1	0.63	1.26
上海	2009.1.1	0.63	1.26
云南	2009.1.1	0.63	1.26
广东	2010.4.1	0.63	1.26
辽宁	2010.8.1	0.63	1.26
天津	2010.12.20	0.63	1.26
新疆	2012.8.1	0.63	1.26
黑龙江	2012.8.1	0.63	0.95
黑龙江	2013.8.1	0.95	1.26
北京	2014.1.1	0.63	1.26
宁夏	2014.3.1	0.63	1.26
浙江	2014.4.1	0.63	1.26

注：在此期间内，山西和黑龙江的二氧化硫排污费标准上调，只针对未完成烟气脱硫设施建设、二氧化硫排放超标企业。

资料来源：作者整理得出。

4. 环境保护税征收阶段：2018 年至今

2016 年 12 月 25 日，中华人民共和国第十二届全国人民代表大会常务委员会第二十五次会议召开，通过了《中华人民共和国环境保护税法》，并于 2018 年 1 月 1 日起施行。至此，中国施行 30 多年的排污收费制度落下帷幕，被环境保护税取而代之，中国的环境规制也已正式进入环境保护税征收阶段。

（二）碳排放权交易演进历程

国内碳排放权交易是在借鉴欧盟等碳市场先驱者的经验基础上，通过先试点再推广的方式逐步在全国启动，大致经历了三个阶段。

1. 试点准备阶段：2011～2013 年

国家发改委于 2011 年 10 月 29 日印发了《关于开展碳排放权交易试点工作的通知》，制定了中国碳交易市场建设计划，确定北京、天津、上海、重庆、湖北、广东和深圳 7 个省市为先行试点地区。随后，7 个省市开始着手碳交易相关筹备工作。

2. 试点阶段：2013～2017 年

2013 年 6 月 18 日，深圳率先启动碳排放权交易试点，详见表 5－11。随后，上海、北京、广东、天津、湖北、重庆 6 个省份先后启动碳交易。

3. 全面实施阶段：2018 年至今

2017 年 12 月 19 日，全国碳市场（电力行业）正式启动，标志着全国碳市场的正式建立。

表 5－11 中国碳排放权交易试点省市时间表

省市	试点时间	省市	试点时间
深圳	2013. 6. 18	天津	2013. 12. 26
上海	2013. 11. 26	湖北	2014. 4. 2
北京	2013. 11. 28	重庆	2014. 6. 19
广东	2013. 12. 19		

资料来源：作者整理得出。

（三）研究假设

前面回顾的有关环境规制影响绿色全要素生产率的研究文献表明，环境规制对绿色全要素生产率的影响机制有"遵循成本说"和"创新补偿说"两种。其中，前者认为环境规制会给企业带来一笔额外的成本，这会挤掉企业在生产、创新和组织管理等领域的投资，从而会降低产出水平，结果会抑制绿色全要素生产率提升；后者认为合理的环境规制有利于企业的外部成本内部化，进而激励技术创新，这能够部分或全部补偿投入成本增加带来的不利影响，最终会促进绿色全要素生产率增长。第二章关于绿色全要素生产率变化的测度和源泉分解表明，绿色技术进步和绿色技术效率变化是绿色全要素生产率变化的两大源泉。因此，环境规制对绿色全要素生产率的影响，无外乎通过影响这两大源泉来实现。

结合现有研究结论，笔者认为环境规制主要是通过"挤出效应"和"补偿效应"来影响绿色技术进步、绿色技术效率，进而影响绿色全要素生产率变化，具体包括下述五大影响渠道：（1）挤出生产性投入。环境规制会导致企业的治污成本、环境服从成本和能源转换成本（如由化石能源转向清洁能源就会引致能耗成本增加）等额外成本增加，这会挤出部分原计划用于生产性活动的要素投入，从而压缩生产规模，进而会直接降低期望产出水平，结果会导致绿色全要素生产率下降。（2）挤出研发投入。环境规制直接导致企业运营成本上升，为确保生产平稳运行，企业势必会将部分原计划用于研发的投入调整为生产投入，从而部分研发投入被挤出。这种情况尤其在短期内比较明显，这显然会抑制生产技术进步和生产工艺改进，尤其是增加期望产出的技术活动会因研发投入减少而受限，结果是期望产出水平下降和绿色全要素生产率水平降低。（3）挤出改善效率方面的投入。环境规制会挤出企业在组织管理、营商环境建设、制度创新等方面的要素投入，这会抑制企业技术效率改善，结果也会对绿色全要素生产率增长产生负向影响。（4）刺激技术创新。环境规制主要是政府、行业等部门的硬性规定或公众的自发性监督，相关生产单元（企业）必须服从管理或监督。因此，环境规制会迫使企业在经济发展中强化技术创新，尤其是推动那些既能增加期望产出又能减少非期望产出的绿色技术创新，结果在响应环境规制的同时，绿色全要素生产率水平也会得到提升。当然，经济现实中也存在基于生产者自愿行为的市场激励型环境规制。这类环境规制的实施往往是在不影响企业期望产出规模前提下的长期行为，其结果同样会促进绿色技术创新，进而促进绿色全要素生产率增长。（5）促进资源优化配置。环境规制迫使企业将环境管理的外部成本内部化，进而重新审视并改进资源配置状况，结果是资源配置效率改善，进而促进绿色全要素生产率增长。

总之，环境规制对绿色全要素生产率的影响存在多种渠道，它们对绿色全要素生产率的影响方向也不同。不仅如此，环境规制本身还具有时间滞后性和异质性，不同环境规制手段的实施强度、时效性等都有差异，从而它们对绿色全要素生产率的影响也有差异。比如，市场激励型环境规制的实施更多地取决于企业自身决策，从而企业为确保平稳发展，更可能倾向于弱化这方面的环境规制，这尤其是在短期内更为明显。命令控制型环境规制则不同，一旦相关政策开始实施，所有企业都必须严格执行，短期内无疑会对企业正常的生产经营活动产生较大冲击。另外，不同地区经济发展水平差异较大，它们的生产方式及其对生态环境的影响本身就存在较大差异，从而在实施环境规制过程中，环境规制的强度无疑会存在区域差异，结果自然会对不同地区经济发展中的绿色全要素生产率产生不同影响。为此，本书提出下述四大研究假设：

$H1c$：环境规制通过影响绿色技术进步和绿色技术效率来影响绿色全要素生产率，而且这种影响具有两面性，从而最终的影响效果取决于其中的正向影响和负向影响的相对大小。

　　H2c：环境规制对绿色全要素生产率的影响具有滞后效应。

　　H3c：环境规制对绿色全要素生产率的影响具有区域异质性。

　　H4c：不同的环境规制手段对绿色全要素生产率的影响效果不同。

三、研究设计

（一）实证分析模型选择

　　正如此部分文献综述中提到的那样，当采用具体指标来测度环境规制强度，并据此运用回归分析来探讨环境规制对绿色全要素生产率的影响时，无法回避的问题之一是变量的内生性问题。不过，利用双重差公法来研判环境规制对绿色全要素生产率的影响，则可以有效解决这一难题。从前面回顾的国内环境规制的制度变迁来看，无论是提高排污费征收标准，还是开展碳排放权交易，它们都是实施环境规制的重要手段。借鉴学术界对环境规制手段的分类，由于提高排污收费标准具有较强的强制执行特点，本书将它归为命令控制型环境规制。开展碳排放权交易虽然也具有政府强制执行特点（试点地区、试点行业并非由企业说了算，而是由政府规定的），但是其本质是通过市场手段来达到环境规制的目的，因此它更多地取决于企业自愿行为，本书将它归属于市场激励型环境规制。另外，这两种环境规制政策都是从部分地区先试点，然后逐步在全国推广实施。因此，我们可以把这两种环境规制的实施都看成是环境规制的准自然实验，然后利用双重差公法来评估它们对绿色全要素生产率增长的影响。

　　1. 提高排污费征收标准的绩效评估模型

　　从表 5-10 中提高排污费征收标准的演变历程可以看出，该政策的试点是逐年在相关省份展开的，直到 2015 年起才在全国全面施行。因此，为测度该政策实施对绿色全要素生产率的影响，应该采用式（5-10）所示的异时双重差分法（重写如下）。其中，由于山西和黑龙江的二氧化硫排污费标准上调，只针对未完成烟气脱硫设施建设、二氧化硫排放超标企业，因此本书将这 2 个省份从样本中剔除，将除它们之外的其余 15 个试点省份归为处理组，其余 13 个省份归为对照组。[①] 另外，借鉴郭俊杰等（2019）等相关研究的做法，如果该政策是在 7 月 1 日之前施行，则 $dt_{i,t}$ 在当年及之后取值为 1，其余时间取值为 0；

---

　　①　即使不将山西、黑龙江从样本中剔除并将它们加入实施组，经验分析中仍然得出一致的定性结论。

如果该政策是在 7 月 1 日及之后施行，则 $dt_{i,t}$ 在政策实施年份的第二年及之后取值为 1，其余时间取值为 0。

$$y_{i,t} = \alpha_0 + \mu_i + \gamma_t + \alpha_3\, du_i \cdot dt_{i,t} + \boldsymbol{\beta}'\, \boldsymbol{X}_{i,t} + \varepsilon_{i,t} \qquad (5-10)$$

2. 开展碳排放权交易的绩效评估模型

从表 5-11 中碳排放权交易的演变历程可以看出，该政策的试点虽然也是逐年在相关省市展开的，但是除深圳市外，其他省份要么在 2013 年下半年试点，要么在 2014 年上半年试点。鉴于政策实施产生影响的时滞性，参考黄向岚等（2018）等相关研究的做法，将该准自然实验的实施年份确定为 2014 年。①其中，由于深圳是广东省的一部分，为更科学地测度该政策实施的影响，本书将广东省从分析样本中剔除，并将其他 5 个试点省份归为受政策影响的省份，即处理组为 5 个省份，其余 24 个省份为对照组。根据前面的差分法介绍，我们直接选用式（5-10）所示的双重差分模型来评估该政策的实施效应，具体分析时采用 PSM-DID 进行。其中的处理组为上海、北京、天津、湖北、重庆 5个省份，其余省份为对照组；dt 在 2014 年及之后取值为 1，其余时间取值为 0。

（二）变量、数据和样本选择

1. 因变量

为探讨环境规制对绿色全要素生产率的影响，此处与第三章中的影响因素分析一样，仍然采用分析期间内累积的绿色全要素生产率变化来近似地测度绿色全要素生产率的水平值。为进一步探讨其中的影响机制，考虑到绿色技术进步和绿色技术效率变化是绿色全要素生产率变化的两大源泉，此部分也同时探讨环境规制对绿色技术进步和绿色技术效率变化的影响，后者同样采用分析期间内的累积值来测度它们的水平值。

2. 核心解释变量

在探讨提高排污收费征收标准的渐进双重差分模型中，组别虚拟变量 du 和政策实施时点虚拟变量 dt 的取值如下：江苏、安徽、河北、山东、内蒙古、广西、上海、云南、广东、辽宁、天津、新疆、北京、宁夏、浙江、山西和黑龙江为处理组，du 取值为 1，其余省份为对照组，du 取值 0。借鉴郭俊杰等（2019）等相关研究的做法，如果该政策是在上半年施行，则 dt 在当年及之后

---

① 深圳是在 2013 年上半年试点（6 月 18 日），考虑到它是广东的一部分，而广东全省在当年下半年才全面试点，因此此处将广东从样本中剔除。

192

取值为 1，其余时间取值为 0；如果该政策是在下半年施行，则 dt 在政策实施年份的第二年及之后取值为 1，其余时间取值为 0。

在探讨碳排放权交易的双重差分模型中，组别虚拟变量 du 和政策实施时点虚拟变量 dt 的取值如下：上海、北京、天津、湖北、重庆为处理组（广东省观测值剔除），du 取值为 1，其余省份为对照组，du 取值 0。参考黄向岚等（2018）等相关研究的做法，dt 在 2014 年及之后取值为 1，其余时间取值为 0。

3. 协变量

本书第三章基于 BMA 的经验分析结论表明，绿色全要素生产率的影响因素涉及要素禀赋、技术扩散、产业结构、经济发展、经济调控、环境规制、制度质量等多个方面。鉴于此处的核心解释变量为测度环境规制的双重差分变量，即提高排污收费标准或开展碳排放权交易试点的政策处理组别虚拟变量与政策实施时间虚拟变量的乘积，实证分析时协变量中不再引入环境规制的其他变量。因此，此处的协变量包括人力资本、知识资本、进口开放度、出口开放度、信息基础设施、产业结构高级化、地区经济发展水平、金融发展水平、税收政策和市场化程度 10 个变量。另外，一般认为外商直接投资会对绿色技术进步产生影响（第三章基于 BMA 和空间计量模型的分析也证实了这一点），因此也将其纳入分析。所有协变量的具体测度指标见表 3 - 1。

4. 数据和样本

除测度环境规制的双重差分变量之外，此部分采用的其他数据均与第二章、第三章的一致，此处不再赘述。其中，在不同的政策绩效评估模型中，测度环境规制的双重差分变量分别为提高排污收费标准、开展碳排放权交易试点的组别虚拟变量和时间虚拟变量的乘积，相关数据的取值见此部分模型选择中的相关介绍。另外，所有数据的时间跨度均为 2004~2017 年，省份包括中国（不包括港澳台）除西藏之外的 30 个省份。

四、实证分析

（一）提高排污收费标准的政策实施绩效分析

1. 基准 DID 分析

根据前面的实证分析模型选择，此处对式（5-10）所示的异时双重差分模型进行估计，具体采用 Stata15.1 的双向固定效应估计方法进行，结果见表 5-12。

表 5 - 12　　提高排污收费标准对绿色 TFP 的影响估计结果：2004 ~ 2017 年

变量	绿色全要素生产率		绿色技术进步		绿色技术效率	
	系数	标准误	系数	标准误	系数	标准误
$du \cdot dt$	- 0.0405 **	0.0158	- 0.0180	0.0156	- 0.0168 **	0.0085
hc	- 0.0588 *	0.0310	- 0.0683 **	0.0306	0.0040	0.0167
rd	0.2372 ***	0.0226	0.1740 ***	0.0223	0.0363 ***	0.0122
fdi	0.0109 ***	0.0022	0.0079 ***	0.0022	0.0015	0.0012
$import$	- 0.3390 ***	0.1126	- 0.2168 *	0.1112	- 0.0965	0.0606
$export$	0.6898 ***	0.1252	0.4531 ***	0.1237	0.1843 ***	0.0674
$intent$	0.2241 ***	0.0604	0.1591 ***	0.0596	0.0718 **	0.0325
is	- 0.0712 **	0.0336	0.0517	0.0332	- 0.0841 ***	0.0181
$pgdp$	0.0968 ***	0.0159	0.0824 ***	0.0157	0.0117	0.0086
$dlbal$	- 0.0311	0.0231	- 0.0431 *	0.0228	0.0076	0.0124
vat	7.9484 ***	1.8975	12.0154 ***	1.8741	- 1.9196 *	1.0219
m	0.0536 ***	0.0120	0.0221 *	0.0119	0.0278 ***	0.0065
时间固定	是		是		是	
省份固定	是		是		是	
R^2	0.6970		0.7311		0.1939	

注：表中数据为作者运用 Stata15.1 计算得出，表中用 ** 表示在 5% 显著性水平上通过 T 检验。

　　从表 5 - 12 中显示的双重差分估计结果可知，提高排污收费标准会显著地抑制绿色全要素生产率增长，这与李卫兵等（2019）基于"两控区"政策实施的研究结论一致，而且这主要是通过抑制绿色技术效率改善所致。其中，在环境规制影响绿色全要素生产率的模型估计结果中，交互项的系数估计值为 - 0.0405，而且在 5% 的显著性水平上通过统计检验，这表明提高排污收费标准总体来说抑制了绿色全要素生产率增长。从绿色全要素生产率的两个构成因子的估计模型结果来看，交互项的系数估计值都小于 0，而且绿色技术效率模型中的系数估计值在 5% 的显著性水平上通过统计检验，但是绿色技术进步模型中的系数估计值即使在 10% 的显著性水平上也未能拒绝原假设。由此可以推论，提高排污收费标准对绿色全要素生产率增长的抑制作用主要是通过抑制绿色技术效率改善所致。现有研究认为，环境规制对经济发展具有双重效应，即"遵循成本说"和"创新补偿说"。因此，此处的实证分析结论意味着，在中国省份经济发展中，提高排污收费标准对绿色全要素生产率的影响中，它对投入（生产性投入、研发投入、组织管理投入等）的挤出效应高于它引致的技术创新效应和资源优化配置效应，从而表现为抑制绿色全要素生产率增长。

另外，关于绿色全要素生产率的其他影响因素，这里的分析结论与第三章尤其是引入空间相关性的研究结论基本一致，这里不再赘述。

2. 平行趋势检验

前面的异时双重差分估计结果表明，提高排污收费标准抑制了中国省份绿色全要素生产率增长。根据双重差分法的基本原理，只有研究者关注的结果变量满足平行趋势假设，估计结果才有效。为此，我们结合事件研究法（Event Study Approach，ESA）对政策实施中的绿色全要素生产率、绿色技术进步和绿色技术效率分别进行平行趋势检验，结果见表 5 – 13 和图 5 – 10。

表 5 – 13　　　　　提高排污标准影响绿色 TFP 的平行趋势检验结果

影响因素		绿色全要素生产率		绿色技术进步		绿色技术效率	
类别	变量	系数	标准误	系数	标准误	系数	标准误
政策实施 时点变量	$t-3$	-0.0043	0.0220	-0.0070	0.0217	0.0004	0.0119
	$t-2$	-0.0038	0.0243	-0.0098	0.0240	0.0023	0.0132
	$t-1$	-0.0089	0.0265	-0.0142	0.0262	0.0011	0.0144
	t	-0.0352	0.0287	-0.0307	0.0284	-0.0063	0.0156
	$t+1$	-0.0473	0.0315	-0.0278	0.0312	-0.0149	0.0171
	$t+2$	-0.0535	0.0344	-0.0367	0.0340	-0.0163	0.0187
	$t+3$	-0.0701^*	0.0397	-0.0576	0.0392	-0.0224	0.0215
	$t+4$	-0.0771^*	0.0451	-0.0753^*	0.0446	-0.0154	0.0244
	$t+5$	-0.0849^*	0.0493	-0.0832^*	0.0487	-0.0173	0.0267
	$t+6$	-0.1056^{**}	0.0526	-0.1012^*	0.0520	-0.0206	0.0285
	$t+7$	-0.0878	0.0575	-0.0849	0.0569	-0.0126	0.0312
	$t+8$	0.0182	0.0615	-0.0427	0.0608	0.0025	0.0334
	$t+9$	0.0471	0.0770	-0.1181	0.0762	0.0286	0.0418
控制变量		是		是		是	
时间固定		是		是		是	
省份固定		是		是		是	
R^2		0.7072		0.7541		0.1959	

注：表中数据为作者运用 Stata15.1 计算得出，表中用 * 表示在 10% 的显著性水平上通过 T 检验。$t-3 \sim t+9$ 为反事实的政策实施时点虚拟变量，如 t 为政策实施当年，$t-1$ 和 $t+1$ 分别为政策实施前一年和后一年。

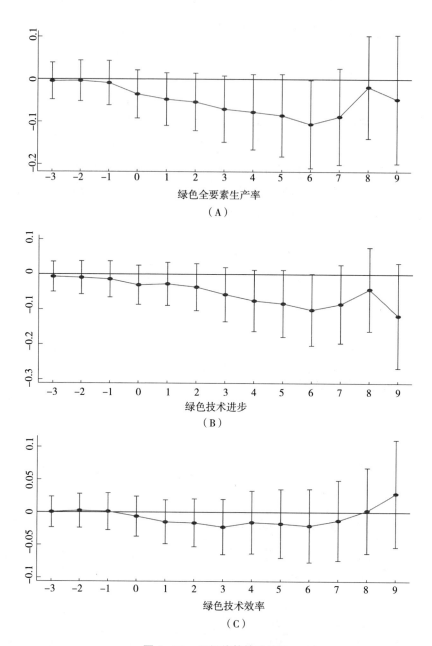

图 5 – 10　平行趋势检验结果

注：图中横轴为时间变量，其中 0 为政策实施当年，－1 为政策实施的前 1 年，1 为政策实施的后一年，其他依此类推。图 A、B 和 C 分别为提高排污收费标准影响绿色全要素生产率、绿色技术进步和绿色技术效率的平行趋势检验结果图。

第一，无论是绿色全要素生产率，还是绿色技术进步或绿色技术效率，在提高排污收费标准之前都满足平行趋势假设，而且都不具有预期效应。在表5－13中的三个模型估计结果中，表征政策实施之前的三个反事实的政策实施时间－个体虚拟变量 $t-3$、$t-2$ 和 $t-1$，即使在10%的显著性水平上，它们的系数估计值都没能通过统计检验。这意味着在提高排污收费标准之前，就政策处理组和对照组而言，它们的绿色全要素生产率、绿色技术进步和绿色技术效率的演变趋势都是一致的，也即此部分双重差分估计结果是有效的。另外，由于政策实施前所有年份的估计结果都未能通过统计检验，这同时也意味着这种环境规制对绿色全要素生产率及其构成因子的影响都不具有预期效应。

第二，提高排污收费标准对绿色全要素生产率的影响具有明显的时滞效应。在表5－13显示的绿色全要素生产率模型估计结果中，反事实的政策时点虚拟变量 $t+3\sim t+6$ 的系数估计值都至少在10%的显著性水平上通过 T 检验，这表明提高排污收费标准对绿色全要素生产率的影响具有滞后效应，即从政策实施之后的第3年开始产生明显的抑制作用，直到政策实施之后的第6年为止。

第三，提高排污收费标准对绿色技术进步的影响也具有比较明显的时滞效应，但是对绿色技术效率的影响在分析期内却不具有时滞效应。前面的双重差分估计结果中，提高排污收费标准对绿色技术进步的影响不显著，但是此处基于事件研究法的结论表明，该环境规制政策实施也具有比较明显的时间滞后效应，即在政策实施后的第4～6年对绿色技术进步具有明显的抑制作用。与此相反的是，此处基于事件研究法的结论表明，分析期间内提高排污收费标准对绿色技术效率没有影响，这与前面的双重差分估计结果貌似相反。笔者认为，其原因可能在于，基于双重差分的估计结果是政策实施绩效的平均值，而此处基于事件研究法的估计结果却是政策实施绩效的年际情况，两者并非等同。

3. 稳健性分析：安慰剂检验

前面的双重差分分析结果表明，提高排污收费标准会抑制中国省份绿色全要素生产率增长，但是这还不能充分证明该结果不受同期其他因素的影响，亦即前面的分析并不能保证不存在遗漏变量偏误。为此，此部分运用安慰剂检验方法，通过虚构政策时间（这里首先将数据按照行业分组，然后在每个行业组内的时间变量中随机抽取一个年份作为其政策时间）来进行稳健性分析。为确保安慰剂检验结果更具一般性，在虚构政策实施时间时，分别对原始样本进行500次随机抽样，然后运用式（5－4）进行双重差分分析，结果见图5－11。

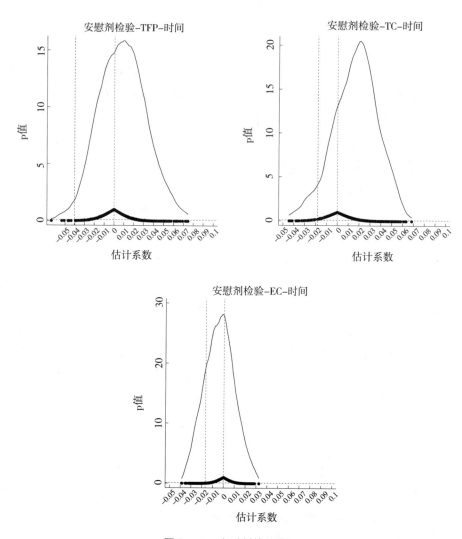

图 5 - 11　安慰剂检验结果

注：图示为分别对政策实施的时间和个体随机抽样 500 次的情况下，虚拟的双重差分变量的系数估计值的核密度图。其中，纵轴为概率值，横轴为系数估计值；实线为系数估计值的核密度，下方中空曲线为系数估计值对应的 P 值；最左边的垂直虚线为真实的双重差分变量的系数估计值。

　　从图 5 - 11 中可以看出，对于反事实的双重差分估计量的系数估计值（图中下方的中空曲线），它们对应的 P 值多数都位于 0.1 （图中平行于横轴的虚线）以上，这表明这些反事实的双重差分变量的系数估计值即使在 10% 的显著性水平上也未能通过统计检验。与此同时，双重差分变量的系数估计值的真实值（图中左侧虚线对应的横坐标值）在反事实的估计值中属于"异常值"，亦即随机抽样下的双重差分变量的系数估计值基本上都与真实估计值有明显差异。这些结果一致表明，前面的估计结果没有因为变量遗漏导致严重偏误，从而前面的估计结果具有稳健性，研究假设 $H1c$ 得到验证。

4. 区域异质性分析

在前面基于 BMA 和空间计量模型的分析中，人均 GDP 与绿色全要素生产率之间具有显著的正相关关系，此部分基于双重差分估计也得出了一致结论。中国经济发展的实践表明，不同地区之间的发展差距十分明显。由此可以推论，中国不同地区由于经济发展水平差距明显，它们的绿色全要素生产率增长也存在明显差异。那么，在中国省份绿色全要素生产率的变迁中，提高排污收费标准对绿色全要素生产率的影响是否也存在区际差异呢？下面根据中国区域划分的一般实践，将中国（不包括港澳台）所有省份分为东北地区、东部地区、中部地区和西部地区四大区域，以及长江以北和长江以南两大区域并分别对它们进行双重差分分析，结果见表 5 – 14。

表 5 – 14　提高排污收费标准影响绿色 TFP 的区域异质性：2004 ~ 2017 年

区　域	绿色全要素生产率		绿色技术进步		绿色技术效率	
	系数	标准误	系数	标准误	系数	标准误
全　　国	− 0.0405 **	0.0158	− 0.0180	0.0156	− 0.0168 **	0.0085
东部地区	− 0.0580 *	0.0302	− 0.0224	0.0325	− 0.0142	0.0135
中部地区	− 0.0477 **	0.0228	0.0267 **	0.0109	− 0.0611 ***	0.0175
西部地区	− 0.0231	0.0209	− 0.0167	0.0148	− 0.0084	0.0166
东北地区	− 0.0123	0.0563	0.0090	0.0338	− 0.0153	0.0294
长江以南	− 0.0255	0.0198	− 0.0171	0.0211	− 0.0096	0.0145
长江以北	0.0048	0.0214	0.0242	0.0196	− 0.0135	0.0094
控制变量	是		是		是	
省份固定	是		是		是	
时间固定	是		是		是	

注：表中数据为作者运用 Stata15.1 计算得出，表中用 *、**、*** 分别表示在 10%、5%、1% 显著性水平上通过 T 检验。

从表5-14中的结果可以看出，中国提高排污收费标准对绿色全要素生产率的影响具有明显的区域异质性，研究假设 H3c 得到验证，具体如下：

第一，在四大区域中，提高排污收费标准对绿色全要素生产率的影响仅在东部和中部地区统计显著，这与全国总体情况一致，西部和东北地区的估计系数虽然也小于0，但即使在10%的显著性水平上也未能通过统计检验。

第二，就绿色技术进步模型而言，东部地区、西部地区和东北地区的估计结果与全国总体情况一致，即双重差分变量的估计系数都没能通过统计检验；中部地区的估计结果在5%的显著性水平上通过统计检验，而且符号为正，这意味着该区域内提高排污收费标准有利于绿色全要素生产率增长。

第三，就绿色技术效率模型而言，仅中部地区的双重差分变量的系数估计值与全国总体情况一致，即提高排污收费标准显著地抑制了绿色全要素生产率增长，其他区域的估计结果都没有通过统计检验。

第四，以长江为界的两大区域划分的估计结果中，区域异质性并不明显。其中，所有模型中双重差分变量的系数估计值都未通过统计检验。不过，在绿色全要素生产率模型和绿色技术进步模型中，双重差分变量的系数估计值具有相反的符号，这表明分析结果并不能充分证明提高排污收费标准对绿色全要素生产率的影响不存在南北差异。

（二）开展碳排放权交易的政策实施绩效分析

现有研究表明，不同类型的环境规制对绿色全要素生产率的影响具有差异性。在本书前面梳理的制度变迁中，提高排污收费标准属于命令—控制型环境规制，而开展碳排放权交易则属于市场激励型环境规制。那么，市场激励型环境规制对中国省份绿色全要素生产率的影响是否有所不同呢？下面对式（5-2）所示的双重差分模型进行估计，协变量的选择与前文相同，样本匹配后的平行趋势检验结果见图5-12，基于匹配样本的双重差分估计结果见表5-15。其中，由于深圳于2013年6月18率先开展碳排放权交易试点，而广东省于2014年12月19日开始碳排放权交易全面试点，因此在分析中剔除样本中的广东省，然后进行 PSM-DID 分析。

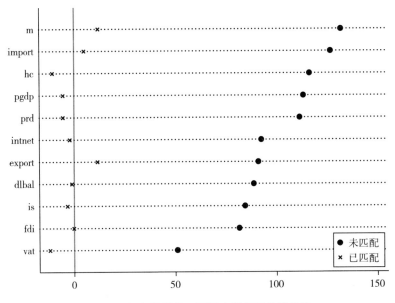

图 5 - 12　倾向性得分匹配样本的平行趋势检验

注：图中显示结果采用 stata15.1 中的 psmatch2 估计得出，具体采用 logit 模型、1 对 1 最近邻匹配法。

表 5 - 15　开展碳排放权交易试点对绿色 TFP 的影响估计结果：2004 ~ 2017 年

变量	绿色全要素生产率		绿色技术进步		绿色技术效率	
	系数	标准误	系数	标准误	系数	标准误
环境规制	0.0417	0.0279	0.0236	0.0198	0.0028	0.0190
控制变量	是		是		是	
省份固定	是		是		是	
时间固定	是		是		是	
R^2	0.3952		0.3650		0.1375	

注：表中数据为作者运用 Stata15.1 计算得出。

图 5 - 12 所示的平行趋势检验结果显示，匹配后的对照组观测值都位于横轴为 0 的垂直线两侧，这表明匹配后的对照组与处理组满足平行趋势假设，这同时意味着基于匹配样本的双重差分估计结果是有效的。表 5 - 15 中显示的双重差分估计结果表明，中国在 2014 年开始实施的碳排放权交易试点（已剔除广东省），并没有对中国省份绿色全要素生产率产生显著影响，而且对绿色技术进

步和绿色技术效率也没有产生显著影响，不过它们的系数估计值都大于 0。之所以如此，笔者认为这并非意味着开展碳排放权交易不会影响绿色全要素生产率变化，而是它对绿色全要素生产率的促进作用和抑制作用同时存在，而且这两种效应的影响力相当，从而对绿色全要素生产率的总体影响并不显著。这些结果也间接地表明，市场型环境规制与命令—控制型环境规制等异质性环境规制手段对绿色全要素生产率的影响具有差异，这与相关研究结论一致，研究假设 H4c 得到验证。

五、主要结论

此部分运用双重差分模型，分别以中国提高排污收费标准、开展碳排放权交易试点为准自然实验，实证分析了环境规制对省份绿色全要素生产率的影响，主要研究结论如下：

第一，异质性环境规制对绿色全要素生产率的影响具有差异。其中，开展碳排放权交易试点对省份绿色全要素生产率变化及其源泉的影响都不显著，但是提高排污收费标准对绿色全要素生产率增长和绿色技术效率改善都具有显著的抑制作用。

第二，环境规制对绿色全要素生产率的影响具有明显的区域异质性。其中，提高排污收费标准对中国东部地区和中部地区的绿色全要素生产率具有显著影响，而在西部地区和东北地区的影响不显著。不过，提高排污收费标准对绿色全要素生产率的影响不存在南北差异。

第三，环境规制对绿色全要素生产率变化的不同源泉具有不同的影响。其中，就全国总体而言，提高排污收费标准显著地抑制绿色技术效率改善，但是对绿色技术进步的影响不显著。就东部地区来看，虽然提高排污收费标准显著地抑制东部地区的绿色全要素生产率增长，但是对其两大源泉的抑制作用都不显著。就中部地区来说，环境规制对绿色技术进步有显著的促进作用，而它对绿色技术效率的变化具有显著的抑制作用。就西部地区和东北地区而言，提高排污收费标准对绿色技术进步和绿色技术效率的影响都不显著。

第五节　本章小结

本章内容是对第四章中有关供给侧结构性改革影响绿色全要素生产率的机制分析结论的印证和补充。在数据可得的前提下，本章运用倍分法和面板数据回归分析法，以近年来中国实施的一些典型改革政策为切入点，经验分析了供给侧结构性改革对绿色全要素生产率的影响。主要研究结论如下：

第一，去产能、设立自贸区、环境规制等供给侧结构性改革，对绿色全要素生产率增长有不同程度的影响，这种影响主要是通过影响绿色技术进步或绿色技术效率来实现的，但是不同政策的实施绩效存在差异性，而且部分政策对绿色全要素生产率或其增长源泉的影响还具有预期效应、时滞效应和区域异质性。

第二，部分供给侧结构性改革政策的实施对绿色全要素生产率的影响具有两面性。为探讨供给侧结构性改革对绿色全要素生产率的影响，有必要分析它对绿色技术进步、绿色技术效率的影响，这不仅有助于分析这些政策影响绿色全要素生产率的作用机制，而且还可以避免政策误判，进而误导经济发展政策的制定和实施。比如，去产能政策对绿色全要素生产率的影响并不显著，其原因在于它对绿色技术进步和绿色技术效率的影响方向是相反的，而并非它对绿色全要素生产率没有影响。

第三，供给侧结构性改革对绿色全要素生产率的影响可能存在短期负面冲击。比如，去产能政策对绿色技术进步具有显著的抑制作用。我们认为，其原因可能在于，为去除冗余产能、低端产能，企业势必会耗去一定额外成本，进而会对研发活动、技术引进、"干中学"等产生挤出效应，同时政策执行不可避免会出现"一刀切"，这也会在短期内对技术进步产生明显的负向冲击。再如，提高排污收费标准的环境规制对绿色技术效率和绿色全要素生产率也有显著的抑制作用，这与"遵循成本说"一致。我们认为，这实际上也是一种短期负面冲击，但是从长期来看，"创新补偿说"更具有解释力，因为环境规制无疑会诱致绿色技术变迁和绿色技术效率改善，进而会促进绿色全要素生产率增长。

当前，中国绿色全要素生产率水平总体不高，对经济发展的相对贡献也低于投入要素积累的作用，而且它们在省份之间、行业之间的差异都较大，这意味着中国提升绿色全要素生产率的潜在空间还很大。前面的理论分析和经验分析都表明，我们可以借助供给侧结构性改革，来影响绿色技术进步和绿色技术效率的变化，进而推动绿色全要素生产率增长。因此，在高质量发展阶段，我们应该深化供给侧结构性改革，通过要素升级、结构优化和制度创新等渠道，不断提升绿色全要素生产率水平，推动经济发展的质量变革、效率变革和动力变革，实现经济高质量发展和可持续发展。

第六章
提升绿色全要素生产率的
供给侧结构性改革建议

中共十九大报告把深化供给侧结构性改革摆在贯彻新发展理念、建设现代化经济体系这一重要部署的突出位置，以推动经济发展质量变革、效率变革、动力变革，提高全要素生产率水平。前面的理论分析和经验研究表明，供给侧结构性改革会影响绿色全要素生产率增长，这主要通过要素升级、结构优化和制度创新来影响绿色技术效率或绿色技术进步得以实现。为此，本章在回顾供给侧（结构性）改革的国际经验基础上，结合前文的分析结论，从提升绿色全要素生产率的视角出发，提出中国深化供给侧结构性改革的建议。

第一节　供给侧（结构性）改革的国际经验及启示

经济学界对供给侧的相关理论探讨源远流长，其理论源头可以追溯至古典经济学，而有关供给侧的改革实践则要晚得多，一般认为始于 20 世纪 80 年代的"里根经济学"和撒切尔主义。20 世纪 70 年代和 80 年代，包括美国、英国在内的一些国家出现了需求刺激疲软、经济滞胀、产能过剩等突出问题。在这样的经济困局下，凯恩斯主义的需求管理政策不再适用，这些国家转向了供给学派理论来谋求经济复苏道路。随后，德国、日本、韩国等发达国家也出现了需求刺激乏力的问题，同时还面临着有效供给不足、人口老龄化、资源配置效率降低等新问题。为重振经济，这些国家也将经济发展的解决之道从重视需求管理转向了更多地重视供给侧改革。总体来看，发达国家的供给侧改革实践都取得了不同程度的成功。由于这些国家改革时面临的经济形势各有不同，它们施行的改革实践也各有差异，主要做法包括减税降负、鼓励市场竞争、减少政府干预、推进产业结构转型、强化要素升级、深化体制改革等多个领域。虽然中国当前面临的经济问题与这些国家改革之初的情况并不等同，但是这些改革实践对于深化中国的供给侧结构性改革仍然具有一定的借鉴意义。

一、供给侧（结构性）改革的国外实践

（一）美国的供给侧改革

在 20 世纪 70 年代和 80 年代，两伊战争导致世界范围内先后发生了两次严重的石油危机，打击了包括美国在内的西方国家的经济，导致生产成本大幅上升，经济增长放缓。美国在此影响下，陷入了高失业率和明显的通货膨胀并存的"滞胀"困局。与此同时，美国经济也存在结构性问题，主要表现在国内商品竞争力下降引致产能相对过剩，以及私人投资部门在高税率抑制下投资意愿持续降低（赵景峰和湛爽，2016）。另外，交通运输、铁路、天然气、有线电视、银行等行业还存在限制进入和价格管制等问题，它们导致企业经营效率低下（李佳和杨东，2016）。为摆脱滞涨困局，里根政府采取供给侧改革来激发经济活力，这助推美国成功地摆脱了滞涨困局并走向新的繁荣。

（1）大规模减税。供给学派认为，生产的增长取决于劳动力和资本等生产要素的有效供给和高效利用，个人和企业提供生产要素，从事经营活动主要是谋取报酬，因而对报酬的刺激能够对个人和企业的经济行为产生重要影响。里根政府把税收减免作为推行供给侧改革的经济政策核心，以刺激企业扩大生产和提高劳动者的劳动积极性。这主要包括：降低个人所得税，其中最高边际效率降低至 28%；降低企业所得税率至 33%；缩短企业固定资产折旧年限，并对企业投资实行税收优惠；降低资本收益税率至 20%，利息、红利等税率降至 50%（赵景峰和湛爽，2016 P100）。[①]

（2）消减社会福利支出。为使政府能够在减税的同时减少因财政收支不平衡而导致的压力，削减了政府非国防方面的开支，尤其是削减了社会福利开支。同时，对联邦政府和地方政府承担的福利责任进行明确划分，将联邦政府的福利支出项目全部转嫁给州政府，并通过信托基金解决地方政府资金匮乏问题。

---

① 数据来源：赵景峰，湛爽．供给侧结构性改革：国际经验与中国启示［J］．山东社会科学，2016（06），第 100 页．

（3）减少政府干预，促进结构优化。对航空、铁路、汽车运输、通信、能源、金融等行业领域放宽市场准入条件，鼓励自由竞争。同时，对效率低下、产能过剩的行业进行兼并重组，并大量削减对产能过剩行业的财政支持，以市场机制为主引导僵尸企业的退出和淘汰，优化了经济结构。

（4）实施谨慎的财政政策。由于美苏冷战的原因，里根政府通过加大军费支出、国防研发投入和引导国防科技渗入到民生领域的方式，同时减少了对过剩产能行业的财政支持。

（5）实施通货紧缩政策。美联储将反通胀作为实行货币政策的主要目标，严格控制货币供给，使货币发行量与经济增长相适应，并实行高利率政策，联邦基金利率一度飙升至20%以上（李佳和杨东，2016）。[①] 与此同时，大力扩大进口规模，稳定物价水平，最终通货膨胀率得到了控制，并倒逼国内产品创新，增强了产品竞争力。

（6）大力发展中小企业。为防止供给侧改革初期出现大量失业，里根政府多渠道促进中小企业和服务业发展。主要包括：对交通运输、通信等行业放宽市场准入，减免中小企业税收，采用立法的方式促进中小企业发展，等等。

（7）鼓励科技创新。为摆脱传统产业竞争力下降的困境，里根政府把科技创新置于国家战略层面，希望通过科技创新来加快产业升级。主要举措包括：促进产学研合作、加大基础研究投入、加快科技成果转化、以"战略防御倡议"促进科技军转民，这为科技发展助推经济结构调整创造了良好的政策环境。

里根政府所努力推行的供给侧改革，推动美国经济成功地走出了滞胀泥潭，并逐步走向了经济复苏道路，这些改革实践后来被冠以"里根经济学"。据统计，从1982年12月到1988年5月，美国经济保持了持续增长，通货膨胀和失业率都比里根总统上任之初大幅下降。其中，GDP增长率由上任时的负增长大幅提升，最高时高达7.19%；通货膨胀率则由上任时的13.51%大幅下降，通胀率最低时仅为1.86%（贾康和张斌，2016）。[②] 不仅如此，里根时期的供给侧改革还催生了20世纪90年代以互联网信息技术为特征的"新经济"崛起，这为美国之后经济向创新驱动转型和持续繁荣打下了坚实基础。

---

① 数据来源：李佳，杨东. 中国供给侧改革的国际经验借鉴与研究［J］. 当代经济，2016（17），第46页.

② 数据来源：贾康，张斌. 供给侧改革：现实挑战、国际经验借鉴与路径选择［J］. 价格理论与实践，2016（04），第7页.

（二）英国的供给侧改革

20 世纪 70 年代和 80 年代，英国经济同样也陷入了滞涨泥潭。在此之前，英国在工党的领导下，大力推行政府干预和国有化政策，控制了主要公共事业与基础工业部门，以及绝大部分的制造业部门。这些国有部门运营效率下降，多数处于亏损状态，主要依靠财政补贴维持基本运营，增加了政府财政压力，并降低了经济运行效率，最终导致经济增速下滑，甚至出现了负增长。与此同时，在宽松的财政货币政策刺激下，通货膨胀率迅速飙升。为摆脱滞涨困扰，撒切尔政府也从供给侧入手进行了系列改革，不仅成功遏制了通货膨胀，而且在经历短暂阵痛期后恢复了经济增长，使英国经济在 20 世纪 80 年代赢得了"撒切尔增长奇迹"的美誉。[①]

（1）减少政府干预，推行私有化。一方面，实行国有企业私有化改革，领域涉及电信、电力、航空、水利、石油、天然气等自然垄断行业。其中，针对部分涉及国家安全和社会公共利益的国有企业，采取"黄金股"形式进行改革，即不需要政府独资或掌握 51% 以上的绝对控股权，剩下股份以公开销售的方式稀释给私人（杨畅，2018）；[②] 另一方面，减少政府干预，如取消石油、邮电通信等领域的垄断，废除物价管制、外汇管制和工会特权，等等。

（2）采取紧缩性货币政策，严控货币供应量。撒切尔政府为有效遏制通货膨胀，不惜以失业率上升为代价，严格控制货币供应量，逐年将货币供应增幅降至 1%。同时紧缩信贷，将基准利率提高到 17%，最后维持在 14.5% 左右。虽然英国在该政策影响下失业率升至 10% 以上，但是通货膨胀率从 21% 迅速降至 5% 以下，1982 年以后经济增长率则保持在 2.8% 左右，优于欧美很多发达国家（赵景峰和湛爽，2016）。[③]

（3）推行税收制度改革。撒切尔政府采取了一系列税制改革，主要包括：降低个人所得税率，其中高收入群体和低收入群体的边际税率分别降低了 30%

[①] 在改革之初，经济转型引起了经济增长阵痛，大量国有企业和传统企业倒闭，致使失业率一度攀升至两位数以上，但是经过持续推进改革，经济成功由低谷走向繁荣。据统计，撒切尔夫人推行供给侧改革期间，英国通胀率从 1980 年的 18% 回落至 1986 年的 3.4%，经济增长率从 -2.2% 回升至 1988 年的 5.9%（谢重娜和于华金，2016 – 12 – 12）。

[②] 数据来源：杨畅. 国企改革探索"黄金股"特殊管理制度研究 [J]. 上海市经济管理干部学院学报，2018（2），第 2 页.

[③] 数据来源：赵景峰，湛爽. 供给侧结构性改革：国际经验与中国启示 [J]. 山东社会科学，2016（06），第 101 页.

和3%；提高个税起征点，由8000英镑提高到了10000英镑；降低投资收入税、土地开发税和公司利润税，投资收入税起征点从1700英镑提高到了6250英镑，并对中小企业实行优惠税收政策（王皖强，1998）。[①] 大力度的税收制度改革大幅增加了免税人数，提高了劳动者的生产积极性，并降低了企业税收负担，增强了企业盈利能力。

（4）推行社会保障制度改革，大力削减公共支出。具体政策措施包括：主张社会保障制度与经济增长相协调，降低社会保障标准；减少教育、医疗和社会福利等领域的公共支出水平；取消社会福利的"普遍性原则"，代之以"选择性原则"，使社会福利支出集中用于需要帮助的群体；裁减政府机构，精简工作人员，提倡社会保障私有化。撒切尔政府的社会保障制度改革有效减少了公共支出，政府财政状况大幅好转；社会保障制度改革增强了效率，激发了劳动者工作积极性。

（三）德国的供给侧改革

在20世纪60~80年代初，德国历经了10多年的高速增长，然后经济增长步入换挡期。在多年的需求管理政策影响下，国内巨额的社会保障支出导致财政赤字加剧，年均债务规模增长速度高达10%（赵景峰和湛爽，2016）。[②] 同时，德国统一之后，在劳动密集型产业转移和劳动力成本上升等因素的影响下，部分行业产能过剩，出口产品的国际竞争力较弱，对外贸易出现逆差，货币也趋于贬值。基于这些宏观经济形势，德国科尔政府以提升实体经济竞争力为目标，于1982年开始将经济改革方向转向供给侧，在"多利润少工资""多市场少政府"的经济政策导向下，制定了与当时经济发展相适应的税制改革、社保制度改革、产业结构升级、币值稳定等方面的系列政策。经过近20年的供给侧改革，德国经济发展取得了明显成效，制造业产能利用率上升，产业结构优化，产品竞争力稳步提高，拥有处于世界领先地位的制造业技术水平和研发能力，强大的实体经济为德国经济增长夯实了坚实基础。

（1）推进产业结构升级。作为制造业强国，德国实施渐进式的国有企业私有化改革，减少对产能过剩行业的财政补贴，进行战略性产能压缩，保留部分

[①] 数据来源：王皖强. 论20世纪80年代英国政府的微观经济改革［J］. 湖南师范大学社会科学学报，1998（05），第16~17页.

[②] 数据来源：赵景峰，湛爽. 供给侧结构性改革：国际经验与中国启示［J］. 山东社会科学，2016（06），第100页.

产业的核心竞争力，并通过科研经费扶持和技术创新引导，大力发展新兴产业。与此同时，尽量维持企业经营状况的稳定以及对破产大企业实施救助，将推进产业结构升级、发展新兴工业给经济带来的阵痛降到最低（陈晶和冯荣凯，2018）。另外，德国颁布《反对限制竞争法》，倡导自由竞争和限制市场垄断行为，鼓励和扶持中小企业发展，并设立专项基金资助中小企业加大研发投入，鼓励中小企业创新。经过产业结构升级，德国产能过剩问题得到有效化解，产品出口竞争力增强，中小企业得到发展，提供较多就业岗位，使失业率明显下降。

（2）加大人力资本投资。德国在培养专业技术人才方面，实行"双轨制"的职业培训，即学校和企业共同培养专业技术人才，将理论学习和实践技能培训相结合，保证学生在就业之前就具备一定的职业技能，切实提高了劳动力素质和劳动生产率，为提升产品质量和产品竞争力奠定了基础。

（3）实行紧缩性货币政策。在货币政策改革中，德国政府借鉴货币学派的主张，以2%作为通货膨胀率的警戒线，实行相对稳定的货币政策，控制国内通货膨胀，保持物价稳定，并专注币值稳定。紧缩的货币政策使得德国的物价水平得到了有效控制（平均在2.3%左右），同时增强了出口产品的国际竞争力，这对于缓解产能过剩也起到了一定作用（赵景峰和湛爽，2016）。[①]

（4）缩减公共支出。为减少政府财政赤字，降低债务累积，德国政府施行了一系列改革政策，主要包括：限制财政支出增长率不得超过3%；提高个人社会保障缴费责任，减少政府社会保障支出，并将退休年龄从60岁提高至65岁；改变社会保障资金的使用模式，由现收现付制模式转向部分积累模式；强化医患双方的自我约束机制，压缩费用支出；大力振兴经济，增进社会再就业（赵景峰和湛爽，2016）。[②] 该类政策的实施，使得政府赤字和债务增速都明显减少。

（5）实行减税降负。德国实施了与经济发展相适应的税收政策，其重点在于减轻企业和个人的税收负担，并维持相对稳定的工资水平来减轻企业的成本支出。主要措施包括：降低税收份额至22.5%；提高固定资产折旧率；对中小企业免征营业税，直接税、所得税比重均有大幅降低。通过减税降负，德国的

---

① 数据来源：赵景峰，湛爽. 供给侧结构性改革：国际经验与中国启示 [J]. 山东社会科学，2016（06），第101页.

② 同上。

贴现率下降至 4%，企业的用工成本明显降低，盈利能力得以提高。

（四）日本的供给侧改革

进入 20 世纪 70 年代，日本经济面临产能过剩、环境污染、创新不足、人口老龄化、资源配置效率降低等各种供给侧问题。同时，受接连爆发的两次石油危机影响，物价飙升，失业率提高，经济出现负增长。面对经济不景气和通货膨胀等一系列问题，中曾根康弘于 1982 年上台后，综合运用法律、财政、税收等措施进行供给侧改革，不仅使得日本顺利度过了两次国际石油危机，而且产品结构得到升级，国家地位提高。进入 21 世纪以来，小泉纯一郎基于提高潜在增长率的目标实施了结构性改革，安倍政府则进一步结合总供给和总需求政策，在金融系统、邮政民营化、劳动力市场等领域推行了结构性改革，还专设了"结构改革特区"。总体来说，日本的供给侧改革虽然具有明显的阶段性，但是其重要特征都是围绕提升全要素生产率的目标展开。其中，20 世纪 70 年代~80 年代中期着重处理产能过剩，矫正资源配置扭曲，提高有效供给；20 世纪 80 年代中期以后逐步转向构建完善的市场经济体系，以提高经济的运行效率和创新活力（田正和武鹏，2019）。

（1）疏解过剩产能，转变经济发展方式。20 世纪 70 年代，以钢铁、水泥、石化等为主的传统行业产能过剩问题日益严重，重化工业在前期推动了经济的发展，但是在这个过程中生态环境遭到较为严重的破坏。受 1974 年国际石油危机影响，日本企业积极推进实施以"减成本、节能源、调结构"为主要内容的"减量经营"战略，政府利用企业急于转变经营战略的想法，采取立法、设立基金、减免税收、低息贷款等方式引导"结构性萧条产业"疏解产能、降低能耗和转型升级。进入 80 年代之后受第二次石油危机影响，将钢铁、纺织、石油化工等产业增列为"结构性萧条产业"，并继续实施去产能政策。

（2）激发创新活力，引导产业结构优化升级。第二次世界大战后，日本在大量购买欧美产品的基础上，通过引进、吸收、再创新的方式实现了科技进步。进入 20 世纪 70 年代之后，日本无法继续靠技术模仿来推动科技进步，于是通过建立完善的创新体系来进行自主创新，并推动产品升级。其中，对于那些企业难以独立承担的重大科技项目，通过有效整合创新资源，组织拥有核心技术的企业进行联合创新，推动日本在集成电路、遥感通信等领域居于全球优势地位。同时，针对电子机械、精密仪器、高精度装备等技术密集型产业，采取补助、税收减免、融资等方式引导企业自主创新，比如 1972 年日本就着手实施了电子计算机开发促进费补助金制度,对开发费的 50% 进行补助(刘巍,2016)。[①] 另外,日本还设立产业技术审议会来主导产业技术提升工作,通过国家注资等方式,推动了环境保护、生物工程等高新技术产业发展。

(3)发展壮大第三产业,积极调整产业结构。围绕扩大消费者需求和产业需求,20 世纪 70~80 年代日本服务业发展迅速,形成了以市场为牵引、以制造业投资跟进的产业发展链条。与此同时,高度重视服务业整体水平的提升,多元化取代单一性,专业化大资本代替了中小企业,服务业质量得到提升。服务业的发展创造了大量的就业岗位,在疏解产能过剩过程中而产生的失业压力得到缓解。进入 20 世纪 90 年代以后,更加重视改善经济结构。比如,1996 年桥本龙太郎执政后,大力推行了行政改革、社会保障结构改革、经济结构改革、财政结构改革、金融系统改革和教育改革"六大改革方案",以降低生产成本,促进要素流动,提高经济效率。

(4)减少政府干预,推进制度性改革。日本经济行政主导色彩浓厚,直到 20 世纪 70 年代末,日本才逐渐主张废除大政府,通过减税、放松管制、促进竞争等供给侧改革措施提振经济。一是放宽准入限制,推进民营化改革。从 20 世纪 80 年代开始,日本就逐步将铁路、邮政、航空、通信等领域向民营资本开放,鼓励民营企业参与建设;90 年代之后进一步强化了通过规制改革来破除行业垄断,促进经济增长;2000 年之后则进一步将开放领域扩大到医疗护理、民生福祉、教育等领域。二是大力推行简政放权。20 世纪 80 年代开始,在住宅、土地、通信、金融、信息、流通等领域,先后废除委让权限约 260 项,审批手续约 390 项,移交和简化机关委任事务约 120 项;进入 90 年代之后,进一步削减政府权力 1000 项,还颁布了《中小企业部门等的调整法》等多项法规来调整大中小企业之间的关系(刘巍,2017)。[②]

二、对中国供给侧结构性改革的启示

通过对美国、英国、德国、日本等供给侧改革经验的梳理,我们发现这些国家都是从注重短期刺激的需求管理转向供给侧改革,以激发经济长期稳定发

---

① 数据来源:刘巍. 日本供给侧结构性改革的经验与启示 [J]. 科技促进发展,2017(03),第 189 页.

② 数据来源:刘巍. 日本供给侧结构性改革的经验与启示 [J]. 科技促进发展,2017(03),第 191 页.

展的活力，并都取得了一定的成效，相关措施涉及减税降负、简政放权、实行稳定的货币政策、改革社会保障制度、推进产业结构升级、强化科技创新等多种手段。其中，美英两国都主张通过减税降负来刺激企业投资积极性和劳动者的边际劳动供给积极性，以解决企业市场竞争力弱化问题；通过减少政府干预，在减少政府负担的同时，鼓励自由竞争，提高经济运行效率；并通过紧缩货币、减少公共支出等来稳定物价。德国和日本进一步将供给侧改革拓展到了产业结构升级、鼓励科技创新等领域，以实现资源配置效率改善和科技进步为核心的全要素生产率提升。目前，中国正在推行供给侧结构性改革，虽然与美国、英国、德国、日本等实施供给侧改革时所面临的环境并不一样，但是它们尤其是德国和日本针对经济结构问题而采取的系列结构性改革政策，对于中国降低交易成本、改善资源配置效率、促进科技进步、增加有效供给等方面都具有一定的借鉴价值。

（一）减税降负，释放经济发展活力

税收历来是各国调节经济的重要杠杆。美国、英国和德国在推进供给侧改革时，都把税收制度改革作为推进供给侧改革的重要抓手。其中，降低企业所得税和出台相关税收优惠政策，能够降低企业的运营成本，增大企业的利润空间，对于市场需求疲软背景下重振企业投资信心具有重要促进作用。降低个人所得税则会增加居民可支配收入和消费能力，不仅有助于拉动内需，还有助于提高劳动者的工作积极性。随着经济不断发展，所得税、财产税等直接税的收入分配调节功能越来越重要，它们所占的比重也会越来越大。当前，国际经济疲软、国内需求不力，为促进经济持续发展，应大力激发企业投资信心，并不断增强居民消费信心。其中，减税降负不失为可资借鉴的有效手段。实际上，中国近年来已经多渠道面向企业和居民开展了减税降负工作，并取得了显著成效，如"营改增"由试点到全面铺开，提高个税起征点，开展个税抵免，在免征增值税及相关附加税基础上，扩大小微企业享受企业所得税减半征收，等等。今后，应继续施行"营改增"政策、企业所得税减免政策、个人所得税改革政策等，更好地发挥税收推进经济结构调整、促进产业转型升级、调节收入分配的作用，不断增强社会创新创业活力。

（二）简政放权，健全市场体制机制

在市场经济条件下，市场对资源配置起着决定性作用，有助于经济结构优

化和资源配置效率提升。美国、英国、德国和日本在推进供给侧改革时，都逐步减少政府对经济的干预，对部分行业放宽政府管制，削减了对产能过剩行业的财政支持，尤其是英国、德国和日本还实施了国有企业民营化改革，不仅减轻了财政压力，而且还增强了市场活力。中国尚处于向市场经济转型阶段，还没有建立起健全的市场制度，而且国有经济在国民经济中占据着重要地位，政府通过产业政策、财税政策、金融政策等宏观调控手段对经济发展的干预力度较大，这一定程度上阻碍了资源配置效率改善，建立公平竞争的市场秩序也还有一定空间。因此，应进一步简政放权，充分发挥市场机制作用。结合中国近几年的实践和国际经验，我们在深化供给侧结构性改革时，应着力推进简政放权，充分发挥市场在资源配置中的决定性作用。一是继续深化以政府职能转变为核心的"放、管、服"改革，着力降低企业运营中的制度交易成本和提高政府运营效率。二是坚持以市场为导向，不断优化国有资本布局结构，推动国有资本更多投向关系国家安全和国民经济命脉的重要行业和关键领域，增强国有经济整体效能。三是不断健全市场制度，推进要素市场、产品市场一体化建设，畅通跨区域、跨行业的要素流动，提高资源配置效率。四是优化营商环境，建立公平竞争的市场环境，使民营企业和国有企业公平参与市场竞争，激发企业活力和创造力。

（三）供需结合，促进实体经济发展

供给侧改革并不排斥需求侧管理，而是兼顾供需两端的基础上更侧重于供给侧管理。美、英、德、日的经验都表明，在需求乏力而采用供给侧改革进行管理时，都应搭配需求管理政策。比如，美、英、德三国为抑制通货膨胀和确保物价稳定，都采用了紧缩性货币政策，并很快稳住物价，同时为防止需求抑制过度而在短期内造成大量失业，它们还采用了缩减公共支出、减税等财政政策。其中，美国为避免紧缩性货币政策导致需求急剧下降而恶化就业，还采取了扩大军需投入并向民用部门渗透的谨慎性财政政策。日本在桥本龙太郎主政期间，推行供给侧改革时乐观估计了经济形势，结果抑制了经济效率提升，但在安倍主政期间，借助宽松的货币政策和财政政策，为推行创新、雇佣改革等供给侧改革提供了良好的宏观经济基础。中国面临的虽然不是美、英两国当时所处的滞胀困境，但是受国际国内形势影响，不仅有效供给不足，总需求上升也比较乏力。因此，中国也应注重保持货币政策和财政政策等需求管理政策的搭配使用，为实现经济结构转型升级营造良好的货币金融环境。

另外，供给侧改革还要注重实体经济和货币金融政策的协调配合。日本在20世纪80年代实行量化宽松的货币政策，释放出大量流动性资金，但是却未有效进入实体经济，而是流入了股市，推动产生了资产泡沫。日本的教训表明，实体经济改革必须有金融体制改革相配合，否则就不可能达到预期效果，甚至会背道而驰。中国在深化供给侧结构性改革中，运用货币政策工具激励经济发展时，应向支持实体经济发展方向倾斜。总之，要坚持供给侧和需求侧政策工具同时发力，为宏观经济发展创造良好环境，促进实体经济持续健康发展。

（四）创新驱动，推动产业转型升级

前面回顾的国外供给侧改革实践中都重视科技创新和产业转型发展，其中美国、德国和日本尤为突出。它们都强调通过加大科技投入、强化人才培养等手段来提升科技水平，并据此改造传统产业和发展高新技术产业等新兴产业，最终成功实现产业转型升级和经济复苏。中国自改革开放以来，在粗放型增长模式下实现了30余年的高速增长，同时伴随着综合要素成本上升、要素禀赋结构层次不高、低端产品产能过剩、高端产品有效供给不足等结构性问题。因此，必须在"巩固、增强、提升、畅通"八字方针下深化供给侧结构性改革，培育壮大新兴产业，改造提升传统产业，加快构建现代产业新体系。其中，科技创新是引领传统产业转型升级、构建现代产业新体系的第一动力。然而，中国科技资源配置水平不高、创新型人才不足等问题比较突出，必须要发挥好财政资金的引导与激励作用，调动企业成为创新主体的积极性，加大科技成果转化运用，推动产业结构升级。同时，大力实施人才优先发展战略，用人才资源带动其他创新要素实现聚合，优化科技资源配置。

（五）量入为出，完善社会保障制度

英国、德国作为高福利国家，改革前出现了社会保障水平与经济发展水平不协调的问题，不仅造成财政负担过重，而且不利于激发社会创造活力，社会保障制度在经济发展中的积极作用发挥有限。因此，英国、德国坚持社会保障与经济发展相协调的原则对社会保障制度进行改革，主要体现为加大个人责任、注重积累和削减社会福利开支等方面，为经济发展起到了较好的减负作用。作为世界上最大的发展中国家，中国的社会保障事业已成为中国经济社会发展的"短板"之一，有效供给不足，而且社会保障的水平与结构也与这些福利国家存在较大差别，这主要表现在覆盖面不够广、标准不够高、城乡差距比较大等，

它们进而导致国内居民倾向偏低、消费意识保守。由此可见，中国社会保障制度与西方国家也有相似之处，都存在社会保障与经济发展不协调的问题，这不利于经济社会的稳定发展，急需在发展中不断完善社会保障体系建设。一方面，应坚持社会公平，守住民生底线，充分发挥社会保障的"安全阀"作用；另一方面，应注重可持续性原则，基于中国经济发展阶段及人口结构的变化，建立与之相适应的社会保障制度。

第二节　深化供给侧（结构性）改革的对策建议

一、完善要素升级机制，促进资源优化配置

研究结果显示，物资资本、人力资本和技术资本三大生产要素与绿色全要素生产率及其两大增长源泉关系复杂，通过供给侧结构性改革进一步优化生产要素配置，形成绿色低碳、生态环保的生产方式，提高物力、人力、技术配置效率，是提高绿色全要素生产率的有效途径。

第一，建立健全投资体制建设，保持适度投资规模。经验分析表明，物质资本有助于绿色技术进步，表明固定资产投资在绿色技术进步方面发挥了重要作用。从资本使用效率来看，任何经济活动都需要充足的物质支持，但是过多的投入会导致粗放型经济增长，这可能会降低经济增长效率。因此，应全面健全投资体制建设。首先，需要建立完善的预算评价体系，合理估计各行业、各领域所需要的经济资本，尤其重视在技术创新、环境改善方面的资金投入。其次，建立监督管理制度，对各方面资本采取全面的监督方式，督促其发挥最大的生产效率，对于投入过多或过少的领域进行适时的调整。最后，建立合理的投资体制，提高投资对绿色技术进步的支持作用，平衡好投资与生态环境保护、技术进步之间的关系，提高资本的使用效率。

第二，完善人力资本培育方式，注重人力资本"质"的积累。新增长理论表明，人力资本既是研发活动的重要投入，又是技术吸收能力的重要组成部分。也就是说，人力资本是促进技术进步和全要素生产率增长的重要因素。然而，国外有关人力资本与全要素生产率的经验分析表明，两者之间的关系并非一定是正相关关系。本书基于 BMA 和空间计量模型的经验分析表明，在中国省域经

济发展中，人力资本与绿色全要素生产率及其两大源泉之间都表现为显著的负相关关系。我们认为，人力资本只是推动技术进步的必要因素之一，它需要与物质性研发投入相结合才可能带来技术进步。当前，中国人力资本整体水平普遍较低，且重数量轻质量，导致人力资本难以有效促进绿色全要素生产率的提升。因此，应注重人力资本积累的水平和深度。具体来说，政府应加强公共服务供给侧改革力度，保障人力资本数量和质量的同步提升，解决人力资本短缺问题。同时，普及改善教育水平，采取培训和"干中学"等方式提高从业人员人力资本水平，充分吸收技术资本的溢出效应，更好地发挥技术资本与人力资本的互补效应，以提高绿色全要素生产率水平。

第三，健全科技创新体制，提高科技研发水平。研发活动是推动技术进步的主要源泉，同时其产出的新技术、新知识又是提升劳动力技能水平的重要因素，这又会影响技术效率的变化。本研究的经验分析亦得出类似结论，以劳动力人均 R&D 存量衡量的技术资本，对绿色全要素生产率及其两大增长源泉的促进作用都很显著。因此，应加大科研投入力度，通过培养和引进高科技人才、增加教育支出、加大科研投入、建立健全专利保护制度等方式，创造良好的技术创新环境，提升绿色全要素生产率水平。同时，应重视科技成果的研发与推广，了解共性关键技术需求，构建协同创新机制，推广应用先进技术，构建资源节约和高效利用先进适用技术推广平台，提高机械化、信息化、智能化水平。另外，还要建立以企业为主体、市场为导向、产学研融合的技术创新体系，发挥好政府引导作用，推动企业与高校、科研院所深度合作，搭建理论和实践的桥梁，彻底改变粗放型生产方式，通过自主创新来提高绿色发展水平。

第四，深化财税金融体制改革。实证结果显示，税收政策有助于绿色全要素生产率增长。因此，深化供给侧结构性改革，应进一步发挥财政税收在经济建设过程中的重要作用，更好地发挥财政资金补短板的作用。根据经济社会发展需要，增加国家重大工程建设、基础设施、生态环境、科技研发等重要领域投入力度，完善传统产业改造升级、新兴产业和现代服务业税收政策体系。理顺中央和地方财权事权，适当增加中央事权，减少财政权，优化税收制度，增加地方财政权力，充分发挥地方积极性。优化税收结构，采取支持企业创新投入的税收优惠政策，形成创新全过程的税收优惠体系；完善生态环境保护税收政策，支持绿色环保、战略性新兴产业、智能制造等新兴产业发展的税收优惠政策，形成促进绿色全要素生产率全面提高的税收环境。

二、扩大对外改革开放，增进技术扩散获益

对外开放合作不仅有助于发挥比较优势、实现优势互补，而且还有助于技术扩散（或技术溢出）。外商直接投资、国内外贸易、信息化建设等都是先进科技供给、传播的重要途径，它们在中国绿色技术进步、绿色技术效率改善和绿色全要素生产率增长中都发挥了重要作用，本研究第三章、第五章的实证分析结论充分地印证了这一点。为此，中国在深化供给侧结构性改革中，应深化对外开放合作，充分发挥其在绿色全要素生产率增长中的技术扩散作用。

第一，优化创新对外贸易形式。国际贸易在经济发展中的重要性有目共睹，然而相关经验研究并未证实国际贸易一定会促进绿色全要素生产率增长。笔者认为，其原因可能在于国际贸易在影响绿色全要素生产率时具有两面性。一方面，作为国际技术扩散的重要渠道，国际贸易有助于提升国内技术水平，其中进口有助于获取国外先进的物化技术，出口则通过"出口中学"来提升国内技术水平；另一方面，中国尚处于从"制造大国"向"智造大国"迈进阶段，在国际贸易中不可避免地存在制造品污染转嫁现象，加之出口促进战略下的国际贸易发展，会导致国内生产者一味地追求产量扩张，而忽视能耗和环境质量标准，结果会抑制绿色全要素生产率增长。因此，在扩大对外开放中，应不断创新对外贸易方式，充分发挥国际贸易在绿色全要素生产率增长中的促进作用。一是要进一步优化对外贸易结构。就出口贸易来说，加快推进附加值高、环境效益好的高端制造业、现代服务业以优化产业结构；推进中西部地区积极承接东部地区加工贸易类产业，不断提高东部地区向高新技术产业迈进。就进口贸易来说，采取积极的对外贸易政策，鼓励国际间良性竞争，加大技术含量高、节能环保产品的进口力度，加强与国内科技研发的相配合，充分发挥进口与研发的"互补效应"，实现进口产品的技术溢出，推动绿色全要素生产率及其两大源泉的进步。二是加快调整对外贸易方式。无序的进出口贸易，尤其是长期以来低水平、低附加值的出口扩张模式，对中国绿色全要素生产率来说不是无效就是抑制作用明显，从这个角度看，需要不断调整对外贸易方式，逐步实现对外贸易从数量增长到质量提高的转变。具体来说，一方面要提高高端制造业、现代服务业进出口贸易比重，降低加工贸易比重；另一方面要制定严格的环境考核标准，促进贸易产品的绿色转型以优化对外贸易方式。三是推进自由贸易区体系化建设。本研究的经验分析表明，自贸区的设立显著促进了绿色全要素

生产率增长和技术进步。因此，中国需要加快构建开放型经济新体制，不断推进自贸区建设的改革创新，建立与国际贸易规则相适应的自贸区建设环境，从而推动投资自由化、贸易便利化和金融国际化进程，实现区域内要素、资本、人才、技术等要素的优化配置和合理流动，不断提高自贸区内的知识存量，实现制度红利助力经济长期发展，充分发挥国际大循环在"双循环"新发展格局中的重要支撑作用。

第二，提高外资进入门槛，引进绿色优质外资。本研究基于 BMA 的经验分析结果表明，外商直接投资对绿色全要素生产率和绿色技术效率的影响不显著，但是有助于绿色技术进步；不过，空间计量分析表明，外商直接投资显著地提升了绿色全要素生产率及其增长源泉。之所以出现略有不同的结论，可能是源于不同的计量分析分析模型所致。从理论上来讲，外商直接投资也有优劣之分，高质量的外商直接投资不仅有助于先进技术和管理经验的扩散，而且也不会存在"污染避难所"效应，而低劣的外商直接投资则无法避免污染转嫁。因此，在持续引进外资的过程中，应提高外资进入门槛，并合理引导其流向，实现从加工贸易端转向高新技术研发和先进技术制造业上来；同时注重引进国外先进的生产技术和环保标准，积极学习外资企业的清洁生产标准、生产技术，充分发挥外资的清洁技术扩散和技术溢出效应，不断提高对绿色技术进步的促进作用。

第三，加强信息化建设，降低技术交流成本。信息基础设施是技术扩散的重要载体，也是资源优化配置的重要投入。第三章的空间计量分析结果充分印证了这一点，分析结果表明，信息基础设施显著促进了绿色技术效率改善和绿色技术进步，进而显著促进了绿色全要素生产率增长。在飞速发展的信息化社会，各行业、各区域信息容量巨大、信息更新加快、信息化水平差距也很大。因此，应加快信息基础设施建设与普及，推动信息技术与企业生产的深度融合，缩小行业间、区域间、国家间信息交流的时空距离，据此增强企业对绿色技术的学习和吸收能力，进而推动绿色技术效率改善和绿色技术进步，不断提高绿色技术进步和绿色全要素生产率水平的提高。

三、深化市场体制改革，提升制度变迁质量

新制度经济学认为，制度的好坏决定了制度性交易成本的高低，同时也会影响经济激励效果和规模效益的实现。本书基于空间计量模型和双重差分模型

的经验分析表明，制度质量与绿色全要素生产率及其两大源泉之间都呈现出显著的正相关关系。因此，为促进绿色全要素生产率增长，深化供给侧结构性改革中应着力提升制度质量，为绿色技术进步和绿色技术效率改善提供制度保障。

第一，深化市场化改革，充分发挥市场机制的调节作用。计划和市场都是资源配置的重要手段，而且两者具有一定的替代性和互补性。其中，市场机制在调节经济发展时，遵循经济发展的内在规律，从而可以尽量避免人为的主观影响，尤其是在经济发展水平达到一定高度之后，它比计划手段更加实用。本书的经验分析表明，以市场化程度衡量的制度质量变量会正向地促进绿色全要素生产率增长，这表明市场化确实在绿色全要素生产率增长中具有重要的促进作用。因此，需要大力推进市场化机制建设，充分发挥市场机制的价格调节功能，给企业以更多的自主选择权，真正地让市场在资源配置中发挥决定性作用。按照市场机制，逐渐淘汰过剩产能，去除技术落后、成本高企、高污染、高能耗的企业，激励增加中高端产品供给，有效地推动技术进步和产业结构优化。建立完善的科技创新支持体系，鼓励政策应更多地向以市场化为导向的技术创新活动倾斜，尤其应大力引导、支持、鼓励绿色技术研发活动。

第二，深化"放管服"改革，优化营商环境。2019 年 6 月 25 日，李克强总理在全国深化"放管服"改革优化营商环境电视电话会议上指出，"营商环境是发展的体制性、制度性安排，其优劣直接影响市场主体的兴衰、生产要素的聚散、发展动力的强弱。通过深化'放管服'改革来优化营商环境，从根本上说就是解放和发展生产力。"美、英、德、日等国的供给侧改革实践也表明，要充分激活市场主体活力，就要发挥好市场机制的资源配置作用，其中简政放权具有重要作用。近年来，中国以市场主体需求为导向，深入推进"放管服"改革，营商环境得到了明显改善。然而，仍然存在各种市场准入限制、市场秩序混乱、市场监管不公、执法不力等现象，尤其是在当前国际经贸环境发生深刻变化的情况下，这就要求我们不断提升国际竞争力，通过改善营商环境来增强引资吸引力。

第三，深化区域一体化改革，畅通资源横向流动。市场机制的调节作用不仅体现在不同行业、不同企业之间的资源优化配置，还体现在跨区域的要素流动和交流合作中。因此，应推动区域间交流合作，加强区域间联系，减少交流成本、信息获取成本，推进先进技术的融合和扩散。同时，健全跨区域要素市场一体化建设，促进资源在区域间的合理配置，统筹推进要素的空间集聚、合理配置和制度质量进程，以市场化建设为依托，为绿色技术的扩散创造良好的市场环境和要素配置环境，实现绿色生产技术和绿色生产效率的双向互动。

四、健全环境规制体系，引导绿色转型发展

绿色全要素生产率增长是资源环境约束下的全要素生产率增长，它兼顾了经济增长的经济效益和环境效益，这是与新发展理念尤其是绿色发展理念相一致的。理论和经验分析都表明，环境规制对经济发展的影响存在遵循成本说和创新补偿说，两者是同时存在的。因此，供给侧结构性改革需要完善在经济建设过程中的资源环境管理体制，发挥环保约束和资源环境的倒逼作用机制，实现去产能和补短板的改革目标。

第一，健全排污收费制度。基于 BMA 分析可知，以排污费征收为主的市场激励型环境规制对绿色全要素生产率增长和绿色技术进步的影响模糊，不过有助于改善绿色技术效率。因此，完善现有排污费征收体系，全面掌握市场信息，提高排污费征收标准的灵活度，大力推进排污费交易的实施，充分发挥市场激励型环境规制对绿色技术效率的积极作用。具体来说，一方面，充分发挥政府在企业生产过程中污染排放的监督管理，对高污染、高能耗的企业提高惩治力度，对以绿色技术为主的清洁型生产企业给予一定的环境补偿，鼓励企业节能减排，提高资源利用效率；另一方面，政府积极营造利用市场机制解决外部性问题的良好环境，进一步优化排污边际成本核算、完善收费标准和相应的制度体系，形成完善、互通、科学的排污权交易网络体系。

第二，实行差异化的环境规制政策。由分区域双重差分估计结果可知，提高排污收费标准对绿色全要素生产率的影响仅在东部和中部地区统计显著，与全国总体情况一致，西部、东北地区未通过统计检验。中国经济发展的实践表明，不同地区之间的发展差距十分明显。因此，政府对环境规制工具的选择要综合不同地区经济发展水平、生态环境状况和市场化程度等，因地制宜采取差异化的环境规制工具，充分发挥环境规制政策的有效性。其中，东部、中部地区经济发展水平相对较高，环境状况也相对较好，而且市场化水平相对较高，以政府主导的强制性规制手段灵活性较低，不能发挥政策应有的效果，因此应强化市场激励型环境规制工具在当地的应用。西部、东北部地区经济发展水平和市场化水平都相对较低，而且生态环境状况相对恶劣，应充分发挥命令控制型环境规制的强制作用，等等。总之，各地应根据自身实际情况，采取适宜的

环境规制方式，以灵活多样的方式提高环境规制的有效性。

第三，优化环境规制工具组合方式。市场型环境规制与命令—控制型环境规制等异质性环境规制手段对绿色全要素生产率的影响具有差异，这就要求注重环境规制创新和优化组合方式。政府在实现一定的环境污染治理和减排目标时，必定采取一系列环境规制措施，环境规制目标的实现是行政型、市场型、公众参与型等各种政策优化组合的结果。目前，中国环境规制政策比较单一，多以政府强制型政策工具为主，未考虑地区不同特征，政策效果在一些地区难以发挥应有的效果。因此，中国应结合自身实际情况，加快环境规制的创新和优化组合，使命令控制型规制工具与其他类型的规制工具有效组合，发挥政府对环境治理的最大效果。同时，发挥市场机制对企业的激励作用，使得碳排放权交易、排污费、信息披露等规制政策具有灵活性和自主性，以多种方式提高环境效益。

第四，完善环境规制相关环保法律法规。本书的经验分析结论表明，行政命令型环境规制有助于绿色全要素生产率增长和绿色技术进步。这表明行政命令型环境规制可以起到规范企业生产行为的作用，倒逼企业加快实施技术创新，学习引进清洁生产技术，促进绿色技术进步，进而触发"波特效应"，提升绿色全要素生产率水平。因此，我们应加强环境规制力度，形成严格且合理的市场规制环境，根据国家产业发展方向，淘汰高污染、高能耗产业，根据市场选择的结果，使生产要素从低效率企业向高效率企业流动，提高行业生产效率。同时，加强对环保法律、法规和政策的宣传力度，引导全社会树立保护环境的思想观念，积极参与到环境保护中来，实现直接管制与间接管制的有效结合。

五、转变经济发展方式，推动产业结构升级

产业结构升级是经济增长方式转变与经济发展模式接轨；从宏观层面来看，它指的是一个国家经济增长方式的转变，如从劳动密集型向资本、技术密集型转变，由资源运营向产品运营、资产运营、资本运营和知识运营转变，由要素驱动向投资驱动、创新驱动转变（陈世清，2016）。显然，产业结构升级是经济这种方式转变的结果，亦是推动全要素生产率增长的重要手段。在资源环境约束下，产业结构升级还必须兼顾经济效益和生态环境效益的共同提升，通过提升绿色全要素生产率来推动经济可持续发展。

第一，推动要素禀赋结构升级。生产要素结构是决定产业（行业）结构的

根本性因素。中国过去主要通过劳动力、土地、资本和能源等的高投入获得了快速经济增长，但是这种粗放型经济增长模式是不可持续的，它不仅受限于资源的有限性约束，而且还加重了生态环境负担。在高质量发展阶段，经济发展必须转变经济增长方式，从要素驱动向绿色全要素生产率驱动转变。为实现经济增长方式转变，就必须在市场需求导向下推动要素禀赋结构升级，进而推动产品结构和产业结构向高级化、合理化方向演变。为此，要大力提升劳动力、土地、资本、技术、能源等生产要素和生产资源的质量，解决生产要素中的瓶颈问题，提高它们的生产效率和产出能力。同时，要按照可持续发展要求，不断地寻求这些生产要素、生产资源的替代品，如开发更高效、更绿色的新能源，以降低非期望产出的排放量，从而推动产业结构的绿色化。

第二，推动传统产业绿色化发展。钢铁、煤炭、造纸、水泥、印染等传统产业，资源、能源消耗突出，环境污染也比较大，其转型升级是推动产业结构升级的重要内容。制约这些传统制造业绿色发展的主要问题既有思想层面的认识不到位，如重视新兴产业培育而轻视传统产业转型升级，也有发展环境方面的约束，如技术供给不足、绿色发展标准不健全，等等。为此，应全方面推动传统产业绿色发展：大力破除无效供给、坚决淘汰落后产能、有效化解过剩产能，同时优化产业链布局，推动传统制造业向环境容量大、清洁能源和可再生能源丰富的地区转移；建立健全绿色技术研发推广体系，解决制约传统产业绿色发展的"卡脖子"技术难题；创新财税、金融支持制度，出台一批有利于传统产业绿色化改造的税收优惠和信贷支持政策；强化传统制造业绿色转型发展的制度约束，如建立绿色发展绩效考核制度、绿色发展法规体系，等等。

第三，培育壮大产业发展新动能。产业结构升级不仅要对产业存量进行改造升级，而且还要积极培育新兴产业，推动产业增量调整。因此，要根据市场需求，积极承接国际先进制造业转移，选择布局一批市场需求量大、知识含量高、附加值含量高的新兴产业，着力培育瓶颈产业、战略性新兴产业和与之相适应的商业新模式。同时，要推动科技创新与产业结构升级深度融合，加强大数据、物联网、云计算、人工智能等新技术在产业中的普及应用，推进产业结构合理化、高级化进程，实现价值链升级、升位。最后，还要正视国内较大的区域之间、城乡间发展不平衡的现实问题，在比较优势原则下推进区际产业转移，促进区际协调、城乡融合与乡村振兴，从空间层面上推动产业结构升级。

六、优化合作体制机制，实现发展互惠共赢

区域经济合作是实现专业分工和进行产品交换而采取的共同经济政策，是生产社会化的历史趋势。通过开展区域经济合作，合作双方可以优势互补、互惠共赢，实现 1+1>2 的效果。本书的空间计量分析结果亦表明，中国省份之间的绿色全要素生产率增长存在显著的空间正向溢出效应。为此，为提升绿色全要素生产率增长，深化供给侧结构性改革时也应考虑这种空间效应，全方位推进省级之间的经济合作，实现合作各方优势互补。

第一，健全要素市场一体化机制。要素市场一体化是市场机制健康运行的前提，它主要体现为要素的自由流动和市场化配置。要建立统一的要素市场，就必须打破不同区域间的制度性市场壁垒，就必须健全要素市场一体化机制。要消除省际要素流动壁垒。中国省域经济发展的地方要素市场分割现象比较突出。中央应在财税体制改革、晋升激励机制设计和反腐机制建设等方面，建立一套鼓励市场竞争的要素流动机制，彻底消除要素市场分割局面。同时，要加强省际合作互助，杜绝以邻为壑现象，尤其要深化省际基础设施、环境保护、产业发展等方面的合作，最大限度地发挥资源共享的作用。

第二，健全省际利益分享与补偿机制。经验分析表明，绿色全要素生产率增长的部分影响因素也存在显著的空间溢出效应，比如研发投入、信息化、环境规制等就对绿色全要素生产率增长及其两大源泉都具有显著的正向空间溢出效应。溢出效应之所以存在，原因在于经济活动的私人成本与社会成本不同，从而私人收益与社会收益也不等同。因此，要充分发挥经济活动的正向溢出效应，就必须对行为主体的利益进行补偿，如在长江经济带生态治理与环境保护中，中下游就应该对上游的付出进行补偿。为此，在深化供给侧结构性改革中，应构建经济发展多方合作的信息互通机制、利益谈判机制、利益共享机制、风险共担机制、行为约束机制等，实现经济发展利益的省际分享。

第三，健全省际科技交流与合作机制。经验分析表明，绿色全要素生产率和绿色技术进步本身存在正向的空间溢出效应。为此，各省份需要加强科学技术交流合作。落后地区和技术水平较低的地区在加强自身发展的同时，积极向发达地区和技术水平较高的地区引进新技术和科技人才，将技术上的潜在后发优势转变为现实。对于经济发展水平较高的东部地区，应积极发挥引领带动作用，逐渐弱化地区"虹吸效应"，推动优势资源和科技人才向中西部地区转移，

促进区域协调发展。另外，借助长江经济带发展战略、京津冀协同发展战略、长三角一体化发展战略和黄河流域生态保护战略等区域发展战略，弱化地区行政壁垒，打破影响人才、科技、信息、资源自由流通的体制机制障碍，通过核心技术共同攻关、大数据等资源共享、高级人才交流互访等方式，扩大省际科技资源合作，共同提升技术创新能力和运用能力。

参考文献

［1］白雪洁，于志强．资源配置、技术创新效率与新兴产业环节性产能过剩——基于中国光伏行业的实证分析［J］．当代财经，2018（01）：88－98．

［2］本报评论员．坚持人与自然和谐共生——九论深入学习贯彻党的十九大精神［N］．光明日报，2017－11－05．

［3］步晓宁，郝尚卫，王倩．资源配置效率与中国工业产能过剩治理［J］．经济与管理评论，2019（05）：30－42．

［4］蔡乌赶，周小亮．中国环境规制对绿色全要素生产率的双重效应［J］．经济学家，2017（09）：27－35．

［5］陈超凡．中国工业绿色全要素生产率及其影响因素——基于 ML 生产率指数及动态面板模型的实证研究［J］．统计研究，2016（03）：53－62．

［6］陈超凡，韩晶，毛渊龙．环境规制、行业异质性与中国工业绿色增长——基于全要素生产率视角的非线性检验［J］．山西财经大学学报，2018（03）：65－80．

［7］陈菁泉，刘伟，杜重华．环境规制下全要素生产率逆转拐点的空间效应——基于省际工业面板数据的验证［J］．经济理论与经济管理，2016（05）：57－67．

［8］陈晶，冯荣凯．供给侧结构性改革国际经验的借鉴与反思［J］．沈阳工业大学学报（社会科学版），2018（03）：221－226．

［9］陈路．环境规制二重性：抑制还是促进技术进步——来自武汉城市圈的证据［J］．科技进步与对策，2017（12）：43－48．

［10］陈诗一．能源消耗、二氧化碳排放与中国工业的可持续发展［J］．经济研究，2009（04）：41－55．

［11］陈诗一．中国的绿色工业革命：基于环境全要素生产率视角的解释

（1980—2008）［J］．经济研究，2010（11）：21 – 34，58.

［12］陈伟，牛霖琳．基于贝叶斯模型平均方法的中国通货膨胀的建模及预测［J］．金融研究，2013（11）：15 – 27.

［13］陈晓峰，周晶晶．生产性服务业集聚、空间溢出与城市绿色全要素生产率——来自长三角城市群的经验证据［J］．经济经纬，2020（04）：89 – 98.

［14］程俊杰．产能过剩的研究进展：一个综述视角［J］．产业经济评论，2017（03）：70 – 82.

［15］崔耕瑞．中国上海自贸区的服务业增长政策效应研究［J］．辽宁大学学报（哲学社会科学版），2020（05）：28 – 39.

［16］崔兴华，林明裕．FDI 如何影响企业的绿色全要素生产率？——基于 Malmquist – Luenberger 指数和 PSM – DID 的实证分析［J］．经济管理，2019（03）：38 – 55.

［17］戴钱佳．异质性环境规制对物流业绿色全要素生产率的影响研究——基于技术创新的中介效应分析［J］．重庆文理学院学报（社会科学版），2020（06）：63 – 74.

［18］邓新华．这位庸俗经济学家是供给侧改革的鼻祖［EB/OL］．https://weibo.com/p/1001603915537028649366？ luicode = 20000061&lfid = 3915537026965406，2015 – 12 – 02.

［19］杜俊涛，陈雨，宋马林．财政分权、环境规制与绿色全要素生产率［J］．科学决策，2017（09）：65 – 92.

［20］方福前．寻找供给侧结构性改革的理论源头［J］．中国社会科学2017（07）：49 – 69.

［21］冯伟．提高产能利用率能促进全要素生产率的提升吗？——来自中国工业行业的例证［J］．云南社会科学，2017（06）：45 – 52，185.

［22］冯志峰．供给侧结构性改革的理论逻辑与实践路径［J］．经济问题，2016（02）：12 – 17.

［23］付保宗．关于产能过剩问题研究综述［J］．经济学动态，2011（05）：90 – 93.

［24］高长武．推进供给侧结构性改革需要厘清的四个认识问题［J］．红旗文稿，2016（4）：17 – 19.

［25］高培勇．加快完善推动高质量发展的体制机制［N］．经济日报，

2019 – 12 – 3.

　　[26] 高晓娜，兰宜生．产能过剩对出口产品质量的影响——来自微观企业数据的证据 [J]．国际贸易问题，2016（10）：50 – 61.

　　[27] 高艺，杨高升，谢秋皓．公众参与理论视角下环境规制对绿色全要素生产率的影响——基于空间计量模型与门槛效应的检验 [J]．科技管理研究，2020（11）：232 – 240.

　　[28] 高增安，李肖萌．自贸区设立背景下的区域创新发展及其影响路径 [J]．管理现代化，2019（05）：50 – 54.

　　[29] 葛鹏飞，黄秀路，徐璋勇．金融发展、创新异质性与绿色全要素生产率提升——来自"一带一路"的经验证据 [J]．财经科学，2018（01）：1 – 14.

　　[30]《供给侧结构性改革研究的基本理论与政策框架》课题组．推进供给侧结构性改革的基本理论与政策框架 [J]．宏观经济研究，2017（03）：3 – 15，157.

　　[31] 龚梦琪，尤喆，刘海云，成金华．环境规制对中国制造业绿色全要素生产率的影响——基于贸易比较优势的视角 [J]．云南财经大学学报，2020（11）：15 – 25.

　　[32] 龚新蜀，李梦洁．OFDI、环境规制与中国工业绿色全要素生产率 [J]．国际商务研究，2019（01）：86 – 96.

　　[33] 顾伟，葛幼松．中国省域绿色化的时空演变及影响因素研究 [J]．生态经济，2018（04）：80 – 85.

　　[34] 郭熙保．发展经济学 [M]．北京：高等教育出版社，2011.

　　[35] 郭熙保，胡汉昌．后发优势新论——兼论中国经济发展的动力 [J]．武汉大学学报（哲学社会科学版），2004（03）：351 – 357.

　　[36] 韩国高，张倩．技术进步偏向对工业产能过剩影响的实证研究 [J]．科学学研究，2019（12）：2157 – 2167.

　　[37] 韩海彬，赵丽芬，张莉．异质型人力资本对农业环境全要素生产率的影响——基于中国农村面板数据的实证研究 [J]．中央财经大学学报，2014（05）：105 – 112.

　　[38] 韩晶，刘远，张新闻．市场化、环境规制与中国经济绿色增长 [J]．经济社会体制比较，2017（05）：105 – 115.

　　[39] 贺京同，李峰．影响自主创新的因素——基于 BACE 方法对中国省际

数据的分析 [J]. 南开经济研究, 2007 (03): 68 – 79.

[40] 贺胜兵. 考虑能源和环境因素的中国省级生产率研究 [D]. 华中科技大学, 2009.

[41] 贺胜兵, 周华蓉, 刘友金. 环境约束下地区工业生产率增长的异质性研究 [J]. 南方经济, 2011 (11): 28 – 41.

[42] 贺晓宇, 沈坤荣. 现代化经济体系、全要素生产率与高质量发展 [J]. 上海经济研究, 2018 (06): 25 – 34.

[43] 洪银兴. 准确认识供给侧结构性改革的目标和任务 [J]. 中国工业经济, 2016 (6): 15 – 21.

[44] 胡鞍钢, 周绍杰, 任皓. 供给侧结构性改革——适应和引领中国经济新常态 [J]. 清华大学学报 (哲学社会科学版). 2016 (02): 17 – 22, 195.

[45] 胡航菲, 智协飞, 郭换换, 赵欢, 朱寿鹏. 基于 CMIP5 资料的东亚夏季环流的 BMA 预测研究 [J]. 气象科学, 2016 (03): 340 – 348.

[46] 胡日东, 林明裕. 双重差分方法的研究动态及其在公共政策评估中的应用 [J]. 财经智库, 2018 (03): 84 – 111, 143 – 144.

[47] 胡晓珍, 杨龙. 中国区域绿色全要素生产率增长差异及收敛分析 [J]. 财经研究, 2011 (04): 123 – 134.

[48] 胡琰欣, 屈小娥, 董明放. 中国对外直接投资的绿色生产率增长效应——基于时空异质性视角的经验分析 [J]. 经济学家, 2016 (12): 61 – 68.

[49] 胡宗义, 张丽娜, 李毅. 排污征费对绿色全要素生产率的影响效应研究——基于 GPSM 的政策效应评估 [J]. 财经理论与实践, 2019 (06): 9 – 15.

[50] 黄向岚. 中国碳交易的环境经济效应评估 [D]. 厦门大学, 2018.

[51] 黄永明, 陈宏. 基础设施结构、空间溢出与绿色全要素生产率——中国的经验证据 [J]. 华东理工大学学报 (社会科学版), 2018 (03): 56 – 64.

[52] 贾康. 供给侧改革与中国经济发展 [J]. 求是学刊, 2016 (06): 41 – 52.

[53] 贾康, 张斌. 供给侧改革: 现实挑战、国际经验借鉴与路径选择 [J]. 价格理论与实践, 2016 (04): 5 – 9.

[54] 简新华, 余江. 马克思主义经济学视角下的供求关系分析 [J]. 马克思主义研究, 2016 (04): 68 – 76.

[55] 金碚. 总需求调控与供给侧改革的理论逻辑和有效实施 [J]. 经济

管理，2016（05）：1-9.

［56］金碚．关于"高质量发展"的经济学研究［J］．中国工业经济，2018（04）：5-18.

［57］靳亚阁，常蕊．环境规制与工业全要素生产率——基于280个地级市的动态面板数据实证研究［J］．经济问题，2016（11）：18-23.

［58］靖学青．中国省际物质资本存量估计：1952~2010［J］．广东社会科学，2013（02）：46-55.

［59］柯忠义．创业板上市公司经济绩效及影响因素——基于贝叶斯模型平均法（BMA）的实证研究［J］．数量经济技术经济研究，2017（01）：146-161.

［60］孔淑红，周甜甜．中国出口贸易对环境污染的影响及对策［J］．国际贸易问题，2012（08）：108-120.

［61］匡小明．要素升级是中国高质量发展的动力源泉［J］．中国井冈山干部学院学报，2019（01）：126-132.

［62］雷明，虞晓雯．地方财政支出、环境规制与中国低碳经济转型［J］．经济科学，2013（05）：47-61.

［63］黎绍凯，李露一．自贸区对产业结构升级的政策效应研究——基于上海自由贸易试验区的准自然实验［J］．经济经纬，2019（05）：79-86.

［64］李斌，彭星，欧阳铭珂．环境规制、绿色全要素生产率与中国工业发展方式转变——基于36个工业行业数据的实证研究［J］．中国工业经济，2013（04）：56-68.

［65］李斌，祁源，李倩．财政分权、FDI与绿色全要素生产率——基于面板数据动态GMM方法的实证检验［J］．国际贸易问题，2016（07）：119-129.

［66］李春米，毕超．环境规制下的西部地区工业全要素生产率变动分析［J］．西安交通大学学报（社会科学版），2012（01）：18-22，28.

［67］李德山，张郑秋．环境规制对城市绿色全要素生产率的影响［J］．北京理工大学学报（社会科学版），2020（04）：39-48.

［68］李谷成，陈宁陆，闵锐．环境规制条件下中国农业全要素生产率增长与分解［J］．中国人口·资源与环境，2011（11）：153-160.

［69］李后建．信息通讯技术应用能缓解产能过剩吗？［J］．科学学研究，2017（10）：1491-1507.

［70］李佳，杨东．中国供给侧改革的国际经验借鉴与研究［J］．当代经

济，2016（17）：46 - 48.

[71] 李洁，张天顶. 跨境资本流动的影响因素及启示——基于 BMA 方法的研究 [J]. 金融监管研究，2014（04）：87 - 107.

[72] 李景睿. FDI 与前沿技术进步、技术效率的关系研究——基于 DEA 的珠江三角洲城市面板数据分析 [J]. 国际经贸探索，2009（10）：46 - 51.

[73] 李俊，徐晋涛. 省际绿色全要素生产率增长趋势的分析——一种非参数方法的应用 [J]. 北京林业大学学报（社会科学版），2009（04）：139 - 146.

[74] 李锴，齐绍洲. 贸易开放、经济增长与中国二氧化碳排放 [J]. 经济研究，2011（11）：60 - 72，102.

[75] 李玲. 中国工业绿色全要素生产率及影响因素研究 [D]. 暨南大学，2012.

[76] 李玲，陶锋. 污染密集型产业的绿色全要素生产率及影响因素——基于 SBM 方向性距离函数的实证分析 [J]. 经济学家，2011（12）：32 - 39.

[77] 李鹏升，陈艳莹. 环境规制、企业议价能力和绿色全要素生产率 [J]. 财贸经济，2019（11）：144 - 160.

[78] 李瑞杰，郑超愚. 溢出效应、全要素生产率与中国工业产能过剩 [J]. 上海经济研究，2019（07）：45 - 56.

[79] 李卫兵，刘方文，王滨. 环境规制有助于提升绿色全要素生产率吗？——基于两控区政策的估计 [J]. 华中科技大学学报（社会科学版），2019（01）：72 - 82.

[80] 李小平，余东升，余娟娟. 异质性环境规制对碳生产率的空间溢出效应——基于空间杜宾模型 [J]. 中国软科学，2020（04）：82 - 96.

[81] 李小胜，余芝雅，安庆贤. 中国省际环境全要素生产率及其影响因素分析 [J]. 中国人口·资源与环境，2014（10）：17 - 23.

[82] 李佐军. 供给侧结构性改革的着力点 [J]. 前线，2016（10）：43 - 45.

[83] 梁双陆，刘林龙，崔庆波. 自贸区的成立能否推动区域产业结构转型升级？——基于国际数据的合成控制法研究 [J]. 当代经济管理，2020（08）：36 - 46.

[84] 梁喜，李思遥. 交通基础设施对绿色全要素生产率增长的空间溢出效应研究 [J]. 西部论坛，2018（03）：33 - 41.

［85］林珏，谢汶莉，李强．北美自贸区促进了成员国技术进步吗？——基于制造业相对技术水平演变的比较分析［J］．西部论坛，2017（06）：111 – 120.

［86］刘秉镰，王钺．自贸区对区域创新能力的影响效应研究——来自上海自由贸易试验区准实验的证据［J］．经济与管理研究，2018（09）：65 – 74.

［87］刘晨跃，徐盈之．市场化、结构性产能过剩与环境污染——基于系统 GMM 与门槛效应的检验［J］．统计研究，2019（01）：51 – 64.

［88］刘晨跃，徐盈之，刘晴．产能过剩偏向性与环境污染——基于中介效应的检验［J］．管理工程学报，2021（01）：1 – 12.

［89］刘航，孙早．有偏技术进步与工业产能过剩——基于开放格局的供给侧改革［J］．经济学家，2017（01）：47 – 54.

［90］刘和旺，左文婷．环境规制对中国省际绿色全要素生产率的影响［J］．统计与决策，2016（09）：141 – 145.

［91］刘华军，杨骞．资源环境约束下中国 TFP 增长的空间差异和影响因素［J］．管理科学，2014（05）：133 – 144.

［92］刘军．产能过剩与企业出口自我选择——基于"产能—出口"假说的研究［J］．产业经济研究，2016（05）：13 – 25.

［93］刘明霞．中国对外直接投资的逆向技术溢出效应——基于技术差距的影响分析［J］．中南财经政法大学学报，2010（03）：16 – 21，142.

［94］刘世锦．全面深刻理解供给侧结构性改革［N］．新华日报，2016 – 4 – 26.

［95］刘巍．日本供给侧结构性改革的经验与启示［J］．科技促进发展，2017（03）：187 – 194.

［96］刘伟，蔡志洲．经济增长新常态与供给侧结构性改革［J］．求是学刊，2016（01）：56 – 65.

［97］刘艳．服务业 FDI 的技术溢出与中国服务业生产率增长［J］．国际商务研究，2012（01）：20 – 29.

［98］刘祎，杨旭，黄茂兴．环境规制与绿色全要素生产率——基于不同技术进步路径的中介效应分析［J］．当代经济管理，2020（06）：16 – 27.

［99］刘再起，肖悦．新冠肺炎疫情下的国际经济格局与中国畅通"双循环"的发展路径［J］．学习与实践，2021（02）：21 – 30.

［100］陆远权，朱小会．政府规制、产能过剩与环境污染——基于中国省

际面板数据的实证分析［J］．软科学，2016（10）：26－30．

［101］吕敏蓉．基于技术资本偏向的中国工业产能过剩的诱因分析［J］．统计与决策，2017（24）：100－103．

［102］马红旗，申广军．规模扩张、"创造性破坏"与产能过剩——基于钢铁企业微观数据的实证分析［J］．经济学（季刊），2021（01）：71－92．

［103］马轶群．技术进步、政府干预与制造业产能过剩［J］．中国科技论坛，2017（01）：60－68．

［104］倪瑛，陈柏云，王忆雯．金融发展、环境规制与绿色全要素生产率——基于空间杜宾模型的实证分析［J］．贵州财经大学学报，2020（03）：12－21．

［105］聂飞．自贸区建设促进了制造业结构升级吗？［J］．中南财经政法大学学报，2019（05）：145－156．

［106］宁婧．FDI、环境规制和绿色全要素生产率之间的关系研究［D］．西安电子科技大学，2017．

［107］陆燕．精准把握世界经济发展形势［J］．国际经济合作，2021（01）：56－62．

［108］诺思．经济史的结构与变迁（中译本）［M］．上海：三联书店和上海人民出版社，1991．

［109］诺思．制度、制度变迁与经济绩效［M］．杭行，译．上海：格致出版社，2014．

［110］欧阳婉桦．中国省份工业绿色全要素生产率测度及影响因素分析［D］．重庆工商大学，2015．

［111］逄锦聚．经济发展新常态中的主要矛盾和供给侧结构性改革［J］．政治经济学评论，2016（02）：49－59．

［112］彭国华．中国地区收入差距、全要素生产率及其收敛分析［J］．经济研究，2005（09）：19－29．

［113］彭衡，李扬．知识产权保护与中国绿色全要素生产率［J］．经济体制改革，2019（03）：18－24．

［114］彭水军，张文城，曹毅．贸易开放的结构效应是否加剧了中国的环境污染——基于地级城市动态面板数据的经验证据［J］．国际贸易问题，2013（08）：119－132．

[115] 彭文斌，程芳芳，路江林. 环境规制对省域绿色创新效率的门槛效应研究 [J]. 南方经济, 2017 (09): 73 - 84.

[116] 青木昌彦. 比较制度分析 [M]. 周黎安，译. 上海：上海远东出版社, 2001.

[117] 邱斌，杨帅，辛培江. FDI 技术溢出渠道与中国制造业生产率增长研究：基于面板数据的分析 [J]. 世界经济, 2008 (08): 20 - 31.

[118] 屈小娥. 考虑环境约束的中国省际全要素生产率再估算 [J]. 产业经济研究, 2012 (01): 35 - 43, 77.

[119] 任阳军，汪传旭，李伯棠，张素庸. 产业集聚对中国绿色全要素生产率的影响 [J]. 系统工程, 2019 (05): 31 - 40.

[120] 任耀，牛冲槐，张彤进，姚西龙. 专用设备制造业创新驱动系统的协同度研究 [J]. 中国科技论坛, 2015 (08): 65 - 70.

[121] 任再萍，黄成，施楠. 上海自贸区金融创新与开放对经济增长贡献研究——基于金融业政策效应视角 [J]. 中国软科学, 2020 (09): 184 - 192.

[122] 佘硕，王巧，张阿城. 技术创新、产业结构与城市绿色全要素生产率——基于国家低碳城市试点的影响渠道检验 [J]. 经济与管理研究, 2020 (08): 44 - 61.

[123] 申晨，贾妮莎，李炫榆. 环境规制与工业绿色全要素生产率——基于命令—控制型与市场激励型规制工具的实证分析 [J]. 研究与发展管理, 2017 (02): 144 - 154.

[124] 沈可挺，龚健健. 环境污染、技术进步与中国高耗能产业——基于环境全要素生产率的实证分析 [J]. 中国工业经济, 2011 (12): 25 - 34.

[125] 沈坤荣，赵倩. 以供给侧结构性改革推进经济创新发展 [J]. 经济纵横, 2016 (9): 6 - 11.

[126] 沈能，刘凤朝. 高强度的环境规制真能促进技术创新吗？——基于"波特假说"的再检验 [J]. 中国软科学, 2012 (04): 49 - 59.

[127] 盛斌，吕越. 外国直接投资对中国环境的影响——来自工业行业面板数据的实证研究 [J]. 中国社会科学, 2012 (05): 54 - 75, 205 - 206.

[128] 盛洪. 供给侧结构性改革应该改什么？[EB/OL]. https://www.hnzk.gov.cn/gaigegongjian/2626.html, 2016 - 03 - 11.

[129] 苏梽芳，廖迎，李颖. 是什么导致了"污染天堂"：贸易还是

FDI？——来自中国省级面板数据的证据［J］．经济评论，2011（03）：97 - 104,116.

［130］孙振清，鲁思思．政府信息透明与绿色全要素生产率的空间效应研究［J］．统计与信息论坛，2020（09）：54 - 61.

［131］覃毅，张世贤．FDI 对中国工业企业效率影响的路径——基于中国工业分行业的实证研究［J］．中国工业经济，2011（11）：68 - 78.

［132］谭崇台．发展经济学概论［M］．武汉：武汉大学出版社，2001.

［133］谭娜，周先波，林建浩．上海自贸区的经济增长效应研究——基于面板数据下的反事实分析方法［J］．国际贸易问题，2015（10）：14 - 24, 86.

［134］谭政，王学义．绿色全要素生产率省际空间学习效应实证［J］．中国人口·资源与环境，2016（10）：17 - 24.

［135］唐建荣，石文．基于 BMA 的企业技术创新驱动因素分析［J］．财经科学，2015（11）：67 - 77.

［136］陶启智，冯青琛，刘铭．深化供给侧结构性改革的马克思主义政治经济学分析［J］．财经科学，2017（08）：93 - 105.

［137］田银华，贺胜兵．环境约束下地区全要素生产率增长的再估算：1998～2008［J］．系统工程，2010（11）：51 - 58.

［138］田银华，贺胜兵，胡石其．环境约束下地区全要素生产率增长的再估算：1998～2008［J］．中国工业经济，2011（01）：47 - 57.

［139］田正，武鹏．供给侧结构性改革的路径：日本的经验与启示［J］．日本学刊，2019（03）：111 - 135.

［140］涂正革．环境、资源与工业增长的协调性［J］．经济研究，2008（02）：93 - 105.

［141］王滨．FDI 技术溢出、技术进步与技术效率——基于中国制造业1999～2007 年面板数据的经验研究［J］．数量经济技术经济研究，2010（02）：93 - 103, 117.

［142］王兵，刘光天．节能减排与中国绿色经济增长——基于全要素生产率的视角［J］．中国工业经济，2015（05）：57 - 69.

［143］王兵，王昆．环境管制下广东省工业全要素生产率增长的实证分析［J］．暨南学报（哲学社会科学版），2010（06）：48 - 56, 162 - 163.

［144］王兵，吴延瑞，颜鹏飞．环境管制与全要素生产率增长：APEC 的实

证研究 [J]. 经济研究, 2008 (05): 19 - 32.

[145] 王兵, 吴延瑞, 颜鹏飞. 中国区域环境效率与环境全要素生产率增长 [J]. 经济研究, 2010 (05): 95 - 109.

[146] 王昌林, 付保宗, 郭丽岩, 卞靖, 刘现伟. 供给侧结构性改革的基本理论: 内涵和逻辑体系 [J]. 宏观经济管理, 2017 (09): 14 - 18.

[147] 王朝明, 张海浪. 供给侧结构性改革的理论基础: 马克思价值理论与西方供给学派理论比较分析 [J]. 当代经济研究, 2018 (04): 39 - 46.

[148] 王桂军. "抑制型" 产业政策促进企业创新了吗? ——基于中国去产能视角的经验研究 [J]. 南方经济, 2019 (11): 1 - 15.

[149] 王红梅. 中国环境规制政策工具的比较与选择——基于贝叶斯模型平均 (BMA) 方法的实证研究 [J]. 中国人口·资源与环境, 2016 (09): 132 - 138.

[150] 王杰, 刘斌. 环境规制与企业全要素生产率——基于中国工业企业数据的经验分析 [J]. 中国工业经济, 2014 (03): 44 - 56.

[151] 王昆. 环境管制下广东省工业全要素生产率增长的实证分析 [D]. 暨南大学, 2011.

[152] 王立国, 高越青. 基于技术进步视角的产能过剩问题研究 [J]. 财经问题研究, 2012 (02): 26 - 32.

[153] 王立国, 赵婉妤. 产能过剩对信贷资源配置效率的影响——基于金融供给侧结构性改革的背景 [J]. 改革, 2019 (12): 133 - 145.

[154] 王莉娜, 童星. 钢铁产业技术进步与产能过剩关系的实证分析 [J]. 统计与决策, 2017 (10): 132 - 134.

[155] 王亮. 贝叶斯模型平均方法研究综述与展望 [J]. 技术经济与管理研究, 2016 (03): 19 - 23.

[156] 王亮, 刘金全. 中国经济增长的决定因素分析——基于贝叶斯模型平均 (BMA) 方法的实证研究 [J]. 统计与信息论坛, 2010 (09): 3 - 7.

[157] 王韧, 马红旗. 信贷资源配置与非周期性产能过剩: 微观数据的实证 [J]. 财经理论与实践, 2019 (01): 25 - 32.

[158] 王恕立, 汪思齐, 滕泽伟. 环境约束下的中国服务业全要素生产率增长 [J]. 财经研究, 2016 (05): 123 - 134.

[159] 王皖强. 论80年代英国政府的微观经济改革 [J]. 湖南师范大学社

会科学学报，1998（05）：17 - 22.

[160] 王伟，孙芳城. 金融可得性及其空间变化——基于 31 个省际面板数据 [J]. 当代经济管理，2018（09）：90 - 97.

[161] 王燕，谢蕊蕊. 环境约束下中国制造业全要素生产率的变动趋势 [J]. 求索，2011（02）：1 - 3.

[162] 王一鸣，陈昌盛，李承健. 正确理解供给侧结构性改革 [N]. 人民日报，2016 - 3 - 29.

[163] 王裕瑾，于伟. 中国省际绿色全要素生产率收敛的空间计量研究 [J]. 南京社会科学，2016（11）：31 - 38.

[164] 吴敬琏. 不能把"供给侧结构性改革"和"调结构"混为一谈 [J]. 中国经贸导刊，2016（10）：33 - 34.

[165] 吴军. 环境约束下中国地区工业全要素生产率增长及收敛分析 [J]. 数量经济技术经济研究，2009（11）：17 - 27.

[166] 吴磊，贾晓燕，吴超，彭甲超. 异质型环境规制对中国绿色全要素生产率的影响 [J]. 中国人口·资源与环境，2020（10）：82 - 92.

[167] 吴伟平，何乔. "倒逼"抑或"倒退"？——环境规制减排效应的门槛特征与空间溢出 [J]. 经济管理，2017（02）：20 - 34.

[168] 吴翔. 中国绿色经济效率与绿色全要素生产率分析 [D]. 华中科技大学，2014.

[169] 吴玉鸣. 空间计量经济模型在省域研发与创新中的应用研究 [J]. 数量经济技术经济研究，2006（05）：74 - 85，130.

[170] 武宵旭，葛鹏飞. 城市化对绿色全要素生产率影响的金融发展传导效应——以"一带一路"国家为例 [J]. 贵州财经大学学报，2019（01）：13 - 24.

[171] 项后军，何康，于洋. 自贸区设立、贸易发展与资本流动——基于上海自贸区的研究 [J]. 金融研究，2016（10）：48 - 63.

[172] 肖怡清，陈宪. 技术进步对过度投资和产能过剩的中介作用——基于不同企业性质和行业性质的视角 [J]. 上海大学学报（社会科学版），2018（03）：65 - 77.

[173] 肖远飞，周博英，李青. 环境规制影响绿色全要素生产率的实现机制——基于中国资源型产业的实证 [J]. 华东经济管理，2020（03）：69 - 74.

[174] 谢千里，罗斯基，张轶凡. 中国工业生产率的增长与收敛 [J]. 经

济学（季刊），2008（03）：809-826.

[175] 徐芬，刘宏曼. 中国农产品进口的自贸区贸易创造和贸易转移效应研究——基于SYSGMM估计的进口需求模型 [J]. 农业经济问题，2017（09）：76-84，111-112.

[176] 徐海成，徐思，张蓓齐. 交通基础设施对绿色全要素生产率的影响研究——基于门槛效应的视角 [J]. 生态经济，2020（01）：69-73，85.

[177] 徐晶晶. 沿海地区绿色全要素生产率测度、收敛及影响因素研究 [D]. 浙江理工大学，2015.

[178] 徐茉，陶长琪. 双重环境规制、产业结构与全要素生产率——基于系统GMM和门槛模型的实证分析 [J]. 南京财经大学学报，2017（01）：8-17.

[179] 徐晓红，汪侠. 生产性服务业集聚、空间溢出与绿色全要素生产率提升 [J]. 统计与信息论坛，2020（05）：16-25.

[180] 许海萍. 基于环境因素的全要素生产率和国民收入核算研究 [D]. 浙江大学，2008.

[181] 许小年. 供给侧的源头——"萨伊定律" [EB/OL]. http://news.efnchina.com/show-123-68731-1.html.

[182] 薛建良，李秉龙. 基于环境修正的中国农业全要素生产率度量 [J]. 中国人口·资源与环境，2011（05）：113-118.

[183] 闫鑫，祝福云. 中国轻工业全要素生产率的空间溢出效应研究——基于空间计量与社会网络分析 [J]. 运筹与管理，2021（01）：107-113.

[184] 晏艳阳，吴志超. 创新政策对全要素生产率的影响及其溢出效应 [J]. 科学学研究，2020（10）：1868-1878.

[185] 杨畅. 国企改革探索"黄金股"特殊管理制度研究 [J]. 上海市经济管理干部学院学报，2018（02）：1-7，42.

[186] 杨海文. 空间计量模型的选择、估计及其应用 [D]. 江西财经大学，2015.

[187] 杨立勋. 全要素视域下中国产能过剩成因再透视——基于资源配置、要素生产效率的分解研究 [J]. 广东社会科学，2017（05）：14-22.

[188] 杨世迪，韩先锋. 贸易自由化的绿色生产率增长效应及其约束机制——基于中国省际面板数据的门槛回归分析 [J]. 经济科学，2016（04）：65-77.

［189］杨万平，袁晓玲. 对外贸易、FDI 对环境污染的影响分析——基于中国时间序列的脉冲响应函数分析：1982～2006［J］. 世界经济研究，2008（12）：62－68，86.

［190］杨文举. 技术效率、技术进步、资本深化与经济增长：基于 DEA 的经验分析［J］. 世界经济，2006（05）：73－83，96.

［191］杨文举. 基于 DEA 的绿色经济增长核算：以中国地区工业为例［J］. 数量经济技术经济研究，2011（01）：19－34.

［192］杨文举. 中国省份工业的环境绩效影响因素——基于跨期 DEA－Tobit 模型的经验分析［J］. 北京理工大学学报（社会科学版），2015（02）：40－48.

［193］杨文举. 引入人力资本的绿色经济增长核算：以中国省份经济为例［J］. 财贸研究，2015（02）：1－8.

［194］杨文举，龙睿赟. 中国地区工业绿色全要素生产率增长：——基于方向性距离函数的经验分析［J］. 上海经济研究，2012（07）：3－13，21.

［195］杨文举，文欢. 长江经济带高质量发展的理论探索和现实思考——"2018·长江经济带高质量发展研讨会"综述［J］. 西部论坛，2019（01）：116－119，124.

［196］杨文举，张亚云. 中国地区工业的劳动生产率差距演变——基于 DEA 的经验分析［J］. 经济与管理研究，2010（10）：115－121.

［197］杨振兵. 有偏技术进步视角下中国工业产能过剩的影响因素分析［J］. 数量经济技术经济研究，2016（08）：30－46.

［198］叶霖莉. 中国自贸区的经济增长效应评估——基于沪津闽粤自贸区的实证研究［J］. 国际商务研究，2020（03）：97－108.

［199］殷宝庆. 环境规制与中国制造业绿色全要素生产率——基于国际垂直专业化视角的实证［J］. 中国人口·资源与环境，2012（12）：60－66.

［200］殷华，高维和. 自由贸易试验区产生了"制度红利"效应吗？——来自上海自贸区的证据［J］. 财经研究，2017（02）：48－59.

［201］余斌，吴振宇. 供需失衡与供给侧结构性改革［J］. 管理世界，2017（08）：1－7.

［202］余典范，孙好雨，许锐翔. 去产能、生产率与中国式"僵尸企业"复活——基于中国工业企业的证据［J］. 财经研究，2020（07）：4－18.

［203］袁宝龙，李琛. 环境规制政策下创新驱动中国工业绿色全要素生产

率研究 [J]. 产业经济研究, 2018（05）: 101 – 113.

[204] 袁天天, 石奇, 刘玉飞. 环境约束下的中国制造业全要素生产率及其影响因素研究——基于经济转型期的经验研究 [J]. 武汉理工大学学报（社会科学版）, 2012（06）: 860 – 867.

[205] 袁一仁, 成金华, 徐德义, 崔兴华. 出口对企业绿色生产效率影响的新检验 [J]. 中国地质大学学报（社会科学版）, 2020（01）: 68 – 82.

[206] 原瑞玲, 田志宏. 中国 – 东盟自贸区农产品贸易效应的实证研究 [J]. 国际经贸探索, 2014（04）: 65 – 74.

[207] 原毅军, 谢荣辉. 环境规制与工业绿色生产率增长——对"强波特假说"的再检验 [J]. 中国软科学, 2016（07）: 144 – 154.

[208] 约瑟夫·熊彼特. 经济发展理论 [M]. 北京: 商务印书馆, 1990.

[209] 张阿城, 于业芹. 自贸区与城市经济增长: 资本、技术与市场化——基于 PSM – DID 的拟自然实验研究 [J]. 经济问题探索, 2020（10）: 110 – 123.

[210] 张超, 郑长娟. 中国生产性服务业发展的影响因素分析——基于贝叶斯模型平均（BMA）方法的实证研究 [J]. 山东财经大学学报, 2018（02）: 43 – 51, 59.

[211] 张帆. 金融发展影响绿色全要素生产率的理论和实证研究 [J]. 中国软科学, 2017（09）: 154 – 167.

[212] 张峰, 宋晓娜. 环境规制、资源禀赋与制造业绿色增长的脱钩状态及均衡关系 [J]. 科学学与科学技术管理, 2019（04）: 32 – 47.

[213] 张峰, 宋晓娜. 提高环境规制能促进高端制造业"绿色蜕变"吗——来自绿色全要素生产率的证据解释 [J]. 科技进步与对策, 2019（21）: 53 – 61.

[214] 张海洋. R&D 两面性、外资活动与中国工业生产率增长 [J]. 经济研究, 2005（05）: 107 – 117.

[215] 张豪, 何宇, 张建华. 中国主要城市绿色全要素生产率增长差异及空间溢出——基于方向性距离函数的实证分析 [J]. 科技管理研究, 2017（08）: 260 – 266.

[216] 张皓, 张梅青, 黄彧. 产能过剩对企业全要素生产率的影响——特征事实与经验证据 [J]. 云南财经大学学报, 2018（04）: 32 – 45.

［217］张华，卢建华. 福建省高等教育水平的影响因素——基于 BMA 方法的实证研究［J］. 河北工程大学学报（社会科学版），2015（03）：95－99.

［218］张建，李占风. 对外直接投资促进了中国绿色全要素生产率增长吗——基于动态系统 GMM 估计和门槛模型的实证检验［J］. 国际贸易问题，2020（07）：159－174.

［219］张建华，李先枝. 政府干预、环境规制与绿色全要素生产率——来自中国30个省、市、自治区的经验证据［J］. 商业研究，2017（10）：162－170.

［220］张建伟. 财政分权对绿色全要素生产率的影响［J］. 统计与决策，2019（17）：170－172.

［221］张军，闫东升，冯宗宪，李诚. 自贸区设立能够有效促进经济增长吗？——基于双重差分方法的动态视角研究［J］. 经济问题探索，2018（11）：125－133.

［222］张俊山. 深刻把握"供给侧结构性改革"的科学内涵——基于马克思主义政治经济学视角的解读［J］. 当代经济研究，2019（06）：20－29，113.

［223］张林. 中国式产能过剩问题研究综述［J］. 经济学动态，2016（09）：90－100.

［224］张桅，胡艳. 长三角地区创新型人力资本对绿色全要素生产率的影响——基于空间杜宾模型的实证分析［J］. 中国人口·资源与环境，2020（09）：106－120.

［225］张先锋，丁亚娟，王红. 中国区域全要素生产率的影响因素分析——基于地理溢出效应的视角［J］. 经济地理，2010（12）：1955－1960.

［226］张新雨，邹国华. 模型平均方法及其在预测中的应用［J］. 统计研究，2011（06）：97－102.

［227］赵成柏，毛春梅. 碳排放约束下中国地区全要素生产率增长及影响因素分析［J］. 中国科技论坛，2011（11）：68－74

［228］赵景峰，湛爽. 供给侧结构性改革：国际经验与中国启示［J］. 山东社会科学，2016（06）：99－104.

［229］赵立祥，冯凯丽，赵蓉. 异质性环境规制、制度质量与绿色全要素生产率的关系［J］. 科技管理研究，2020（22）：214－222.

［230］赵亮. 中国周边自贸区驱动经济增长效应探究［J］. 亚太经济，2014（06）：21－26，38.

［231］赵亮．中国自贸区发展及其对经济增长的驱动研究［J］．上海经济研究，2016（12）：36 – 43.

［232］赵亮，陈淑梅．经济增长的"自贸区驱动"——基于中韩自贸区、中日韩自贸区与 RCEP 的比较研究［J］．经济评论，2015（01）：92 – 102.

［233］赵亮，陈淑梅．自贸区驱动经济增长：思想演进及作用机制探究［J］．贵州社会科学，2016（09）：135 – 141.

［234］赵玉林，陈泓兆．异质性技术创新与绿色全要素生产率提升［J］．财会月刊，2020（18）：145 – 152.

［235］郑垂勇，朱晔华，程飞．城镇化提升了绿色全要素生产率吗？——基于长江经济带的实证检验［J］．现代经济探讨，2018（05）：110 – 115.

［236］郑世刚．基于 BMA 方法的中国房价长期影响因素研究——兼论房地产长效机制构建［J］．统计与信息论坛，2020（03）：102 – 112.

［237］智协飞，彭婷，王玉虹．基于 BMA 方法的地面气温的 10~15 d 延伸期概率预报研究［J］．大气科学学报，2018（05）：627 – 636.

［238］中共中央宣传部．习近平总书记系列重要讲话读本［M］．北京：学习出版社，人民出版社，2016.

［239］周久贺．新时代经济高质量发展的基本内涵、主要特征与实现路径——基于广西的分析［J］．南宁师范大学学报（哲学社会科学版），2020（04）：82 – 95.

［240］朱金鹤，王雅莉．中国省域绿色全要素生产率的测算及影响因素分析——基于动态 GMM 方法的实证检验［J］．新疆大学学报（哲学·人文社会科学版），2019（02）：1 – 15.

［241］朱眉媚．中国工业环境全要素生产率影响因素研究［D］．浙江财经大学，2014.

［242］朱锡平．制度创新与技术进步［J］．深圳大学学报（人文社会科学版），2000（06）：13 – 19.

［243］Abadie A, Gardeazabal J. The economic costs of conflict: A case study of the Basque Country［J］. *The American Economic Review*, 2003, 93（1）：113 – 132.

［244］Acemoglu D, Johnson S, Robinson J, Thaicharoen Y. Institutional causes, macroeconomic symptoms: volatility, crises and growth［J］. *Journal of Monetary Economics*, 2003, 50（1）：49 – 123.

［245］Acemoglu D, Johnson S, Robinson J. The rise of Europe：Atlantic trade, institutional change, and economic growth ［J］. *The American Economic Review*, 2005, 95 （3）：546 – 579.

［246］Acemoglu D. Introduction to modern economic growth ［J］. *Journal of Economic Theory*, 2012, 147 （2）：545 – 550.

［247］Aghion P, Howitt P. On the macroeconomic effects of major technological change ［J］. *Nordic Journal of Political Economy*, 1999, 25：15 – 32.

［248］Aghion, P. , Bacchetta, P. , Ranciere, R. , Rogoff, K. Exchange rate volatility and productivity growth：the role of financial development ［J］. *Journal of Monetary Economics*, 2009, 56 （4）：494 – 513.

［249］Ahmed E M. The impact of biochemical oxygen demand emissions on Malaysia's manufacturing productivity growth ［J］. *Global Economic Review*, 2007, 36 （4）：305 – 319.

［250］Ahmed T, Bhatti A A. Measurement and determinants of multi – factor productivity：a survey of literature ［J］. *Journal of Economic Surveys*, 2020, 34 （2）：1 – 27.

［251］Akhremenko A, Petrov A, Yureskul E. Institutions, productivity change, and growth ［M］ // S. Smirnov, A. Ozyildirim, P. Picchetti （eds. ）, Business Cycles in BRICS. Berlin – Heidelberg：Springer. , 2019：29 – 54.

［252］Alcalá F, Ciccone A. Trade and productivity ［J］. *The Quarterly Journal of Economics*, 2004, 119 （2）：613 – 646.

［253］Anselin L, Florax R J. *New Drections in Spatial Econometrics* ［M］. Springer – Verlag, Berlin, 1995.

［254］Anselin L, Griffith D A. Do spatial effecfs really matter in regression analysis? ［J］. *Papers in Regional Science*, 1988, 65 （1）：11 – 34.

［255］Aschauer D A. Is public expenditure productive? ［J］. *Journal of Monetary Economics*, 1989, 23 （2）：177 – 200.

［256］Ashenfelter O. Estimating the effect of training programs on earnings ［J］. *The Review of Economics and Statistics*, 1978：47 – 57.

［257］Bai Y, Jia R. Elite recruitment and political stability：the impact of the abolition of China's civil service exam ［J］. *Econometrica*, 2016, 84 （2）：677 – 733.

［258］ Baier S L, Dwyer Jr G P, Tamura R. How important are capital and total factor productivity for economic growth? ［J］. *Economic Inquiry*, 2006, 44 (1): 23 – 49.

［259］ Baltabaev B. Foreign direct investment and total factor productivity growth: New Macro - evidence ［J］. *The World Economy*, 2014, 37 (2): 311 – 334.

［260］ Barro R J, Lee J – W. International data on educational attainment: Updates and implications ［J］. *Oxford Economic Papers*, 2001, 53 (3): 541 – 563.

［261］ Bartelsman E J, Doms M. Understanding productivity: Lessons from longitudinal microdata ［J］. *Journal of Economic Literature*, 2000, 38 (3): 569 – 594.

［262］ Baumol W J. Productivity growth, convergence, and welfare: What the long – run data show ［J］. *The American Economic Review*, 1986, 76 (5): 1072 – 1685.

［263］ Beck T, Levine R, Loayza N. Finance and the sources of growth ［J］. *Journal of Financial Economics*, 2000, 58 (1): 261 – 300.

［264］ Belotti F, Daidone S, Ilardi G, et al. Stochastic frontier analysis using Stata ［J］. *The Stata Journal*, 2013, 13 (4): 719 – 758.

［265］ Benhabib J, Spiegel M M. The role of financial development in growth and investment ［J］. *Journal of Economic Growth*, 2000, 5 (4): 341 – 360.

［266］ Benhabib J, Spiegel, Mark M. The role of human capital in economic development evidence from aggregate cross – country data ［J］. *Journal of Monetary Economics*, 1994, 34 (2): 143 – 173.

［267］ Bernard A B, Jones C I. Comparing apples to oranges: Productivity convergence and measurement across industries and countries ［J］. *The American Economic Review*, 1996, 86 (5): 1160 – 1167.

［268］ Bianco D, Niang A – A. On international spillovers ［J］. *Economics Letters*, 2012, 117 (1): 280 – 282.

［269］ Bjørnskov C, Méon P – G. The productivity of trust ［J］. *World Development*, 2015, 70: 317 – 331.

［270］ Bloom N, Sadun R, Van Reenen J. Americans do IT better: US multinationals and the productivity miracle ［J］. *The American Economic Review*, 2012, 102 (1): 167 – 201.

［271］ Bonfiglioli A. Financial integration, productivity and capital accumulation

［J］. J*ournal of International Economics*, 2008, 76（2）: 337 –355.

［272］ Bravo – Ortega C, Marín Á G. R&D and productivity: A two way avenue? ［J］. *World Development*, 2011, 39（7）: 1090 –1107.

［273］ Cameron G, Proudman J, Redding S. Technological convergence, R&D, trade and productivity growth ［J］. *European Economic Review*, 2005, 49（3）: 775 – 807.

［274］ Cao J. Measuring green productivity growth for China's manufacturing sectors: 1991 –2000 ［J］. *Asian Economic Journal*, 2007, 21（4）: 425 –451.

［275］ Castilho M, Menéndez M, Sztulman A. Poverty changes in Manaus: Legacy of a Brazilian free trade zone? ［J］. *Review of Development Economics*, 2019, 23 （1）: 102 –130.

［276］ Castilho M, Menéndez M, Sztulman A. Poverty changes in Manaus: Legacy of a Brazilian free trade zone? ［J］. *Review of Development Economics*, 2019, 23 （1）: 102 –130.

［277］ Chung Y H, Färe R, Grosskopf S. Productivity and undesirable outputs: a directional distance function approach ［J］. *Journal of Environmental Management*, 1997, 51（3）: 229 –240.

［278］ Cliff A D, Ord J K. Evaluating the percentage points of a spatial autocorrelation coefficient ［J］. *Geographical Analysis*, 1971（3）: 51 –62.

［279］ Cliff A D, Ord J K. *Spatial Autocorrelation* ［M］. *London: Pion Progress*, 1973.

［280］ Coe D T, Helpman E, Hoffmaister A W. International R&D spillovers and institutions ［J］. *European Economic Review*, 2009, 53（7）: 723 –741.

［281］ Coe D T, Helpman E. International R&D spillovers ［J］. *European Economic Review*, 1995, 39（5）: 859 –887.

［282］ Cuaresma J C, Slacik T. On the determinants of currency crises: The role of model uncertainty ［J］. *Journal of Macroeconomics*, 2009, 31（4）: 621 –632.

［283］ Danilov D, Magnus J R. Forecast accuracy after pretesting with an application to the stock market ［J］. *Journal of Forecasting*, 2004, 23（4）: 251 –274.

［284］ Danquah M, Moral – Benito E, Ouattara B. TFP growth and its determinants: A model averaging approach ［J］. *Empirical Economics*, 2014, 47（1）:

227 – 251.

［285］ Dar A A, Amirkhalkhali S. Government size, factor accumulation, and e-conomic growth: Evidence from OECD countries ［J］. *Journal of Policy Modeling*, 2002, 24 (7 – 8): 679 – 692.

［286］ De Vries F P, Withagen C. Innovation and environmental stringency: the case of sulfur dioxide abatement ［J］, *Scrn Electronic Journal*, 2005, 18: 1 – 34.

［287］ Dean T J, Brown R L. Pollution regulation as a barrier to new firm entry: Initial evidence and implications for future research ［J］. *Academy of Management Journal*, 1995, 38 (1): 288 – 303.

［288］ Dreher A, Méon P – G, Schneider F. The devil is in the shadow. Do institutions affect income and productivity or only official income and official productivity? ［J］. *Public Choice*, 2014, 158 (1 – 2): 121 – 141.

［289］ Edwards S. Openness, Productivity and Growth: What Do We Really Know? ［J］. *The Economic Journal*, 1998, 108 (447): 383 – 398.

［290］ Égert B. Regulation, institutions, and productivity: New macroeconomic evidence from OECD countries ［J］. *The American Economic Review*, 2016, 106 (5): 109 – 113.

［291］ Eicher T S, Helfman L, Lenkoski A. Robust FDI determinants: Bayesian model averaging in the presence of selection bias ［J］. *Journal of Macroeconomics*, 2012, 34 (3): 637 – 651.

［292］ Eicher T S, Henn C, Papageorgiou C. Trade creation and diversion revisited: Accounting for model uncertainty and natural trading partner effects ［J］. *Journal of Applied Econometrics*, 2012, 27 (2).

［293］ Eklund J, Karlsson S. Forecast Combination and Model Averaging Using Predictive Measures ［J］. *Econometric Reviews*, 2007, 26 (2 – 4): 329 – 363.

［294］ Engelbrecht H – J. Human capital and international knowledge spillovers in TFP growth of a sample of developing countries: an exploration of alternative approaches ［J］. *Applied Economics*, 2002, 34 (7): 831 – 841.

［295］ Eriş M N, Ulaan B. Trade openness and economic growth: Bayesian model averaging estimate of cross – country growth regressions ［J］. *Economic Modelling*, 2013, 33: 867 – 883.

[296] Everaert G, Heylen F, Schoonackers R. Fiscal policy and TFP in the OECD: Measuring direct and indirect effects [J]. *Empirical Economics*, 2015, 49 (2): 605 –640.

[297] Färe R, Grosskopf S, Weber W L. Shadow prices and pollution costs in US agriculture [J]. *Ecological Economics*, 2006, 56 (1): 89 –103.

[298] Färe R, Primont D. *Distance Functions, Multi – output Production and Duality: Theory and Applications* [M]. Springer, 1995.

[299] Feldkircher M, Horvath R, Rusnak M. Exchange market pressures during the financial crisis: A Bayesian model averaging evidence [J]. *Journal of International Money and Finance*, 2014, 40: 21 –41.

[300] Frantzen D. Innovation, international technological diffusion and the changing influence of R&D on productivity [J]. *Cambridge Journal of Economics*, 2000, 24 (2): 193 –210.

[301] Frantzen D. Intersectoral and international R&D knowledge spillovers and total factor productivity [J]. *Scottish Journal of Political Economy*, 2002, 49 (3): 280 –303.

[302] Gehringer A, Martínez – Zarzoso I, Danzinger F N – L. What are the drivers of total factor productivity in the European Union? [J]. *Economics of Innovation and New Technology*, 2016, 25 (4): 406 –434.

[303] Gerber A, Malhotra N. Do statistical reporting standards affect what is published? Publication bias in two leading political science journals [J]. *Quarterly Journal of Political Science*, 2008, 3 (3): 313 –326.

[304] González E. Bayesian model averaging. An application to forecast inflation in Colombia [R]. Banco de la República, 2010, 604.

[305] Grigorian D, Martınez A. Quality of Institutions. What do (transition) economies have to gain form the Rule of Law [J]. *Policy Research Working Paper*, 2000, No. 2475.

[306] Grossman, G. M. and Helpman, E. Endogenous innovation in the theory of growth [J]. *Journal of Economic Perspectives*, 1994, 8 (1): 23 –44.

[307] Hailu A, Veeman T S. Environmentally sensitive productivity analysis of the Canadian pulp and paper industry, 1959 – 1994: an input distance function ap-

proach [J]. *Journal of environmental economics and management*, 2000, 40 (3): 251 – 274.

[308] Hailu A, Veeman T S. Non – parametric productivity analysis with undesirable outputs: an application to the Canadian pulp and paper industry [J]. *American Journal of Agricultural Economics*, 2001, 83 (3): 605 – 616.

[309] Hall J C, Sobel R S, Crowley G R. Institutions, capital, and growth [J]. *Southern Economic Journal*, 2010, 77 (2): 385 – 405.

[310] Hall R E, Jones C I. Why do some countries produce so much more output per worker than others? [J]. *The Quarterly Journal of Economics*, 1999, 114 (1): 83 – 116.

[311] Hirano K, Imbens G W, Ridder G. Efficient estimation of average treatment effects using the estimated propensity score [J]. *Econometrica*, 2003, 71 (4): 1161 – 1189.

[312] Hofmarcher P. , Grün B. Bayesian Model Averaging [M] // Fuleky P. (eds) Macroeconomic Forecasting in the Era of Big Data. Advanced Studies in Theoretical and Applied Econometrics, Springer, Cham, 2020, 52: 359 – 388.

[313] Hofmarcher, Kerbl, Grün, et al. Model uncertainty and aggregated default probabilities: New evidence from Austria [J]. *Applied Economics*, 2014, 46 (8): 871 – 879.

[314] Holtz – Eakin, D. Public – sector capital and the productivity puzzle [J]. *The Review of Economics and Statistics*, 1994, 76 (1): 12 – 21.

[315] Islam N. What have we learnt from the convergence debate? [J]. *Journal of Economic Surveys*, 2003, 17 (3): 309 – 362.

[316] Jalles J T, Tavares J. Trade, scale or social capital? Technological progress in poor and rich countries [J]. *The Journal of International Trade & Economic Development*, 2015, 24 (6): 767 – 808.

[317] Jeanty P W, Partridge M, Irwin E. Estimation of a spatial simultaneous equation model of population migration and housing price dynamics [J]. *Regional Science and Urban Economics*, 2010, 40 (5) . 343 – 352:

[318] Jetter M, Parmeter C F. Sorting through global corruption determinants: Institutions and education matter – Not culture [J]. *World Development*, 2018, 109

©：279 – 294.

[319] Jorgenson D W, Stiroh K J. Raising the speed limit: U. S. economic growth in the information age [J]. *Brookings Papers on Economic Activity*, 2000 (1): 125 – 235.

[320] King R G, Levine R. Finance and growth: Schumpeter might be right [J]. *The Quarterly Journal of Economics*, 1993, 108 (3): 717 – 737.

[321] Koop G, Korobilis D. Forecasting inflation using dynamic model averaging [J]. *International Economic Review*, 2012, 53 (3): 867 – 886.

[322] Krugman P. A model of innovation, technology transfer, and the world distribution of income [J]. *Journal of Political Economy*, 1979, 87 (2): 253 – 266.

[323] Kumar S, Russell R R. Technological change, technological catch – up, and capital deepening: relative contributions to growth and convergence [J]. *The American Economic Review*, 2002, 92 (3): 527 – 548.

[324] Kumar S. Environmentally sensitive productivity growth: a global analysis using Malmquist – Luenberger index [J]. *Ecological Economics*, 2006, 56 (2): 280 – 293.

[325] Lall P, Featherstone A M, Norman D W. Productivity growth in the Western Hemisphere (1978 – 1994): The Caribbean in perspective [J]. *Journal of Productivity Analysis*, 2002, 17 (3): 213 – 231.

[326] Lance E. Davis, Douglass C. *North. Institutional Change and American Economic Growth* [M]. London: Cambridge University Press, 1971.

[327] Lanjouw J O, Mody A. Innovation and the international diffusion of environmentally responsive technology [J]. *Research Policy*, 1996, 25 (4): 549 – 571.

[328] Leamer E E. Least – Squares versus Instrumental Variables Estimation in a simple Errors in Variables Model [J]. *Econometrica*, 1978, 46 (4): 961 – 968.

[329] LeSage J P, Pace R K. Spatial econometric modeling of origin – destination flows [J]. *Journal of Regional Science*, 2008, 48: 941 – 967

[330] Liu C, Maheu J M. Forecasting realized volatility: A Bayesian Model – Averaging Approach [J]. *Journal of Applied Econometrics*, 2009, 24 (5): 709 – 733.

[331] Los B, Timmer M P. The appropriate technology explanation of productivity growth differentials: an empirical approach [J]. *Journal of development Econom-*

ics, 2005, 77 (2): 517 - 531.

[332] Luca G D, Magnus J R. Bayesian Model Averaging and Weighted - Average Least Squares: Equivariance, stability, and numerical issues [J]. *The Stata Journal*, 2011, 11 (4): 518 - 544.

[333] Lucas Jr R E. On the mechanics of economic development [J]. *Journal of Monetary Economics*, 1988, 22 (1): 3 - 42.

[334] Madigan D, Raftery A E. Model selection and accounting for model uncertainty in graphical models using Occam's window [J]. *Journal of the American Statistical Association*, 1994, 89 (428): 1535 - 1546.

[335] Magnus J R, Durbin J. Estimation of regression coefficients of interest when other regression coefficients are of no interest [J]. *Econometrica*, 1999, 67 (3): 639 - 643.

[336] Magnus J R, Powell O, Prüfer P. A comparison of two model averaging techniques with an application to growth empirics [J]. *Journal of Econometrics*, 2010, 154 (2): 139 - 153.

[337] Mankiw N G, Romer D, Weil D N. A contribution to the empirics of economic growth [J]. *The Quarterly Journal of Economics*, 1992, 107 (2): 407 - 437.

[338] Marx L. Environmental degradation and the ambiguous social role of science and technology [J]. *Journal of the History of Biology*, 1992, 25 (3): 449 - 468.

[339] Masanjala W H, Papageorgiou C. Rough and lonely road to prosperity: a reexamination of the sources of growth in Africa using Bayesian model averaging [J]. *Journal of Applied Econometrics*, 2008, 23 (5): 671 - 682.

[340] Maudos J, Pastor J M, Serrano L. Total factor productivity measurement and human capital in OECD countries [J]. *Economics Letters*, 1999, 63 (1): 39 - 44.

[341] Miller S M, Upadhyay M P. The effects of openness, trade orientation, and human capital on total factor productivity [J]. *Journal of Development Economics*, 2000, 63 (2): 399 - 423.

[342] Miller S M, Upadhyay M P. Total factor productivity and the convergence hypothesis [J]. *Journal of Macroeconomics*, 2002, 24 (2): 267 - 286.

[343] Moral - Benito E. Determinants of economic growth: A Bayesian panel data approach [J]. *Review of Economics and Statistics*, 2012, 94 (2): 566 - 579.

［344］ Moulton B R. A Bayesian approach to regression selection and estimation, with application to a price index for radio services ［J］. *Journal of Econometrics*, 1991, 49 （1 −2）: 169 −193.

［345］ Mundell R O A. Tariff Preferences and the Terms of Trade ［J］. *The Manchester School*, 1964, 32 （1）: 1 −13.

［346］ Munnell A H. Policy watch: Infrastructure investment and economic growth ［J］. *Journal of Economic Perspectives*, 1992, 6 （4）: 189 −198.

［347］ Murty S, Russell R. On modeling pollution − generating technologies ［R］. Department of Economics, University of California, Riverside, CA, USA, 2002: 1 −18.

［348］ Nelson R R, Phelps E S. Investment in humans, technological diffusion, and economic growth ［J］. *The American Economic Review*, 1966, 56 （1/2）: 69 −75.

［349］ North D C. *Institutions, institutional change and economic performance* ［M］. Cambridge University Press, 1990.

［350］ Oh D −H, Heshmati A. A sequential Malmquist − Luenberger productivity index: Environmentally sensitive productivity growth considering the progressive nature of technology ［J］. *Energy Economics*, 2010, 32 （6）: 1345 −1355.

［351］ Oh D −H. A metafrontier approach for measuring an environmentally sensitive productivity growth index ［J］. *Energy Economics*, 2010, 32 （1）: 146 −157.

［352］ Pittman R W. Multilateral productivity comparisons with undesirable outputs ［J］. *The Economic Journal*, 1983, 93 （372）: 883 −891.

［353］ Porter M E, C. van der Linde. Green and competitive: ending the stalemate ［J］. *Harvard Business Review*, 1995, 73 （5）: 120 −134.

［354］ Qi S. Efficiency, productivity, national accounts and economic growth with a green view: theory, methodology and applications ［D］. University of Minnesota, 2005.

［355］ Quah D T. Empirics for economic growth and convergence ［J］. *European Economic Review*, 1996, 40 （6）: 1353 −1375.

［356］ Repetto R, Rothman D, Faeth P, Austin D. Has environmental protection really reduced productivity growth? ［J］. *Challenge, Taylor & Francis Journals*, 1997, 40 （1）: 46 −57.

[357] Rodrik D, Subramanian A, Trebbi F. Institutions rule: The primacy of institutions over geography and integration in economic development [J]. *Journal of Economic Growth*, 2004, 9 (2): 131 – 165.

[358] Rodrik D. Where did all the growth go? External shocks, social conflict, and growth collapses [J]. *Journal of Economic Growth*, 1999, 4 (4): 385 – 412.

[359] Romer P M. Human capital and growth: Theory and evidence [R]. NBER Working Paper, 1989, No. 3173.

[360] Romer P M. Increasing returns and long – run growth [J]. *Journal of Political Economy*, 1986, 94 (5): 1002 – 1037.

[361] Sala – I – Martin X, Doppelhofer G, Miller R I. Determinants of long – term growth: A Bayesian Averaging of Classical Estimates (BACE) Approach [J]. *The American Economic Review*, 2004, 94 (4): 813 – 835.

[362] Schneider F, Buehn A, Montenegro C E. New estimates for the shadow economies all over the World [J]. *International Economic Journal*, 2010, 24 (4): 443 – 461.

[363] Schumpeter J A. *The Theory of Economic Development* [M]. Cambridge, MA, Harvard University, 1934.

[364] Solow R M. Technical change and the aggregate production function [J]. *The Review of Economics and Statistics*, 1957, 39 (3): 312 – 320.

[365] Stephen R. The low – skill, low – quality trap: Strategic complementarities between human capital and R&D [J]. *Economic Journal, Royal Economic Society*, 1996, 106 (435): 458 – 470.

[366] Syverson C. What determines productivity? [J]. *Journal of Economic Literature*, 2011, 49 (2): 326 – 365.

[367] Tebaldi E. The dynamics of total factor productivity and institutions [J]. *Journal of Economic Development*, 2016, 41 (4): 1 – 25.

[368] Timmer M P, Ark B V. Does information and communication technology drive EU – US productivity growth differentials? [J]. *Oxford Economic Papers*, 2005, 57 (4): 693 – 716.

[369] Tobias J L, Li M. Returns to schooling and Bayesian model averaging: A union of two literatures [J]. *Journal of Economic Surveys*, 2004, 18 (2): 153 – 180.

[370] Tobler W. A computer movie simulating urban growth in the Detroit region [J]. *Economic Geography*, 1970, 46: 234 – 240.

[371] Vandenbussche J, Aghion P, Meghir C. Growth, distance to frontier and composition of human capital [J]. *Journal of Economic Growth*, 2006, 11 (2): 97 – 127.

[372] Venturini F. The modern drivers of productivity [J]. *Research Policy*, 2015, 44 (2): 357 – 369.

[373] Wang M., Wong M. S. Foreign direct investment and economic growth: The growth accounting perspective [J]. *Economic Inquiry*, 2009, 47 (4): 701 – 710.

[374] Wayne Gray, Ronald Shadbegian, Ann Wolverton. Environmental justice: Do poor and minority populations face more hazards? [M] // Philip N. Jefferson (ed.), Oxford Handbook of the Economics of Poverty, Oxford University Press, 2012.

[375] Weill L. Convergence in banking efficiency across European countries [J]. *Journal of International Financial Markets*, *Institutions and Money*, 2009, 19 (5): 818 – 833.

[376] Woo J. Productivity growth and technological diffusion through foreign direct investment [J]. *Economic Inquiry*, 2009, 47 (2): 226 – 248.

[377] Wright J H. Bayesian Model Averaging and exchange rate forecasts [J]. *Journal of Econometrics*, 2008, 146 (2): 329 – 341.

[378] Wright J H. Forecasting US inflation by Bayesian Model Averaging [J]. *Journal of Forecasting*, 2008, 28 (2): 131 – 144.

[379] Zhu L, Jeon B N. International R&D spillovers: Trade, FDI, and information technology as spillover channels [J]. *Review of International Economics*, 2007, 15 (5): 955 – 976.

[380] Zvi G. The Demand for fertilizer: An economic interpretation of a technical change [J]. *Journal of Farm Economics*, 1958, 40 (3): 591 – 606.